AF505259

Grundlagen der Webanimation mit GSAP: Erstellen und Gestalten Sie beeindruckende interaktive Websites mit Javascript

Erste Ausgabe

Erste Ausgabe: Februar 2026

Veröffentlicht von Cuantum Technologies LLC.

Dallas, TX.

ISBN 979-8-90243-700-0

"Artificial intelligence is the new electricity."

- Andrew Ng, Co-founder of Coursera and Adjunct Professor at Stanford University

Wer wir sind

Willkommen zu diesem Buch, erstellt von Cuantum Technologies. Wir sind ein Team leidenschaftlicher Entwickler, die sich der Entwicklung von Software verschrieben haben, die kreative Erfahrungen bietet und reale Probleme löst. Unser Fokus liegt darauf, hochwertige Webanwendungen zu entwickeln, die eine nahtlose Benutzererfahrung bieten und die Bedürfnisse unserer Kunden erfüllen.

In unserem Unternehmen glauben wir, dass Programmieren nicht nur das Schreiben von Code ist. Es geht darum, Probleme zu lösen und Lösungen zu schaffen, die das Leben der Menschen verbessern. Wir erkunden ständig neue Technologien und Techniken, um an der Spitze der Branche zu bleiben, und freuen uns darauf, unser Wissen und unsere Erfahrungen in diesem Buch mit dir zu teilen.

Unser Ansatz zur Softwareentwicklung konzentriert sich auf Zusammenarbeit und Kreativität. Wir arbeiten eng mit unseren Kunden zusammen, um ihre Bedürfnisse zu verstehen und Lösungen zu entwickeln, die ihren spezifischen Anforderungen entsprechen. Wir sind der Meinung, dass Software intuitiv, benutzerfreundlich und optisch ansprechend sein sollte, und wir bemühen uns, Anwendungen zu erstellen, die diesen Kriterien entsprechen.

Dieses Buch soll einen praktischen und praxisnahen Ansatz bieten, um JavaScript zu meistern. Egal, ob du ein Anfänger ohne Programmiererfahrung bist oder ein erfahrener Entwickler, der seine Fähigkeiten erweitern möchte, dieses Buch wurde entwickelt, um dir zu helfen, deine Fähigkeiten weiterzuentwickeln und eine solide Grundlage in der Webentwicklung mit JavaScript zu schaffen.

Unsere Philosophie:

Im Herzen von Cuantum glauben wir, dass die beste Art, Software zu entwickeln, durch Zusammenarbeit und Kreativität erreicht wird. Wir schätzen die Meinung unserer Kunden und arbeiten eng mit ihnen zusammen, um Lösungen zu entwickeln, die ihren Bedürfnissen entsprechen. Wir sind auch der Meinung, dass Software intuitiv, benutzerfreundlich und optisch ansprechend sein sollte, und wir streben danach, Anwendungen zu erstellen, die diesen Kriterien entsprechen.

Wir glauben auch, dass Programmieren eine Fähigkeit ist, die man mit der Zeit erlernen und entwickeln kann. Wir ermutigen unsere Entwickler, neue Technologien und Techniken zu erkunden, und stellen ihnen die Werkzeuge und Ressourcen zur Verfügung, die sie benötigen, um an der Spitze der Branche zu bleiben. Wir glauben auch, dass Programmieren Spaß machen und lohnend sein sollte, und wir bemühen uns, ein Arbeitsumfeld zu schaffen, das Kreativität und Innovation fördert.

Unsere Erfahrung:

In unserem Softwareunternehmen sind wir darauf spezialisiert, Webanwendungen zu entwickeln, die kreative Erfahrungen bieten und reale Probleme lösen. Unsere Entwickler haben Erfahrung mit einer Vielzahl von Programmiersprachen und Frameworks, darunter Python, KI, ChatGPT, Django, React, Three.js und Vue.js, um nur einige zu nennen. Wir erkunden ständig neue Technologien und Techniken, um an der Spitze der Branche zu bleiben, und wir sind stolz auf unsere Fähigkeit, Lösungen zu entwickeln, die die Bedürfnisse unserer Kunden erfüllen.

Wir haben auch umfassende Erfahrung in der Datenanalyse und -visualisierung, maschinellem Lernen und künstlicher Intelligenz. Wir glauben, dass diese Technologien das Potenzial haben, die Art und Weise, wie wir leben und arbeiten, zu verändern, und wir freuen uns, an der Spitze dieser Revolution zu stehen.

Zusammenfassend lässt sich sagen, dass sich unser Unternehmen der Entwicklung von Websoftware widmet, die kreative Erfahrungen fördert und reale Probleme löst. Wir priorisieren Zusammenarbeit und Kreativität und streben danach, Lösungen zu entwickeln, die intuitiv, benutzerfreundlich und visuell ansprechend sind. Wir sind leidenschaftlich für Programmierung und freuen uns darauf, unser Wissen und unsere Erfahrung in diesem Buch mit dir zu teilen. Ob du Anfänger oder erfahrener Entwickler bist, wir hoffen, dass du dieses Buch als wertvolle Ressource auf deinem Weg betrachtest, ein Experte in **JavaScript von Null zum Superhelden: Entfessle deine Superkräfte in der Webentwicklung** zu werden.

YOUR JOURNEY STARTS HERE…

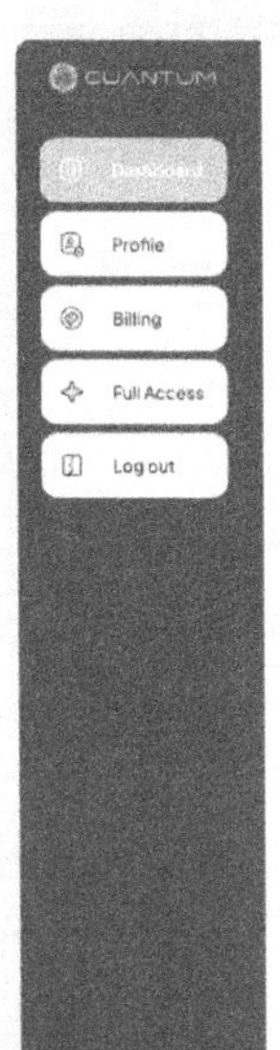

Here are your free repository codes :D

Get access to all the benefits of being one of our valuable readers through our new **eLearning Platform:**

1. Free code repository of this book

2. Access to a **free example chapter** of any of our books.

3. Access to the **free repository code** of any of our books.

4. Premium customer support by writing to **books@cuantum.tech**

And much more…

HERE IS YOUR
FREE ACCESS

www.cuantum.tech/books/fundamentals-of-web-animation-with-gsap/code/

INHALTSVERZEICHNIS

Einführung

Willkommen zu „Grundlagen der Webanimation mit GSAP", einem umfassenden Leitfaden, der Sie auf eine Reise durch die faszinierende Welt der Webanimation mitnimmt. In einer Ära, in der sich die digitale Landschaft ständig weiterentwickelt, zielt dieses Buch darauf ab, Sie mit den grundlegenden Fähigkeiten, Techniken und theoretischen Kenntnissen auszustatten, um Webanimation unter Verwendung der GreenSock Animation Platform (GSAP) zu meistern.

Warum GSAP?

In der weiten Welt der Webentwicklung spielt Animation eine entscheidende Rolle bei der Verbesserung der Benutzererfahrung, der Vermittlung von Botschaften und der Belebung von Weboberflächen. GSAP erweist sich als leistungsstarkes und vielseitiges Werkzeug, das für seine Performance, Flexibilität und Kompatibilität bekannt ist. Ob Sie ein Anfänger sind, der in die Welt der Webanimationen eintaucht, oder ein erfahrener Entwickler, der seine Fähigkeiten verfeinern möchte – GSAP bietet eine robuste Plattform zur Erstellung anspruchsvoller und leistungsstarker Animationen.

Was Sie lernen werden

Dieses Buch ist so strukturiert, dass es Ihnen ein progressives Lernerlebnis bietet und Sie von den Grundlagen bis zu fortgeschritteneren Konzepten führt. Wir beginnen mit der Grundlagenlegung und führen Sie in die Grundkonzepte von GSAP ein. Sie lernen die Syntax kennen, die Vielfalt der Animationen, die Sie erstellen können, und wie Sie DOM-Elemente auf Weisen manipulieren, die zuvor als unmöglich oder zu komplex galten.

Während Sie fortschreiten, werden Sie tiefer in die Feinheiten der Animation mit GSAP eintauchen und Timelines, Easing und die Kunst des Sequenzierens von Animationen für maximale Wirkung erkunden. Sie werden entdecken, wie Sie Ihre Animationen responsiv gestalten und sicherstellen, dass sie auf verschiedenen Geräten und Bildschirmgrößen reibungslos funktionieren – ein Muss in der heutigen plattformübergreifenden digitalen Welt.

Anwendungen aus der Praxis

Eine der einzigartigen Eigenschaften des Buches ist sein Fokus auf Anwendungen aus der Praxis. Sie werden sich an Projekten beteiligen, die reale Webentwicklungsszenarien nachahmen und GSAP-Animationen in verschiedene Web-Frameworks wie React, Vue.js und Angular integrieren.

Diese Projekte sind darauf ausgelegt, Ihnen praktische Erfahrung zu vermitteln und die Lücke zwischen Lernen und praktischer Anwendung zu schließen.

Die Kunst hinter dem Code verstehen

Über die technischen Fähigkeiten hinaus vertieft sich dieses Buch in die Kunst der Animationen. Sie werden die 12 Prinzipien der Animation erkunden, die von Disney-Animatoren formuliert wurden und nach wie vor der Grundstein fesselnder Animationen sind. Durch das Verständnis dieser Prinzipien lernen Sie nicht nur zu animieren, sondern Ihren Kreationen Leben einzuhauchen und sie bei Ihrem Publikum anklingen zu lassen.

Warum dieses Buch wichtig ist

Im heutigen digitalen Zeitalter verschwimmt die Grenze zwischen Entwickler und Designer zunehmend. Dieses Buch reagiert auf diesen Trend mit dem Ziel, ein hybrides Fähigkeitenset zu schaffen, das es Ihnen ermöglicht, Animationen zu erstellen, die nicht nur technisch solide, sondern auch künstlerisch überzeugend sind. Ob Sie eine Website, eine Webanwendung oder eine digitale Anzeige erstellen – die Fähigkeiten, die Sie aus diesem Buch gewinnen, werden von unschätzbarem Wert sein, um Ihre Arbeit in einem überfüllten digitalen Raum hervorstechen zu lassen.

Ihre Reise mit GSAP

Während Sie jede Seite umblättern, werden Sie durch eine Reihe von Lektionen, Beispielen und Übungen geführt, die sorgfältig gestaltet wurden, um Ihr Verständnis und Ihre Fähigkeiten progressiv aufzubauen. Sie beginnen mit einfachen Animationen und gehen schrittweise komplexere Projekte an, die jeweils darauf ausgelegt sind, Ihre Fähigkeiten herauszufordern und zu verbessern.

Gemeinschaft und kontinuierliches Lernen

Das Lernen endet nicht mit der letzten Seite dieses Buches. Sie werden ermutigt, sich der lebendigen GSAP-Animatorengemeinschaft anzuschließen, einer Gruppe enthusiastischer und unterstützender Menschen, die weiterhin die Grenzen des Möglichen in der Webanimation erweitern. Diese Gemeinschaft ist eine unschätzbare Ressource für kontinuierliches Lernen, Austausch und Inspiration.

Fazit

„Grundlagen der Webanimation mit GSAP" ist mehr als ein Buch – es ist eine Reise in eine Welt, in der Code auf Kreativität trifft, wo technisches Können mit künstlerischer Sensibilität verschmilzt. Am Ende dieser Reise werden Sie nicht nur GSAP gemeistert haben, sondern auch eine tiefere Wertschätzung für die Kunst der Animation und ihre Rolle im digitalen Storytelling gewonnen haben.

Ob Sie nun Ihre beruflichen Fähigkeiten verbessern, Ihre kreativen Visionen zum Leben erwecken oder einfach die aufregende Welt der Webanimationen erkunden möchten – dieses Buch ist Ihr Tor dazu. Nehmen Sie die Reise an, entfesseln Sie Ihre Kreativität und transformieren Sie die Art und Weise, wie Sie Animationen für das Web denken und erstellen. Lassen Sie uns gemeinsam dieses Abenteuer beginnen und die unendlichen Möglichkeiten der Webanimation mit GSAP erkunden.

Teil I: Einführung und Grundlagen

Kapitel 1: Einführung in die Webanimation

Willkommen in der faszinierenden und sich ständig wandelnden Welt der Webanimation. Egal, ob Sie ein angehender Webentwickler, ein erfahrener Designer oder einfach jemand sind, der von der dynamischen Natur moderner Websites fasziniert ist, dieses Kapitel wird Ihnen als Einstieg dienen, um Ihre Fähigkeiten in der Webanimation zu verstehen und zu perfektionieren. Auf diesen Seiten werden wir uns auf eine spannende Reise begeben, um die subtilen Nuancen, die beeindruckende Schönheit und die unendlichen praktischen Anwendungen der Animation im weiten digitalen Raum zu erkunden.

Webanimation geht über den einfachen Akt hinaus, Objekte auf einem Bildschirm zu bewegen; sie ist ein immens mächtiges Werkzeug, das das Storytelling verbessert, die Nutzerbeteiligung fördert und intuitive und unvergessliche Benutzererfahrungen schafft. Während wir tiefer in den Inhalt dieses Kapitels eintauchen, werden wir die zugrunde liegenden Gründe aufdecken, warum Animation zu einem unverzichtbaren Pfeiler im Bereich des Webdesigns geworden ist, und enthüllen, wie sie das Potenzial hat, Ihre Projekte von gewöhnlich zu außergewöhnlich zu erheben.

Lassen Sie uns also auf dieses aufregende Abenteuer in die bezaubernde Welt der Webanimation aufbrechen, wo grenzenlose Kreativität nahtlos mit modernster Technologie verschmilzt und wo jedes Pixel fähig ist, im Rhythmus seiner eigenen einzigartigen Melodie zu tanzen.

1.1 Bedeutung der Webanimation

Im heutigen rasant voranschreitenden digitalen Zeitalter, in dem das Internet mit einer überwältigenden Menge an Inhalten aus verschiedenen Quellen überflutet ist, ist es zunehmend wichtig geworden, einzigartige Wege zu finden, um die Aufmerksamkeit der Online-Nutzer zu erfassen.

Webanimation ist weit davon entfernt, ein bloßes oberflächliches Schmuckstück zu sein, sondern spielt eine grundlegende Rolle bei der Gestaltung der Basis des modernen Webdesigns selbst. Durch die Einbindung dynamischer und interaktiver visueller Elemente erweckt Animation statische Webseiten zum Leben und verwandelt sie in immersive und ansprechende Erlebnisse für die Besucher. In diesem überarbeiteten Text werden wir die vielfältige Bedeutung der Animation in der weiten und sich ständig wandelnden Weblandschaft vertiefen.

1.1.1 Verbesserung der Benutzererfahrung

Neben der Verbesserung der Benutzerfreundlichkeit können Animationen auch Informationen effizient vermitteln. Beispielsweise können ein Fortschrittsbalken, der sich füllt, oder eine Benachrichtigung, die sanft in der Ecke eines Bildschirms springt, wichtige Aktualisierungen oder Aktionen auf eine ansprechendere und visuell angenehmere Weise kommunizieren als einfacher Text. Diese Animationen bieten eine schnelle und intuitive Möglichkeit für Benutzer, den Fortschritt oder den Status einer Aufgabe zu verstehen, und ersparen ihnen Zeit und Mühe beim Entschlüsseln komplexer Informationen.

Darüber hinaus haben Animationen die Kraft, emotionale Verbindungen zu den Benutzern herzustellen. Ein gut animierter Willkommensbildschirm kann beispielsweise positive Emotionen hervorrufen und eine Website einladender und persönlicher wirken lassen. Durch sorgfältiges Gestalten von Animationen, die mit der Persönlichkeit und den Werten der Marke übereinstimmen, können Designer eine starke emotionale Verbindung zu den Benutzern aufbauen und ein Gefühl von Vertrauen und Loyalität fördern.

Interaktive Animationen können auch die Nutzerbeteiligung fördern. Durch die Einbindung interaktiver Elemente wie animierter Umfragen oder dynamischer Inhaltsoffenbarungen können Designer die Aufmerksamkeit der Benutzer erfassen und sie ermutigen, aktiv an der Website teilzunehmen. Diese Art von Animationen macht die Benutzererfahrung interaktiver und angenehmer und erhöht die Wahrscheinlichkeit, dass Benutzer mehr erkunden und mehr Zeit auf der Website verbringen.

Animation spielt eine entscheidende Rolle bei der Verbesserung der Ästhetik einer Website. Gut ausgeführte Animationen können dem Design Tiefe, Bewegung und visuelles Interesse verleihen und es visuell ansprechender und einprägsamer machen. Die Ästhetik spielt eine bedeutende Rolle in der Wahrnehmung der Benutzer von der Qualität und dem Wert einer Website. Durch die Einbindung visuell ansprechender Animationen können Designer die gesamte ästhetische Anziehungskraft der Website erhöhen und sie attraktiver und ansprechender für die Benutzer machen.

Hier ist ein einfaches Beispiel mit CSS und JS unter Verwendung von GSAP:

Zunächst einmal sollten wir unser Gedächtnis darüber auffrischen, wie eine grundlegende HTML5-Struktur aussieht:

```html
<!DOCTYPE html>
<html lang="en">
        <head>
            <meta charset="UTF-8">
            <meta name="viewport" content="width=device-width, initial-scale=1.0">
            <title>Your Page Title</title>
            <link rel="stylesheet" href="style.css">
        </head>
        <body>
```

```html
    <header>
        <h1>Your Page Heading</h1>
        <nav>
            <ul>
                <li><a href="#">Link 1</a></li>
                <li><a href="#">Link 2</a></li>
            </ul>
        </nav>
    </header>

    <main>
        <p>Your main content goes here.</p>
        <img src="image.jpg" alt="Descriptive image alt text">
    </main>

    <footer>
        <p>© 2024 Your Name</p>
    </footer>

    <script src="script.js"></script>
</body>
</html>
```

GSAP in deine Website einzubinden umfasst drei Hauptschritte:

1. GSAP herunterladen:

- Gehe zur GSAP-Website: https://gsap.com/

- Wähle die gewünschte Download-Option:

    - **CDN**: Die einfachste Option, verlinke direkt zum CDN-Script in deinem HTML.

    - **Download**: Lade die GSAP-Bibliotheksdateien manuell herunter und hoste sie auf deinem Server.

    - **Paketmanager**: Verwende npm oder yarn, um GSAP in deinem Projekt zu installieren.

2. Das GSAP-Script einbinden: Abhängig von deiner Download-Methode, füge das GSAP-Script zu deinem HTML hinzu:

CDN: Füge ein **<script>**-Tag mit der CDN-URL hinzu:

```html
<script
src="<https://cdnjs.cloudflare.com/ajax/libs/gsap/3.10.3/gsap.min.js>"></script>
```

Download: Füge ein <script>-Tag hinzu, das auf die heruntergeladene GSAP-Datei verweist:

```html
<script src="path/to/gsap.min.js"></script>
```

Paketmanager: Binde GSAP mit **import** in deiner JavaScript-Datei ein.

3. GSAP in deinem JavaScript verwenden: Sobald das Script eingebunden ist, beginne deinen Animationscode mit den Methoden und Eigenschaften von GSAP zu schreiben.

Denke daran, die Download- und Einbindungsmethode zu wählen, die am besten zu deinem Projekt und deinen Fähigkeiten passt. Wenn du auf Herausforderungen stößt, zögere nicht, weitere Fragen zu stellen.

Beispiel für die Verwendung von GSAP:

```
// HTML
<button id="myButton">Hover Over Me!</button>

// CSS
#myButton {
    padding: 10px 15px;
    background-color: #008CBA;
    color: white;
    border: none;
    cursor: pointer;
}

// JavaScript with GSAP
gsap.to("#myButton", {
    duration: 0.3,
    backgroundColor: "#f00",
    ease: "power1.out",
    paused: true
})
    .eventCallback("onEnter", () => gsap.to("#myButton", {backgroundColor: "#00f"}))
    .eventCallback("onLeave", () => gsap.to("#myButton", {backgroundColor: "#008CBA"}));

document.getElementById("myButton").addEventListener("mouseenter", () => gsap.globalTimeline.play());
document.getElementById("myButton").addEventListener("mouseleave", () => gsap.globalTimeline.reverse());
```

Hier ist eine Aufschlüsselung des Codes:

HTML:

- **<button id="myButton">Fahre mit der Maus über mich!</button>**: Dies erstellt einen Button mit dem Text "Fahre mit der Maus über mich!" und weist ihm die ID "myButton" zu, damit er in CSS und JavaScript einfach ausgewählt werden kann.

CSS:

- **#myButton { ... }**: Dies gestaltet den Button mit:

- o Padding: 10px Abstand um den Text herum.

- o Blauer Hintergrund (#008CBA).

- o Weißer Textfarbe.

- o Keinem Rahmen.

- o Zeiger-Cursor (Hand-Symbol).

JavaScript mit GSAP:

- **gsap.to("#myButton", { ... })**: Dies erstellt eine GSAP-Animation für den Button:

  - o **duration: 0.3**: Die Animation dauert 0,3 Sekunden.

  - o **backgroundColor: "#f00"**: Die Hintergrundfarbe wechselt während der Animation zu Rot (#f00).

  - o **ease: "power1.out"**: Die Animation verwendet eine "power1.out"-Easing-Funktion für ein natürlicheres Aussehen.

  - o **paused: true**: Die Animation ist anfänglich pausiert und wartet auf einen Auslöser.

- **.eventCallback("onEnter", () => ...)**: Dies richtet eine Callback-Funktion ein, die ausgeführt wird, wenn die Animation in ihren ersten Frame eintritt:

  - o **gsap.to("#myButton", { backgroundColor: "#00f" })**: Dies erstellt eine zweite Animation, um die Hintergrundfarbe beim Überfahren mit der Maus zu Blau (#00f) zu ändern.

- **.eventCallback("onLeave", () => ...)**: Dies richtet eine Callback-Funktion ein, die ausgeführt wird, wenn die Animation ihren letzten Frame verlässt:

  - o **gsap.to("#myButton", { backgroundColor: "#008CBA" })**: Dies setzt die Hintergrundfarbe auf das ursprüngliche Blau (#008CBA) zurück, wenn die Maus den Bereich verlässt.

- **document.getElementById("myButton")...**: Dieser Code holt sich eine Referenz zum Button-Element.

- **.addEventListener("mouseenter", ...)**: Dies fügt einen Event Listener hinzu, um die Animation auszulösen, wenn die Maus über den Button fährt:

  - o **gsap.globalTimeline.play()**: Dies startet die Wiedergabe der pausierten Animation.

- **.addEventListener("mouseleave", ...)**: Dies fügt einen Event Listener hinzu, um die Animation umzukehren, wenn die Maus den Button verlässt:

o **gsap.globalTimeline.reverse()**: Dies spielt die Animation rückwärts ab und bringt den Button in seinen ursprünglichen Zustand zurück.

Zusammenfassend erstellt der Code einen animierten Button, der:

1. Mit einem blauen Hintergrund (#008CBA) beginnt.

2. Rot (#f00) wird, wenn die Maus darüber fährt.

3. Blau (#00f) wird, während die Animation fortschreitet.

4. Zum ursprünglichen Blau (#008CBA) zurückkehrt, wenn die Maus den Bereich verlässt.

Die Animation wird mithilfe von GSAP erreicht, einer leistungsstarken JavaScript-Animationsbibliothek.

1.1.2 Effiziente Informationsvermittlung

Animationen sind ein unglaublich mächtiges und effektives Werkzeug, um komplexe Informationen auf einfache und ansprechende Weise zu vermitteln. Sie haben die einzigartige Fähigkeit, die Aufmerksamkeit der Benutzer zu erregen und Daten und Konzepte visuell darzustellen.

Betrachten Sie zum Beispiel einen Fortschrittsbalken, der sich allmählich füllt, um den Fortschritt einer Aufgabe oder eines Prozesses visuell zu kommunizieren. Diese einfache visuelle Darstellung bietet den Benutzern ein klares und unmittelbares Verständnis des aktuellen Status.

Stellen Sie sich außerdem eine Benachrichtigung vor, die sanft in der Ecke eines Bildschirms springt, um schnell Aufmerksamkeit zu erregen und wichtige Aktualisierungen oder Warnungen zu kommunizieren. Diese visuellen Hinweise sparen den Benutzern nicht nur wertvolle Zeit, sondern verbessern auch erheblich ihr Gesamterlebnis.

Im Vergleich dazu würde es mehrere lange Sätze erfordern, wenn wir versuchen würden, dieselben Informationen nur mit Text zu vermitteln. Dieser Ansatz könnte die Benutzer möglicherweise mit Informationen überfordern und zu einem Verlust ihres Interesses und ihrer Beteiligung führen.

1.1.3 Emotionale Verbindungen schaffen

Animationen haben die Kraft, Emotionen zu wecken und eine tiefe Verbindung zu den Benutzern herzustellen, die über die Grenzen des traditionellen Webdesigns hinausgeht. Wenn sie effektiv eingesetzt werden, können Animationen eine Website in eine fesselnde und immersive Erfahrung verwandeln, die einen bleibenden Eindruck bei den Besuchern hinterlässt.

Einer der Hauptvorteile gut ausgeführter Animationen ist ihre Fähigkeit, eine Website einladender und persönlicher wirken zu lassen. Ein sorgfältig gestalteter Willkommensbildschirm, der mit fließenden und visuell ansprechenden Animationen verbessert wird, kann sofort einen positiven Eindruck schaffen und den Ton für den Rest der

Benutzerreise setzen. Durch die Einbeziehung von Animationen, die mit der Persönlichkeit und den Werten der Marke übereinstimmen, können Designer eine starke emotionale Verbindung zu den Benutzern aufbauen und ein Gefühl von Vertrauen und Loyalität fördern.

Darüber hinaus können Animationen eine entscheidende Rolle bei der Verbesserung der gesamten Benutzererfahrung spielen. Sie können Informationen auf ansprechendere und visuell ansprechendere Weise vermitteln als einfacher Text. Zum Beispiel können ein Fortschrittsbalken, der sich füllt, oder eine Benachrichtigung, die sanft in der Ecke eines Bildschirms springt, wichtige Aktualisierungen oder Aktionen effektiv kommunizieren und den Benutzern Zeit und Mühe beim Verständnis komplexer Informationen sparen. Indem sie eine schnelle und intuitive Möglichkeit bieten, den Fortschritt oder Status einer Aufgabe zu verstehen, tragen Animationen zu einer reibungslosen und effizienten Benutzererfahrung bei.

Zusätzlich zu ihrem informativen Wert können Animationen auch die Benutzerbeteiligung und -interaktion fördern. Durch die Einbeziehung interaktiver Elemente wie animierte Umfragen oder dynamische Inhaltsenthüllungen können Designer die Aufmerksamkeit der Benutzer erregen und sie ermutigen, aktiv an der Website teilzunehmen. Diese interaktiven Animationen machen die Benutzererfahrung angenehmer und erhöhen die Wahrscheinlichkeit, dass Benutzer mehr erkunden und mehr Zeit auf der Website verbringen.

Animationen können die Ästhetik einer Website erheblich verbessern, indem sie dem Design Tiefe, Bewegung und visuelles Interesse verleihen. Gut ausgeführte Animationen können eine Website visuell ansprechend und einprägsam machen und einen positiven Eindruck bei den Benutzern hinterlassen. Die Ästhetik spielt eine bedeutende Rolle bei der Wahrnehmung von Qualität und Wert einer Website durch die Benutzer. Durch die Einbeziehung visuell ansprechender Animationen können Designer die gesamte ästhetische Anziehungskraft der Website erhöhen und sie attraktiver und ansprechender machen.

1.1.4 Förderung der Benutzerbeteiligung

Interaktive Animationen können die Benutzerbeteiligung auf deiner Website erheblich verbessern. Durch die Einbeziehung dynamischer Elemente wie animierte Umfragen, die Ergebnisse in Echtzeit anzeigen, kannst du eine immersivere und interaktivere Erfahrung für deine Benutzer schaffen. Diese interaktiven Funktionen erregen nicht nur ihre Aufmerksamkeit, sondern ermutigen sie auch zur aktiven Teilnahme, was zu größerer Benutzerzufriedenheit und längeren Website-Besuchen führt.

Im Vergleich zu statischen Formularen, die langweilig und uninteressant wirken können, bieten interaktive Animationen eine visuell ansprechende und fesselnde Möglichkeit, Informationen zu präsentieren und Benutzereingaben zu sammeln. Indem du die Kraft interaktiver Animationen nutzt, kannst du dein Publikum effektiv fesseln und einen bleibenden Eindruck hinterlassen.

Zusätzlich zur Verbesserung der Benutzerbeteiligung können interaktive Animationen auch die Ästhetik deiner Website verbessern. Gut ausgeführte Animationen können deinem Design Tiefe,

Bewegung und visuelles Interesse verleihen und es visuell ansprechender und einprägsamer machen.

Die Ästhetik spielt eine bedeutende Rolle bei der Wahrnehmung von Qualität und Wert einer Website durch die Benutzer. Durch die Einbeziehung visuell ansprechender Animationen kannst du die gesamte ästhetische Anziehungskraft deiner Website erhöhen und sie attraktiver und ansprechender für Benutzer machen.

Darüber hinaus können interaktive Animationen auch Informationen effizient vermitteln. Zum Beispiel können ein Fortschrittsbalken, der sich allmählich füllt, oder eine Benachrichtigung, die sanft in der Ecke des Bildschirms springt, wichtige Aktualisierungen oder Aktionen effektiv kommunizieren. Diese Arten von Animationen bieten eine schnelle und intuitive Möglichkeit für Benutzer, den Fortschritt oder Status einer Aufgabe zu verstehen, und sparen ihnen Zeit und Mühe beim Verständnis komplexer Informationen. Durch die Vermittlung von Informationen durch Animationen kannst du komplexe Konzepte vereinfachen und sie für deine Benutzer verständlicher und ansprechender machen.

Interaktive Animationen sind ein mächtiges Werkzeug zur Verbesserung der Benutzerbeteiligung, Verbesserung der Ästhetik und effizienten Vermittlung von Informationen auf deiner Website. Durch die Einbeziehung dieser dynamischen Elemente kannst du eine immersivere und visuell ansprechendere Erfahrung für deine Benutzer schaffen, was zu größerer Beteiligung, Zufriedenheit und Gesamterfolg deiner Website führt.

1.1.5 Verbesserung der Ästhetik

Animation kann eine entscheidende Rolle bei der Verbesserung der gesamten Ästhetik einer Website spielen und sie visuell ansprechender und fesselnder für Benutzer machen. Durch die Einbeziehung von Animation kannst du eine dynamische und interaktive Benutzererfahrung schaffen, die nicht nur Aufmerksamkeit erregt, sondern auch einen bleibenden Eindruck hinterlässt. Der Einsatz gut ausgeführter Animationen kann den wahrgenommenen Wert deiner Website und ihres Inhalts erhöhen und ihr ein Gefühl von Professionalität und Raffinesse verleihen. Mit sorgfältig geplanten und durchdacht implementierten Animationen kannst du die Botschaft deiner Marke effektiv kommunizieren, dein Publikum einbinden und eine einprägsame Online-Präsenz schaffen.

Animation hat die Kraft, eine statische Website in eine dynamische und ansprechende Erfahrung für Benutzer zu verwandeln. Durch das Hinzufügen von Bewegung, Tiefe und visuellem Interesse können Animationen die Aufmerksamkeit der Besucher auf sich ziehen und deine Website visuell ansprechender machen. Diese erhöhte ästhetische Anziehungskraft kann zu einem höheren wahrgenommenen Wert deiner Website und ihres Inhalts beitragen.

Neben der Ästhetik spielt Animation auch eine entscheidende Rolle bei der Verbesserung der Benutzererfahrung. Gut gestaltete Animationen können Informationen effizient und intuitiv vermitteln. Zum Beispiel können ein Fortschrittsbalken, der sich füllt, oder eine Benachrichtigung, die sanft springt, wichtige Aktualisierungen oder Aktionen auf ansprechendere und visuell angenehmere Weise kommunizieren als einfacher Text. Indem sie eine schnelle und intuitive Möglichkeit bieten, den Fortschritt oder Status einer Aufgabe zu verstehen, sparen Animationen den Benutzern Zeit und Mühe beim Verstehen komplexer Informationen.

Animationen haben die Fähigkeit, emotionale Verbindungen zu Benutzern herzustellen. Ein gut animierter Willkommensbildschirm kann beispielsweise positive Emotionen hervorrufen und eine Website einladender und persönlicher wirken lassen. Durch sorgfältiges Gestalten von Animationen, die mit der Persönlichkeit und den Werten der Marke übereinstimmen, können Designer eine starke emotionale Verbindung zu Benutzern aufbauen und ein Gefühl von Vertrauen und Loyalität fördern.

Interaktive Animationen können auch die Benutzerbeteiligung fördern. Durch die Einbeziehung interaktiver Elemente wie animierte Umfragen oder dynamische Inhaltsenthüllungen können Designer die Aufmerksamkeit der Benutzer erregen und sie ermutigen, aktiv an der Website teilzunehmen. Diese interaktiven Animationen machen die Benutzererfahrung angenehmer und erhöhen die Wahrscheinlichkeit, dass Benutzer mehr erkunden und mehr Zeit auf der Website verbringen.

Animation ist ein mächtiges Werkzeug, das die Ästhetik einer Website erheblich verbessern kann und sie visuell ansprechender und einprägsamer macht. Durch die Einbeziehung von Animationen, die die Benutzererfahrung verbessern, Informationen effizient vermitteln und emotionale Verbindungen schaffen, können Designer die Gesamtqualität und den Wert einer Website erhöhen.

Zusammenfassend ist Webanimation ein unverzichtbares Werkzeug in der modernen Webentwicklung. Es geht nicht nur um Ästhetik; es geht darum, effiziente, intuitive und ansprechende Benutzererfahrungen zu schaffen. Während wir in diesem Kapitel fortfahren, werden wir tiefer in die praktischen Aspekte der Webanimation eintauchen und die Grundlage dafür schaffen, dass du deine Fähigkeiten in der aufregenden Welt von GSAP und Webanimation entwickeln kannst. Bleib dran für weitere Einblicke und praktische Beispiele, um deine Webentwicklungsfähigkeiten zu verbessern.

1.2 Überblick über Webanimationswerkzeuge

Um tiefer in unsere Erkundung der Webanimation einzutauchen, ist es von größter Bedeutung, uns mit der breiten Palette von Werkzeugen vertraut zu machen, auf die wir Zugriff haben. Die Welt der Webanimation ist unglaublich weitläufig und umfasst eine Vielzahl von Technologien, jede mit ihrem eigenen unverwechselbaren Satz von Merkmalen und Fähigkeiten. In diesem Abschnitt führen wir dich durch eine Erkundung einiger der wichtigsten Animationswerkzeuge und -technologien, die die Landschaft der Webanimation enorm beeinflusst haben.

Wenn wir unsere Erkundung der Webanimation vertiefen, ist es wichtig, uns mit den verschiedenen Werkzeugen vertraut zu machen, die uns zur Verfügung stehen. Die Welt der Webanimation ist voller unterschiedlicher Technologien, von denen jede einzigartige Merkmale und Fähigkeiten bietet. In diesem Abschnitt navigieren wir durch einige der wichtigsten Animationswerkzeuge und -technologien, die die Landschaft der Webanimation geprägt haben.

1.2.1 CSS-Animationen und Übergänge

CSS (Cascading Style Sheets) ist ein wesentlicher Bestandteil des Webdesigns und spielt eine grundlegende Rolle in verschiedenen Aspekten wie Layout, Stil und Animation. Mit CSS-Animationen und -Übergängen haben Webdesigner ein vielseitiges und effizientes Werkzeug zur Verfügung, um die visuelle Erfahrung einer Webseite zu verbessern.

Durch die Einbeziehung von CSS-Animationen und -Übergängen können Elemente auf einer Webseite zum Leben erweckt werden, die Aufmerksamkeit der Benutzer erregen und eine ansprechendere und interaktivere Browsing-Erfahrung schaffen.

CSS-Übergänge: CSS-Übergänge sind ein mächtiges Werkzeug in der Webentwicklung, das verwendet werden kann, um sanfte und visuell ansprechende Effekte zu verschiedenen Elementen auf einer Webseite hinzuzufügen. Sie sind besonders nützlich, um die Benutzererfahrung zu verbessern, indem sie subtile und ansprechende Interaktionen bieten.

Zum Beispiel können sie eingesetzt werden, um die Farbe eines Buttons sanft zu ändern, wenn ein Benutzer mit dem Cursor darüber fährt, wodurch eine interaktivere und dynamischere Benutzeroberfläche entsteht. CSS-Übergänge bieten eine breite Palette von Möglichkeiten und können angepasst werden, um den spezifischen Design- und Funktionalitätsanforderungen einer Website gerecht zu werden.

Hier ist ein Beispiel:

```css
.button {
    background-color: #008CBA;
    transition: background-color 0.3s ease;
}
.button:hover {
    background-color: #004C7A;
}
```

In diesem Code macht die Hintergrundfarbe des Buttons einen sanften Übergang über 0,3 Sekunden, wenn ein Benutzer mit dem Cursor darüber fährt.

CSS-Animationen: Wenn es darum geht, komplexere und ausgefeiltere Sequenzen zu erstellen, bieten CSS-Animationen eine fantastische Möglichkeit, deine Designs durch den Einsatz von Keyframe-basierten Animationen zum Leben zu erwecken.

Mit CSS-Animationen hast du die Möglichkeit, mehrere Keyframes zu definieren und unterschiedliche Stile für jeden Keyframe festzulegen, was zu flüssigen und dynamischen Animationen führt, die die Aufmerksamkeit deines Publikums fesseln. Durch den Einsatz von CSS-Animationen kannst du die visuelle Erfahrung deiner Website oder Anwendung verbessern und sie ansprechender und optisch angenehmer für die Benutzer gestalten.

Hier ist ein einfaches Beispiel:

```css
@keyframes slideIn {
    from { transform: translateX(-100%); }
    to { transform: translateX(0); }
}
.slide-element {
    animation: slideIn 1s ease-out;
}
```

Dieser Code lässt ein Element von links ins Sichtfeld gleiten, wenn es auf der Seite geladen wird.

1.2.2 SVG-Animationswerkzeuge

SVG (Scalable Vector Graphics) ist ein weit verbreitetes und äußerst vielseitiges Format für Webgrafiken. Es ist besonders wertvoll für die Erstellung dynamischer und interaktiver Animationen, die ohne Qualitätsverlust nach oben oder unten skaliert werden können.

Mit SVG können Webdesigner und -entwickler problemlos visuell ansprechende Grafiken erstellen, die sich perfekt an verschiedene Bildschirmgrößen und Auflösungen anpassen. Darüber hinaus unterstützt SVG eine breite Palette von Funktionen wie Verläufe, Transparenz und Filter, die die Erstellung komplexer und visuell beeindruckender Effekte ermöglichen.

Insgesamt ist SVG ein unverzichtbares Werkzeug für modernes Webdesign und bietet endlose Möglichkeiten zur Erstellung visuell ansprechender und responsiver Inhalte.

- **Snap.svg**: Eine leistungsstarke und vielseitige JavaScript-Bibliothek, die es Benutzern ermöglicht, mühelos hochgradig interaktive und fesselnde SVG-Animationen zu erstellen. Mit ihrer umfangreichen Palette an Funktionen und Fähigkeiten ist Snap.svg die perfekte Wahl für die Erstellung komplexer und visuell beeindruckender Animationen, die problemlos skaliert und angepasst werden können, um den spezifischen Anforderungen jedes Projekts gerecht zu werden. Egal, ob Sie ein erfahrener Entwickler sind oder neu in der Welt der SVG-Animationen, Snap.svg bietet eine intuitive und benutzerfreundliche Oberfläche, mit der Sie Ihre kreativen Visionen mit Leichtigkeit und Präzision zum Leben erwecken können.

- **SVG.js**: SVG.js ist eine vielseitige und benutzerfreundliche Bibliothek, die eine breite Palette von Funktionen zur Manipulation und Animation von SVG bietet. Mit ihrer intuitiven Syntax und robusten Steuerungen ermöglicht SVG.js Entwicklern die Erstellung beeindruckender visueller Effekte und dynamischer Grafiken. Ob Sie ein Anfänger oder ein erfahrener Entwickler sind, SVG.js ist ein leistungsstarkes Werkzeug, das Ihre SVG-Projekte auf die nächste Stufe heben wird.

1.2.3 Web Animations APIs

Die Web Animations API ist eine moderne Browserfunktion, die Entwicklern die Möglichkeit bietet, Animationen direkt im Browser selbst zu steuern und zu manipulieren, ohne die Notwendigkeit zusätzlicher externer Bibliotheken.

Diese API ist zwar nicht so weit verbreitet oder funktionsreich wie bestimmte JavaScript-Bibliotheken, entwickelt sich jedoch kontinuierlich weiter und gewinnt bei Entwicklern aufgrund ihrer inhärenten Vorteile und der wachsenden Nachfrage nach mehr nativen Browserfunktionen in der Webentwicklung an Beliebtheit. Mit der Web Animations API können Entwickler Animationen erstellen und anpassen, Keyframes definieren, Timing-Funktionen anwenden und sogar komplexe Animationen mithilfe von Animationsgruppen und -sequenzen erstellen.

Diese leistungsstarke und vielseitige API ermöglicht es Entwicklern, reichhaltige und interaktive Animationen im Web zu erstellen, die Benutzererfahrung zu verbessern und Websites und Webanwendungen eine dynamische Note zu verleihen. Da die Browserunterstützung für die Web Animations API weiter zunimmt, übernehmen immer mehr Entwickler diese moderne Funktion und nutzen ihre Fähigkeiten, um ihre kreativen Visionen im Web zum Leben zu erwecken.

1.2.4 JavaScript-Animationsbibliotheken

Während CSS ein leistungsstarkes Werkzeug zur Erstellung von Animationen ist, ist es hauptsächlich für einfachere Animationen konzipiert. Andererseits bieten JavaScript-Bibliotheken eine breitere Palette von Optionen und größere Kontrolle, was sie ideal für die Handhabung komplexerer oder interaktiver Animationen macht.

Mit JavaScript-Bibliotheken können Sie problemlos dynamische und ansprechende Animationen erstellen, die Ihr Publikum fesseln und die Benutzererfahrung auf Ihrer Website oder Anwendung verbessern können. Ob Sie beeindruckende visuelle Effekte, interaktive Elemente oder komplizierte Übergänge erstellen möchten, JavaScript-Bibliotheken bieten die Flexibilität und Funktionalität, um Ihre Animationen zum Leben zu erwecken.

Wenn Sie also Ihre Animationen auf die nächste Stufe heben und Ihre Kreativität entfesseln möchten, sollten Sie in Betracht ziehen, JavaScript-Bibliotheken zu verwenden, um eine völlig neue Welt voller Möglichkeiten zu erschließen.

Hier sind einige herausragende:

anime.js: Eine weitere äußerst beliebte und weit verbreitete Bibliothek in der Welt der Webentwicklung ist anime.js. Diese Bibliothek bietet Entwicklern eine einfache und intuitive API, die es ihnen ermöglicht, mühelos komplexe und raffinierte Animationen für ihre Websites und Anwendungen zu erstellen.

Einer der Hauptvorteile von anime.js ist ihre leichtgewichtige Natur, die sicherstellt, dass mit dieser Bibliothek erstellte Animationen die Leistung der Website oder Anwendung nicht negativ beeinträchtigen.

Darüber hinaus ist anime.js für ihre benutzerfreundliche Oberfläche bekannt, was sie für Entwickler aller Erfahrungsstufen zugänglich macht. Ob Sie ein Anfänger oder ein erfahrener Entwickler sind, anime.js bietet ein nahtloses und angenehmes Animationserlebnis. Zum Beispiel:

```
anime({
  targets: '.element',
  translateX: 250,
  duration: 800,
  loop: true
});
```

Dieser Code bewegt ein Element horizontal in einer Schleife.

GreenSock Animation Platform (GSAP)

GSAP, kurz für GreenSock Animation Platform, ist ein unglaublich leistungsstarkes und funktionsreiches Toolkit, das von professionellen Animatoren und Entwicklern weithin verwendet wird, um beeindruckende und hochperformante Animationen im Web zu erstellen. Mit seiner außergewöhnlichen Geschmeidigkeit und Vielseitigkeit hat sich GSAP einen Ruf als bevorzugte Wahl im Bereich der Webanimation erworben.

Während wir uns auf unsere Reise durch dieses Buch begeben, ist es wichtig, einen genaueren Blick auf die bemerkenswerten Qualitäten zu werfen, die GSAP von anderen Animationswerkzeugen unterscheiden. Einer der Hauptgründe, warum GSAP herausragt, ist seine Robustheit. Es ist darauf ausgelegt, komplexe Animationen mit Leichtigkeit zu handhaben, sodass Animatoren ihre kreativen Visionen ohne Einschränkungen zum Leben erwecken können.

Darüber hinaus bietet GSAP eine unvergleichliche Flexibilität. Es stellt eine breite Palette von Optionen und Funktionen bereit, die angepasst werden können, um jedem Animationsprojekt gerecht zu werden. Ob Sie komplizierte Übergänge erstellen, beeindruckende Effekte hinzufügen oder komplexe Elemente animieren, GSAP bietet die Werkzeuge und Fähigkeiten, um all dies zu erreichen.

Ein weiterer bemerkenswerter Aspekt von GSAP ist seine außergewöhnliche Leistung. Mit GSAP erstellte Animationen sind bekannt für ihre Geschmeidigkeit und Effizienz und gewährleisten ein reibungsloses Benutzererlebnis. Mit GSAP können Webentwickler Animationen liefern, die nicht nur das Publikum fesseln, sondern auch schnell laden und nahtlos auf verschiedenen Geräten und Browsern funktionieren.

Zusammenfassend ist GSAP ein herausragendes Toolkit im Bereich der Webanimation aufgrund seiner Robustheit, Flexibilität und außergewohnlichen Leistung. Durch die Nutzung der Kraft von GSAP können Animatoren und Entwickler ihre Kreativität entfesseln und visuell beeindruckende und hochgradig ansprechende Animationen im Web erstellen.

Warum GSAP herausragt

1. **Leistung**: GSAP ist hochgradig optimiert, um überlegene Animationsleistung zu bieten. Es reduziert effektiv Ruckeln und Verzögerungen, was zu außergewöhnlich geschmeidigen Animationen führt, selbst wenn es um komplexe und komplizierte Sequenzen geht. Diese Leistungsoptimierung ermöglicht flüssige und ansprechende Benutzererlebnisse und macht GSAP zu einer idealen Wahl für die Erstellung visuell beeindruckender und interaktiver Animationen.

2. **Browser-Kompatibilität**: GSAP ist darauf ausgelegt, nahtlos in allen wichtigen modernen Browsern zu funktionieren, einschließlich Chrome, Firefox, Safari und Edge. Mit GSAP können Sie beruhigt sein, dass Ihre Animationen problemlos in jedem Browser ausgeführt werden, ohne sich um Inkonsistenzen oder Probleme sorgen zu müssen, die auftreten könnten. Ob Ihr Publikum Desktop- oder Mobilgeräte verwendet, GSAP garantiert ein konsistentes und angenehmes Benutzererlebnis auf allen Plattformen. Verabschieden Sie sich von der Frustration, mit Browser-Kompatibilitätsproblemen umgehen zu müssen, und konzentrieren Sie sich darauf, beeindruckende und ansprechende Animationen mit GSAP zu erstellen.

3. **Benutzerfreundlichkeit**: Einer der Hauptvorteile von GSAP ist seine außergewöhnliche Benutzerfreundlichkeit. Es bietet nicht nur unglaubliche Leistung, sondern verfügt auch über eine intuitive API, die sicherstellt, dass selbst Anfänger schnell loslegen können. Die unkomplizierte Syntax von GSAP verbessert seine Zugänglichkeit weiter und ermöglicht es Benutzern, komplexe Animationen mit relativer Leichtigkeit zu erstellen. Diese Kombination aus Leistung und Einfachheit macht GSAP zu einem hochgradig zugänglichen Animationswerkzeug für Benutzer aller Fähigkeitsstufen.

4. **Flexibilität und Kontrolle**: Einer der Hauptvorteile von GSAP ist seine Fähigkeit, Benutzern ein hohes Maß an Flexibilität und Kontrolle über ihre Animationen zu bieten. Mit GSAP haben Sie nicht nur die Macht, geschmeidige und visuell ansprechende Animationen zu erstellen, sondern auch jeden Aspekt davon feinzustimmen. Dieses Kontrollniveau umfasst die Fähigkeit, Ihre Animationen zu pausieren, umzukehren, zu sequenzieren und sogar das Timing anzupassen, was es Ihnen ermöglicht, wirklich dynamische und interaktive Erlebnisse zu schaffen. Während CSS und andere Animationsbibliotheken ein gewisses Maß an Animationskontrolle bieten können, hebt GSAP dies auf die nächste Stufe, indem es Ihnen unvergleichliche Kontrolle und Anpassungsoptionen bietet.

5. **Erweiterbarkeit**: Einer der großen Vorteile von GSAP ist seine Erweiterbarkeit. Neben grundlegenden Tweens und Timelines bietet GSAP eine breite Palette leistungsstarker Plugins, die seine Fähigkeiten erweitern. Zum Beispiel ermöglicht Ihnen das Draggable-

Plugin, mit Leichtigkeit ziehbare Elemente zu erstellen, während das MorphSVG-Plugin es Ihnen erlaubt, SVG-Formen und -Pfade zu animieren. Darüber hinaus bietet das ScrollTrigger-Plugin fortgeschrittene scrollbasierte Animationen, die es Ihnen ermöglichen, fesselnde Effekte zu erstellen, während Benutzer durch Ihre Website scrollen. Durch die Nutzung dieser Plugins ermöglicht Ihnen GSAP, reichhaltige und interaktive Animationen zu erstellen, die über das Gewöhnliche hinausgehen.

Ein detaillierter Blick auf die Funktionen von GSAP

Tweening

Im Kern glänzt GSAP beim Tweening, das heißt beim Übergang von Elementeigenschaften über die Zeit. Diese leistungsstarke Funktion ermöglicht es Ihnen, geschmeidige und flüssige Animationen zu erstellen, die Ihren Webseiten Leben einhauchen.

Mit GSAP können Sie Elemente mühelos über den Bildschirm bewegen, ihre Farben ändern, um beeindruckende visuelle Effekte zu erzeugen, sie nach oben oder unten skalieren für mehr Wirkung und sie sogar drehen für ein dynamisches und ansprechendes Benutzererlebnis. GSAP vereinfacht wirklich den Prozess der Elementanimation und macht es sowohl für Anfänger als auch für erfahrene Entwickler zugänglich.

Beispiel:

```
gsap.to(".box", {duration: 2, x: 300, backgroundColor: "#ff0000", borderRadius: "50%"});
```

Diese Zeile animiert ein **.box**-Element, bewegt es 300 Pixel nach rechts, ändert seine Farbe zu Rot und verwandelt es während 2 Sekunden in einen Kreis.

Anwendungsfall in einem HTML-Projekt:

```html
<!DOCTYPE html>
<html>
<head>
  <title>GSAP Animation Demo</title>
  <script
src="<https://cdnjs.cloudflare.com/ajax/libs/gsap/3.10.3/gsap.min.js>"></script>
</head>
<body>

  <div class="box">This is a box.</div>

  <script>
    gsap.to(".box", {
      duration: 2,
      x: 300,
      backgroundColor: "#ff0000",
      borderRadius: "50%"
    });
```

```
</script>

</body>
</html>
```

Erklärung des Codes:

1. HTML-Struktur:

    o   Das Element **<div class="box">Das ist eine Box.</div>** stellt die Box dar, die animiert werden soll.

2. GSAP:

    o   Das Script-Tag im **<head>** bindet die GSAP-Bibliothek ein.

3. GSAP-Animation:

    o   Der Code **gsap.to(".box", { ... })** zielt auf das Element mit der Klasse "box" ab und erstellt die Animation:

        ▪   **duration: 2**: Setzt die Dauer der Animation auf 2 Sekunden.

        ▪   **x: 300**: Animiert die horizontale Position der Box auf 300 Pixel.

        ▪   **backgroundColor: "#ff0000"**: Ändert die Hintergrundfarbe zu Rot.

        ▪   **borderRadius: "50%"**: Macht die Box kreisförmig.

Wichtige Punkte:

*   Die Box wird sich nach rechts bewegen, rot werden und sich innerhalb von 2 Sekunden in einen Kreis verwandeln.

*   Sie können die Animationseigenschaften (z. B. Dauer, Easing, Ausgangswerte) für verschiedene Effekte anpassen.

*   Erwägen Sie, weitere Elemente und Animationen hinzuzufügen, um komplexere und ansprechendere Webseiten zu erstellen.

Timelines

Die **Timeline**-Funktion von GSAP ist ein leistungsstarkes Werkzeug, das es Ihnen ermöglicht, komplexe Animationen zu erstellen, indem Sie mehrere Animationen auf kohärente und synchronisierte Weise sequenzieren. Mit der **Timeline**-Funktion haben Sie die volle Kontrolle über die gesamte Animationssequenz, was es Ihnen ermöglicht, Timing und Synchronisation mit großer Präzision anzupassen. Dies verbessert nicht nur die visuelle Attraktivität Ihrer Animationen, sondern sorgt auch für ein flüssiges und ausgefeiltes Benutzererlebnis.

Beispiel:

```javascript
let tl = gsap.timeline({paused: true});
tl.to(".box1", {duration: 1, x: 100})
  .to(".box2", {duration: 1, x: 200}, "-=0.5")
  .to(".box3", {duration: 1, x: 300}, "start");

// Play the timeline
tl.play();
```

Diese Timeline animiert drei Elemente mit überlappenden und synchronisierten Timings.

Anwendungsfall in einem HTML-Projekt:

```html
<!DOCTYPE html>
<html>
<head>
  <title>GSAP Timeline Demo</title>
  <script
src="<https://cdnjs.cloudflare.com/ajax/libs/gsap/3.10.3/gsap.min.js>"></script>
</head>
<body>

  <div class="box1">Box 1</div>
  <div class="box2">Box 2</div>
  <div class="box3">Box 3</div>

  <script>
    let tl = gsap.timeline({ paused: true });
    tl.to(".box1", { duration: 1, x: 100 })
      .to(".box2", { duration: 1, x: 200 }, "-=0.5")
      .to(".box3", { duration: 1, x: 300 }, "start");

    // Play the timeline
    tl.play();
  </script>

</body>
</html>
```

Erklärung des Codes:

1. HTML-Struktur:

   o   Die **<div>**-Elemente mit den Klassen "box1", "box2" und "box3" stellen die Boxen dar, die animiert werden.

2. GSAP-Timeline:

   o   Der JavaScript-Code erstellt eine GSAP-Timeline, um die Animationen zu sequenzieren:

- **tl = gsap.timeline({ paused: true })**: Erstellt eine Timeline, die zunächst pausiert ist.

- **tl.to(".box1", ...)**: Animiert "box1" zu x: 100 über 1 Sekunde.

- **.to(".box2", ...)**: Animiert "box2" zu x: 200 nach einer Verzögerung von 0,5 Sekunden.

- **.to(".box3", ...)**: Animiert "box3" zu x: 300 gleichzeitig mit "box1".

- **tl.play();**: Startet die Timeline, um die Animationen abzuspielen.

Wichtige Punkte:

- Die Boxen werden sich horizontal zu verschiedenen Positionen in einer koordinierten Abfolge bewegen.

- Die Timeline ermöglicht eine präzise Kontrolle über das Timing und die Synchronisation der Animationen.

- Sie können die Elementklassen, Animationseigenschaften und Timeline-Einstellungen anpassen, um komplexere Effekte zu erstellen.

ScrollTrigger-Plugin

Eine der leistungsstärksten und vielseitigsten Funktionen von GSAP, ScrollTrigger, bietet Ihnen die Möglichkeit, mühelos fesselnde und dynamische Animationen zu erstellen, die durch Scroll-Aktionen ausgelöst werden. Dieses bemerkenswerte Plugin ist außergewöhnlich gut geeignet, um Ihren Webprojekten Leben einzuhauchen, indem es Ihnen ermöglicht, immersive und interaktive Storytelling-Erlebnisse zu schaffen, die Ihr Publikum fesseln und einen bleibenden Eindruck hinterlassen werden.

Beispiel:

```
gsap.to(".box", {
  scrollTrigger: ".box", // start the animation when ".box" enters the viewport
  x: 500
});
```

Dieser Code bewegt das **.box**-Element horizontal, während der Benutzer auf der Seite nach unten scrollt.

Anwendungsfall in einem HTML-Projekt:

```
<!DOCTYPE html>
<html>
<head>
  <title>GSAP ScrollTrigger Demo</title>
  <script
src="<https://cdnjs.cloudflare.com/ajax/libs/gsap/3.10.3/gsap.min.js>"></script>
```

```html
  <script
src="<https://cdnjs.cloudflare.com/ajax/libs/gsap/3.10.3/ScrollTrigger.min.js>"></sc
ript>
  <style>
    .box {
      width: 100px;
      height: 100px;
      background-color: blue;
      margin: 20px;
    }
  </style>
</head>
<body>

  <div class="box"></div>
  <script>
    gsap.to(".box", {
      scrollTrigger: ".box", // start the animation when ".box" enters the viewport
      x: 500
    });
  </script>

</body>
</html>
```

Erklärung des Codes:

1. HTML-Struktur:

    o   Das Element **<div class="box"></div>** stellt die blaue Box dar, die animiert wird.

    o   Weitere Inhalte auf der Seite können nach Bedarf hinzugefügt werden.

2. GSAP und ScrollTrigger:

    o   Die Script-Tags im Abschnitt **<head>** binden die GSAP- und ScrollTrigger-Bibliotheken ein.

3. GSAP-Animation:

    o   Der Code **gsap.to(".box", { ... })** zielt auf das Element mit der Klasse "box" ab und erstellt die Animation:

        ▪   **scrollTrigger: ".box"** aktiviert ScrollTrigger, um die Animation basierend auf dem Scrollen zu steuern.

        ▪   **x: 500** animiert die horizontale Position der Box auf 500 Pixel.

4. ScrollTrigger:

o   Die Option **scrollTrigger: ".box"** stellt sicher, dass die Animation beginnt, wenn das Element ".box" in den sichtbaren Bereich kommt.

Wichtige Punkte:

- Die blaue Box wird sich beim Scrollen um 500 Pixel nach rechts bewegen, sobald sie in den sichtbaren Bereich kommt.

- Sie können die Animationseigenschaften (z. B. Dauer, Easing) und die ScrollTrigger-Optionen für komplexere Effekte anpassen.

MorphSVG-Plugin

Das MorphSVG-Plugin ist ein großartiges Werkzeug, mit dem Sie nahtlos eine SVG-Form in eine andere verwandeln können. Diese Funktion ist besonders nützlich beim Erstellen komplexer und dynamischer Animationen, die eine komplexe Formverwandlung erfordern. Mit dem MorphSVG-Plugin haben Sie die Möglichkeit, Ihre Designs mühelos zum Leben zu erwecken und beeindruckende visuelle Effekte zu erzielen, die Ihr Publikum fesseln werden.

Beispiel:

```
gsap.to("#shape1", {duration: 2, morphSVG: "#shape2"});
```

Hier wird **#shape1** innerhalb von 2 Sekunden in **#shape2** verwandelt.

Anwendungsfall in einem HTML-Projekt:

```html
<!DOCTYPE html>
<html>
<head>
  <title>GSAP MorphSVG Demo</title>
  <script
src="<https://cdnjs.cloudflare.com/ajax/libs/gsap/3.10.3/gsap.min.js>"></script>
  <script
src="<https://cdnjs.cloudflare.com/ajax/libs/gsap/3.10.3/MorphSVGPlugin.min.js>"></s
cript>
</head>
<body>

  <svg>
    <path id="shape1" d="M10 315 L 110 215 A 30 50 0 0 1 162.55 162.45 L 172.55 152.45
A 30 50 -45 0 1 215.1 109.9 L 315 10"></path>
    <path id="shape2" d="M240,220 240,70 70,70 70,220"></path>
  </svg>

  <script>
    gsap.to("#shape1", {
      duration: 2,
      morphSVG: "#shape2"
    });
```

```
  </script>

</body>
</html>
```

Erklärung des Codes:

1. SVG-Elemente:

   o Das **<svg>**-Element enthält zwei **<path>**-Elemente:

     - **#shape1**: Die Ausgangsform, die transformiert wird.

     - **#shape2**: Die Zielform, in die transformiert wird.

2. GSAP und MorphSVGPlugin:

   o Die Script-Tags im **<head>**-Bereich binden GSAP und das MorphSVGPlugin ein.

3. GSAP-Animation:

   o Der Code **gsap.to("#shape1", { ... })** zielt auf das Element mit der ID "shape1" ab und erstellt die Animation:

     - **duration: 2**: Legt die Animationsdauer auf 2 Sekunden fest.

     - **morphSVG: "#shape2"**: Verwendet das MorphSVGPlugin, um die Form nahtlos in die Form des Elements mit der ID "shape2" zu transformieren.

Wichtige Punkte:

- Die Ausgangsform wird innerhalb von 2 Sekunden nahtlos in die Zielform transformiert.

- Das MorphSVGPlugin übernimmt die komplexen Berechnungen für die nahtlose Transformation von SVG-Formen.

- Sie können die Formen, die Dauer und andere Animationseigenschaften für verschiedene Effekte anpassen.

Zusammenfassung

GSAP, die GreenSock Animation Platform, wird weithin als Kraftpaket im Bereich der Webanimation anerkannt. Mit seiner außergewöhnlichen Leistung, unvergleichlichen Flexibilität und präzisen Kontrolle sticht GSAP als unschätzbares Werkzeug für Webentwickler und Designer hervor. Es bietet ein breites Spektrum an Funktionen, die sowohl einfache als auch komplexe Animationsanforderungen erfüllen und es Benutzern ermöglichen, ihre Web-Erlebnisse auf bisher unvorstellbare Weise zum Leben zu erwecken.

Im Verlauf dieses Buches werden wir uns eingehend mit den verschiedenen Funktionen von GSAP befassen und jede einzelne im Detail untersuchen. Dabei ist es unser Ziel, Sie mit den notwendigen Fähigkeiten auszustatten, um das immense Potenzial von GSAP in Ihren Webprojekten voll auszuschöpfen. Sie können zahlreiche praktische Beispiele, ansprechende praktische Übungen und eine tiefgehende Erkundung dieser bemerkenswerten Animationsplattform erwarten.

Also, machen Sie sich bereit für eine Reise, die nicht nur Ihr Wissen über Webanimation erweitern, sondern Sie auch befähigen wird, beeindruckende und fesselnde Web-Erlebnisse mit GSAP zu schaffen. Lassen Sie uns eintauchen und die unendlichen Möglichkeiten erkunden, die uns erwarten!

1.2.5 Die richtige Werkzeugauswahl

Die Auswahl des richtigen Werkzeugs für Ihr Animationsprojekt hängt von mehreren Faktoren ab:

- **Komplexität**: Wenn es um die Erstellung einfacher Animationen geht, kann CSS eine effektive Wahl sein. Für kompliziertere und anspruchsvollere Interaktionen wird jedoch die Verwendung von JavaScript-Bibliotheken wie GSAP oder anime.js empfohlen. Diese Bibliotheken bieten eine breite Palette an Funktionen und Möglichkeiten, was mehr Flexibilität und Kontrolle über Animationseffekte ermöglicht. Durch die Integration dieser leistungsstarken Werkzeuge in Ihren Entwicklungsprozess können Sie die Gesamtqualität und Benutzererfahrung Ihrer Animationen verbessern und sie ansprechender und visuell ansprechender gestalten.

- **Leistung**: Bibliotheken wie GSAP sind hochgradig für Leistung optimiert und gewährleisten die reibungslose und effiziente Ausführung rechenintensiver Animationen. Mit seinen fortschrittlichen Algorithmen und optimierten Codierungstechniken minimiert GSAP den Ressourcenverbrauch und maximiert die Rendering-Geschwindigkeit, was zu einem flüssigen und immersiven Benutzererlebnis führt. Durch die Nutzung seiner Leistungsfähigkeiten können Entwickler visuell beeindruckende und komplexe Animationen erstellen, ohne sich um Leistungsengpässe oder träge Interaktionen sorgen zu müssen. GSAP ermöglicht es Entwicklern somit, die Grenzen der Animationsmöglichkeiten auszureizen und außergewöhnliche Benutzererlebnisse zu bieten.

- **Browser-Kompatibilität**: Es ist wichtig, die verschiedenen Browser und Geräte zu berücksichtigen, die Ihr Publikum möglicherweise verwendet. Dazu gehören Desktop-Browser wie Chrome, Firefox, Safari und Edge sowie mobile Browser wie Chrome für Android und Safari für iOS. Indem Sie sicherstellen, dass Ihre Website oder Anwendung mit einer breiten Palette von Browsern und Geräten kompatibel ist, können Sie Ihrem Publikum ein nahtloses und konsistentes Benutzererlebnis bieten. Es ist erwähnenswert, dass verschiedene Werkzeuge unterschiedliche Grade an Browser-

Kompatibilität aufweisen können, daher ist es wichtig, ein Werkzeug zu wählen, das am besten zu Ihren Bedürfnissen und denen Ihres Publikums passt.

- **Lernkurve**: Ein wichtiger Aspekt bei der Verwendung von Bibliotheken wie GSAP ist die Lernkurve. Während diese Bibliotheken eine Fülle an Leistung und Funktionalität bieten, können sie etwas mehr Zeit und Mühe erfordern, um sie zu verstehen und effektiv zu nutzen. Es ist erwähnenswert, dass die Investition der notwendigen Zeit und Mühe zum Verständnis der Fähigkeiten der Bibliothek den gesamten Entwicklungsprozess erheblich verbessern und ein breiteres Spektrum an Möglichkeiten zur Schaffung ansprechender und interaktiver Erlebnisse eröffnen kann.

Zusammenfassend ist es wichtig zu beachten, dass die Landschaft der Webanimations-Werkzeuge unglaublich vielfältig und ständig im Wandel ist. Das bedeutet, dass es zahlreiche Optionen für Webentwickler und Designer gibt, wenn es um die Erstellung von Animationen geht. Von einfachen CSS-Übergängen, die subtile Effekte bieten, bis hin zu komplexen interaktiven Animationen mit fortschrittlichen Werkzeugen wie GSAP gibt es eine breite Palette an Möglichkeiten zu erkunden.

Durch den Einsatz dieser Werkzeuge können Webentwickler das Benutzererlebnis ihrer Websites verbessern und visuell ansprechende Animationen erstellen, die Benutzer fesseln. Mit GSAP im Besonderen haben Entwickler Zugang zu einer leistungsstarken und vielseitigen Animationsbibliothek, die die Erstellung komplexer und dynamischer Animationen ermöglicht.

Während Sie in diesem Buch voranschreiten, haben Sie die Gelegenheit, praktische Erfahrung mit GSAP zu sammeln. Diese praktische Erfahrung wird nicht nur Ihr Verständnis der beteiligten Konzepte und Techniken vertiefen, sondern auch Ihre allgemeinen Fähigkeiten in der Webanimation verbessern.

Darüber hinaus ist es erwähnenswert, dass die Welt von GSAP weitläufig und voller endloser Möglichkeiten ist. Im nächsten Abschnitt werden wir in diese Welt eintauchen und ihre Funktionen, Fähigkeiten und potenziellen Anwendungen erkunden. Bleiben Sie also dran und machen Sie sich bereit, das volle Potenzial von GSAP in Ihren Webanimations-Projekten freizusetzen!

1.3 Einführung in GSAP

Bis zu diesem Punkt haben wir die Grundlagen von GSAP behandelt. Nun wollen wir tiefer in GSAP selbst eintauchen. Machen Sie sich bereit für eine spannende Reise, während wir in das Herz von GSAP vordringen, eine Einführung in die erstaunliche GreenSock Animation Platform.

In diesem Abschnitt werden wir die Geheimnisse aufdecken und die wahre Kraft von GSAP enthüllen, indem wir ihre umfangreichen Fähigkeiten erkunden und entdecken, warum sie in der Welt der Webanimation hoch geschätzt und weit verbreitet eingesetzt wird. Wenn Sie leidenschaftlich daran interessiert sind, Animationen zu erstellen, die nicht nur die Augen begeistern, sondern auch optimale Leistung liefern, dann ist GSAP das ultimative Werkzeug, das Sie unbedingt in Ihrem Arsenal haben müssen.

Machen Sie sich bereit, eine Welt unendlicher Möglichkeiten zu erschließen und Ihre Webanimationen mit GSAP auf die nächste Stufe zu heben!

1.3.1 Was ist GSAP?

GSAP, auch bekannt als GreenSock Animation Platform, ist eine äußerst beliebte und weit verbreitete JavaScript-Bibliothek. Sie dient als leistungsstarkes Werkzeug für Webentwickler und Designer und ermöglicht es ihnen, auf einfache und effiziente Weise beeindruckende und dynamische Animationen für verschiedene Elemente auf einer Webseite zu erstellen. Ob HTML-Elemente, SVG oder sogar JavaScript-Objekte – GSAP bietet eine nahtlose und effiziente Möglichkeit, sie zum Leben zu erwecken.

Einer der Hauptvorteile von GSAP ist seine außergewöhnliche Geschwindigkeit und Leistung. Es ist speziell darauf ausgelegt, reibungslose und flüssige Animationen zu liefern und ein optimales Benutzererlebnis zu gewährleisten. Mit GSAP können Entwickler komplexe Animationen erstellen, die problemlos auf verschiedenen Browsern und Geräten laufen, ohne Verzögerungen oder Leistungsprobleme.

Neben seiner außergewöhnlichen Leistung ist GSAP auch äußerst zuverlässig und robust. Es wurde umfassend getestet und hat sich als stabil erwiesen, wodurch sichergestellt wird, dass mit GSAP erstellte Animationen konsistent und fehlerfrei sind. Dieser Zuverlässigkeitsfaktor macht GSAP zu einer verlässlichen Wahl für Fachleute auf diesem Gebiet.

Ein weiteres herausragendes Merkmal von GSAP ist seine benutzerfreundliche Natur. Obwohl es leistungsstarke Animationsfähigkeiten bietet, ist GSAP bemerkenswert einfach zu bedienen. Seine intuitive Syntax und umfassende Dokumentation machen es sowohl für Anfänger als auch für erfahrene Entwickler gleichermaßen zugänglich. Mit GSAP können Sie schnell Animationen implementieren, ohne sich mit komplexem Code oder steilen Lernkurven auseinandersetzen zu müssen.

All diese Qualitäten zusammen haben GSAP zu einem Favoriten unter Webentwicklern und Designern auf der ganzen Welt gemacht. Es hat sich einen Ruf als die bevorzugte Animationsbibliothek erworben und bietet eine reizvolle und effiziente Möglichkeit, die visuelle Attraktivität und Interaktivität von Websites zu verbessern. Ob Sie einen einfachen Scroll-Effekt oder eine komplexe interaktive Benutzeroberfläche erstellen – GSAP ermöglicht es Ihnen, Ihre kreative Vision mit Leichtigkeit und Präzision zum Leben zu erwecken.

1.3.2 Hauptmerkmale von GSAP

Hohe Leistung

GSAP ist hochgradig optimiert für die Erstellung reibungsloser und leistungsstarker Animationen. Mit GSAP können Sie beeindruckende Visuals und Animationen erzielen, die minimale Auswirkungen auf den Rendering-Prozess des Browsers haben.

Es ermöglicht Ihnen, komplexe und interaktive Animationen zu erstellen, die Ihr Publikum fesseln und das Benutzererlebnis verbessern. Egal ob Sie eine Website oder eine Webanwendung erstellen, GSAPs Fokus auf hohe Leistung gewährleistet, dass Ihre Animationen reibungslos und effizient laufen und ein immersives und ansprechendes visuelles Erlebnis bieten.

Browser-Kompatibilität

Unser Animationswerkzeug ist so konzipiert, dass es nahtlos in allen modernen Browsern funktioniert und ein konsistentes und problemloses Seherlebnis auf verschiedenen Plattformen gewährleistet. Ob Ihr Publikum Chrome, Firefox, Safari oder einen anderen beliebten Browser verwendet, Sie können sicher sein, dass Ihre Animationen beeindruckend aussehen und einwandfrei funktionieren werden.

Umfassende API

GSAP bietet eine breite Palette leistungsstarker Werkzeuge, die es Entwicklern ermöglichen, komplizierte und visuell beeindruckende Animationen mit nur minimaler Menge an Code zu erstellen. Diese Werkzeuge befähigen Benutzer, ihre kreativen Visionen auf effizientere und optimierte Weise zum Leben zu erwecken und ermöglichen mehr Flexibilität und Kontrolle über den Animationsprozess. Mit der umfassenden API von GSAP können Entwickler endlose Möglichkeiten erkunden und die Grenzen dessen erweitern, was im Animationsdesign möglich ist.

Plugin-Architektur

GSAP bietet eine hochflexible Plugin-Architektur, die die nahtlose Integration verschiedener Plugins wie Draggable, MorphSVG, ScrollTrigger und viele mehr ermöglicht. Diese Erweiterbarkeit erlaubt es Benutzern, ihre Animationsfähigkeiten entsprechend ihren spezifischen Anforderungen anzupassen und zu verbessern, wodurch GSAP zu einem vielseitigen Werkzeug für die Erstellung beeindruckender und dynamischer Animationen wird.

1.3.3 Erste Schritte mit GSAP

Bis zu diesem Punkt haben wir GSAP behandelt. Es ist jedoch vorteilhaft, einige wichtige Punkte zu wiederholen, die notwendig sind, um mit GSAP zu beginnen. Diese Wiederholung des Prozesses kann helfen, das Wissen zu festigen, insbesondere wenn Sie neu in dieser Technologie sind.

Wie bereits erwähnt, gibt es mehrere Möglichkeiten, GSAP in Ihr Projekt einzubinden. Eine Methode ist die Verwendung eines CDN-Links, der den direkten Zugriff auf GSAP von einem entfernten Server ermöglicht. Ein anderer Ansatz ist die Installation von GSAP über npm, einen Paketmanager, der üblicherweise mit Build-Systemen wie Webpack oder Parcel verwendet wird.

Bei der Installation von GSAP über npm können Sie einfach seine Version und Abhängigkeiten verwalten. Beide Methoden bieten Flexibilität und Bequemlichkeit bei der Integration von GSAP in Ihr Projekt und ermöglichen es Ihnen, seine leistungsstarken Animationsfähigkeiten zu nutzen.

```
<!-- Include GSAP from a CDN -->
<script src="<https://cdn.jsdelivr.net/npm/gsap@3/dist/gsap.min.js>"></script>
```

Sobald Sie GSAP eingebunden haben, sind Sie bereit, Ihre erste Animation zu erstellen.

Eine einfache Animation mit GSAP

Zur Wiederholung erstellen wir eine Animation einer einfachen Box, die sich über den Bildschirm bewegt. Angenommen, Sie haben ein HTML-Element mit der Klasse **.box**:

```
<div class="box"></div>
```

Und etwas grundlegendes CSS, um ihr Größe und Farbe zu geben:

```
.box {
    width: 100px;
    height: 100px;
    background-color: blue;
    position: relative;
}
```

Jetzt animieren wir diese Box mit GSAP:

```
gsap.to(".box", {duration: 2, x: 300});
```

In dieser Codezeile ist **gsap.to()** die Methode, die wir verwenden, um die Animation zu erstellen. Wir zielen auf **.box** ab und weisen GSAP an, sie 2 Sekunden lang zu animieren (**duration: 2**), indem wir sie 300 Pixel entlang der x-Achse bewegen (**x: 300**).

Vollständiger HTML-Code:

```
<!DOCTYPE html>
<html>
<head>
  <title>GSAP Animation Demo</title>
  <script
src="<https://cdnjs.cloudflare.com/ajax/libs/gsap/3.10.3/gsap.min.js>"></script>
  <style>
    .box {
      width: 100px;
      height: 100px;
      background-color: blue;
      position: relative;
    }
```

```html
    </style>
  </head>
  <body>

    <div class="box"></div>

    <script>
      gsap.to(".box", {
        duration: 2,
        x: 300
      });
    </script>

  </body>
</html>
```

Erklärung des Codes:

1. HTML-Struktur:

   o Das Element **<div class="box"></div>** erstellt eine blaue Box, die animiert wird.

2. CSS-Stile:

   o Die Klasse **.box** gestaltet die Box mit:

     ▪ Breite: 100px

     ▪ Höhe: 100px

     ▪ Hintergrundfarbe: blau

     ▪ Position: relativ (ermöglicht relative Positionierung)

3. Einbindung von GSAP:

   o Das **script**-Tag im **<head>** bindet die GSAP-Bibliothek ein.

4. GSAP-Animation:

   o Der Code **gsap.to(".box", { ... })** animiert die horizontale Position der Box über 2 Sekunden auf 300 Pixel.

Wichtige Punkte:

- Die Box wird sich beim Laden der Seite 2 Sekunden lang 300 Pixel nach rechts bewegen.

- Sie können die Animationseigenschaften (z. B. Dauer, Easing, Startposition) anpassen, um verschiedene Effekte zu erzielen.

- Erwägen Sie, weitere Elemente und Animationen hinzuzufügen, um dynamischere und ansprechendere Webseiten zu erstellen.

1.3.4 Warum GSAP für Ihre Webanimationen?

Die Syntax von GSAP ist unglaublich intuitiv und ausdrucksstark, was sie für Anfänger äußerst zugänglich macht. Doch damit hört es nicht auf: Sie ist auch leistungsstark genug, um den Anforderungen von Experten auf diesem Gebiet gerecht zu werden. Mit seiner außergewöhnlichen Leistung und unvergleichlichen Flexibilität ermöglicht GSAP Ihnen, Animationen zu erstellen, die mit reinem CSS äußerst schwierig oder sogar unmöglich zu realisieren wären.

Ob Sie einfache Ein- und Ausblendungen, komplizierte Pfadanimationen oder interaktive und ansprechende Motion Graphics zu Ihren Webprojekten hinzufügen möchten, GSAP hat alles im Griff. Während Sie dieses Buch weiterlesen, können Sie das volle Potenzial von GSAP erkunden und nutzen. Dabei werden Sie nicht nur Ihre Webprojekte zum Leben erwecken, sondern auch die Benutzererfahrung auf ein völlig neues Niveau heben und einen bleibenden Eindruck hinterlassen.

Es ist wichtig zu betonen, dass die Beherrschung von GSAP nicht einfach darum geht, die Fähigkeit zu erwerben, Dinge zu animieren. Es geht darum, die Fähigkeit zu erlangen, fesselnde Geschichten zu erzählen, die Aufmerksamkeit der Benutzer zu lenken und unvergessliche digitale Erlebnisse zu schaffen. Machen Sie sich also bereit, sich auf eine Reise zu begeben, auf der die Bereiche Kreativität und Code miteinander verwoben sind und jede Animation eine Welt unbegrenzter Möglichkeiten eröffnet, die darauf warten, erkundet zu werden.

1.4 Vorbereitung Ihrer Umgebung für GSAP

Nachdem wir nun die Wunder von GSAP vorgestellt haben, ist es an der Zeit, Ihre Umgebung einzurichten, damit Sie damit beginnen können, Ihre kreativen Ideen zum Leben zu erwecken. Die Vorbereitung Ihrer Umgebung für GSAP ist ein einfacher und unkomplizierter Prozess, den jeder durchführen kann.

Indem Sie den Schritten folgen, die ich bereitstelle, können Sie mühelos Ihren Arbeitsbereich für GSAP vorbereiten. Es spielt keine Rolle, ob Sie ein erfahrener Entwickler mit jahrelanger Erfahrung sind oder gerade erst in die Welt der Webanimation einsteigen, denn dieser aufregende erste Schritt wird für alle gleichermaßen von Nutzen sein. Also tauchen Sie ein und beginnen Sie Ihre Reise in die faszinierende Welt der Webanimation mit GSAP!

1.4.1 Auswahl einer Entwicklungsumgebung

Bevor Sie mit GSAP beginnen, ist es wichtig, einen dedizierten Raum zu haben, in dem Sie bequem Ihren Code schreiben und testen können. Glücklicherweise stehen mehrere Optionen zur Auswahl:

- **Texteditor**: Wenn Sie ein einfaches, aber leistungsstarkes Werkzeug bevorzugen, können Sie sich für beliebte Texteditoren wie VS Code, Sublime Text oder Atom entscheiden. Diese Editoren sind leichtgewichtig, hochgradig anpassbar und bieten umfassende Unterstützung für verschiedene Programmiersprachen. Darüber hinaus bieten sie zahlreiche Erweiterungen, die Ihr Codierungserlebnis verbessern können.

- **Online-Code-Playground**: Für diejenigen, die schnell mit GSAP experimentieren möchten, ohne eine lokale Einrichtung zu benötigen, sind Online-Code-Playgrounds wie CodePen, JSFiddle oder CodeSandbox perfekte Optionen. Diese Plattformen bieten sofortige Einrichtung, sodass Sie einfach und problemlos mit dem Codieren und Testen Ihrer GSAP-Animationen beginnen können. Darüber hinaus bieten sie den Komfort, Ihre Arbeit einfach mit anderen zu teilen, was die Zusammenarbeit und das Feedback erleichtert.

Durch eine geeignete Entwicklungsumgebung können Sie Ihre Produktivität maximieren und das Potenzial von GSAP in Ihren Projekten voll ausschöpfen.

1.4.2 Einrichtung einer lokalen Entwicklungsumgebung

Wenn Sie es vorziehen, lokal auf Ihrem Computer zu arbeiten, können Sie es folgendermaßen einrichten:

1. **Texteditor installieren**: Zunächst müssen Sie einen Texteditor wie Visual Studio Code (VS Code) von seiner offiziellen Website herunterladen und installieren. Diese Software bietet Ihnen eine benutzerfreundliche Oberfläche zum Schreiben und Verwalten Ihres Codes.

2. **Projektordner erstellen**: Sobald Sie den Texteditor installiert haben, ist es an der Zeit, einen dedizierten Ordner auf Ihrem Computer zu erstellen, in dem Sie alle Ihre Projektdateien speichern. Dieser Ordner dient als zentraler Ort zum Organisieren und Speichern Ihres Codes, Ihrer Assets und anderer zugehöriger Dateien.

3. **Neue HTML-Datei erstellen**: In Ihrem neu erstellten Projektordner möchten Sie eine neue Datei namens **index.html** erstellen. Diese Datei dient als Ausgangspunkt für Ihre GSAP-Animationen. Mit einer sauberen HTML-Datei haben Sie eine solide Grundlage, auf der Sie aufbauen können.

4. **HTML-Datei strukturieren**: Nachdem Sie die **index.html**-Datei erstellt haben, öffnen Sie sie in Ihrem Texteditor. Nun ist es an der Zeit, Ihre HTML-Datei zu strukturieren, um die notwendige Struktur und Elemente für Ihre GSAP-Animationen bereitzustellen. Sie können die erforderlichen HTML-Tags wie **<html>**, **<head>** und **<body>** einfügen, um die grundlegende Struktur Ihres Dokuments zu erstellen.

HTML-Struktur:

```
<!DOCTYPE html>
<html lang="en">
```

```
<head>
    <meta charset="UTF-8">
    <meta name="viewport" content="width=device-width, initial-scale=1.0">
    <title>GSAP Animation</title>
</head>
<body>
    <!-- Your content goes here -->
</body>
</html>
```

1. GSAP einbinden und Ihre Animationen verbessern: Eine Möglichkeit, GSAP in Ihr Projekt zu integrieren, besteht darin, einen CDN-Link in Ihre HTML-Datei einzufügen. Durch Hinzufügen des folgenden Script-Tags innerhalb des <head>-Bereichs können Sie einfach auf die leistungsstarken Funktionen und Features zugreifen, die

```
<script src="<https://cdn.jsdelivr.net/npm/gsap@3/dist/gsap.min.js>"></script>
```

Diese Codezeile verknüpft Ihr Projekt mit der neuesten Version von GSAP, die auf dem CDN gehostet wird.

1.4.3 Einrichtung eines Online-Code-Arbeitsbereichs

Für diejenigen, die eine Online-Einrichtung bevorzugen, sind hier die Schritte zum Einstieg:

1. **Wählen Sie eine Plattform**: Eine Möglichkeit besteht darin, CodePen.io zu besuchen und ein neues Konto zu erstellen, falls Sie noch keines haben. CodePen.io ist eine beliebte Website zum Erstellen und Teilen von Code-Snippets.

2. **Erstellen Sie einen neuen Pen**: Nachdem Sie sich bei CodePen angemeldet haben, können Sie einen neuen Pen beginnen. Dieser Pen dient als Ihr Online-Arbeitsbereich, in dem Sie Ihren Code schreiben und testen können.

3. **Fügen Sie GSAP hinzu**: In CodePen haben Sie die Möglichkeit, GSAP (GreenSock Animation Platform) einfach zu Ihrem Pen hinzuzufügen. Um dies zu tun, klicken Sie auf 'Einstellungen' in Ihrem Pen, gehen Sie zur Registerkarte 'JavaScript' und suchen Sie nach GSAP im Bereich 'Externe Skripte/Pens hinzufügen'. Sobald Sie es gefunden haben, wählen Sie es aus, um es in Ihren Pen einzubinden.

Um Ihre Reise in die Webanimation mit GSAP zu beginnen, ist der erste Schritt die Einrichtung Ihrer Umgebung. Egal, ob Sie sich für eine lokale Einrichtung mit einem Texteditor entscheiden oder einen Online-Code-Arbeitsbereich bevorzugen, der entscheidende Aspekt ist, einen dedizierten Raum zu schaffen, um zu experimentieren, zu lernen und Ihre Animationsfähigkeiten zu verfeinern.

Während wir fortschreiten, werden wir in den Bereich der komplexeren und fesselnderen Animationen eintauchen und die immense Kraft von GSAP nutzen. Bewahren Sie diese ansteckende Begeisterung, denn die Beherrschung der Webanimation strotzt vor unendlichen kreativen Möglichkeiten, die darauf warten, erkundet zu werden.

Praktische Übungen für Kapitel 1

Ausgezeichnete Arbeit beim Abschließen des ersten Kapitels! Um dein Verständnis und deine Fähigkeiten zu festigen, findest du hier einige praktische Übungen zu den Themen, die wir behandelt haben. Jede Übung ist so konzipiert, dass sie dich ein wenig mehr herausfordert als die vorherige, und es werden Lösungen bereitgestellt, um dich zu leiten, falls du nicht weiterkommst. Denke daran, der beste Weg zu lernen ist durch Tun, also leg los!

Übung 1: Grundlegende Animation beim Überfahren mit der Maus

Erstelle eine Schaltfläche mit einem Hover-Effekt unter Verwendung von GSAP. Wenn der Benutzer mit der Maus über die Schaltfläche fährt, sollte sie ihre Farbe sanft ändern und ihre Skalierung leicht vergrößern.

Lösung:

HTML:

```html
<button id="hoverButton">Hover over me!</button>
```

CSS:

```css
#hoverButton {
    padding: 10px 20px;
    background-color: #008CBA;
    color: white;
    border: none;
    cursor: pointer;
    transition: transform 0.2s ease-in-out; /* For a smooth scale transition */
}
```

JavaScript:

```javascript
const hoverBtn = document.getElementById("hoverButton");
gsap.to(hoverBtn, {
    duration: 0.3,
    backgroundColor: "#00FF00",
    scale: 1.2,
    paused: true
}).eventCallback("onEnter", () => hoverBtn.style.transform = "scale(1.2)")
  .eventCallback("onLeave", () => hoverBtn.style.transform = "scale(1)");

hoverBtn.addEventListener("mouseenter", () => gsap.globalTimeline.play());
hoverBtn.addEventListener("mouseleave", () => gsap.globalTimeline.reverse());
```

Übung 2: Eine sich bewegende Box animieren

Erstelle ein **<div>**-Element und verwende GSAP, um es über den Bildschirm von links nach rechts zu bewegen und dann zurück zu seiner ursprünglichen Position.

Lösung:

HTML:

```html
<div class="movingBox"></div>
```

CSS:

```css
.movingBox {
    width: 100px;
    height: 100px;
    background-color: red;
    position: relative;
}
```

JavaScript:

```javascript
gsap.to(".movingBox", {duration: 2, x: 300, yoyo: true, repeat: -1});
```

Übung 3: Eine Ladeleisten-Animation erstellen

Animiere ein **<div>**-Element, um eine Ladeleiste zu simulieren. Die Breite des Divs sollte sich in 5 Sekunden von 0% auf 100% erweitern.

Lösung:

HTML:

```html
<div class="loadingBar"></div>
```

CSS:

```css
.loadingBar {
    width: 0%;
    height: 20px;
    background-color: blue;
    position: relative;
}
```

JavaScript:

```javascript
gsap.to(".loadingBar", {duration: 5, width: "100%"});
```

Übung 4: Ein Element rotieren

Erstelle ein SVG einer einfachen Form (wie ein Kreis oder ein Quadrat) und verwende GSAP, um es kontinuierlich um 360 Grad zu drehen.

Lösung:

HTML:

```
<svg width="100" height="100">
    <circle  cx="50"  cy="50"  r="40"  stroke="black"  stroke-width="3"  fill="red"
class="circle" />
</svg>
```

JavaScript:

```
gsap.to(".circle", {duration: 2, rotation: 360, repeat: -1, ease: "none"});
```

Diese Übungen sind so konzipiert, dass sie die Schlüsselkonzepte der Webanimation mit GSAP festigen, die wir in diesem Kapitel behandelt haben. Durch die Arbeit an diesen Herausforderungen solltest du ein tieferes Verständnis der Grundlagen von GSAP erlangen und wie es verwendet werden kann, um ansprechende Webanimationen zu erstellen. Zögere nicht, die Übungen zu modifizieren und selbst zu experimentieren: Der beste Weg zu lernen ist durch Praxis und Erkundung.

Zusammenfassung von Kapitel 1

Zum Abschluss dieses einführenden Kapitels über Webanimation lasst uns einen Moment innehalten, um über die Schlüsselkonzepte und Erkenntnisse nachzudenken, die wir erforscht haben. Dieses Kapitel diente als unser Einstieg in die lebendige und dynamische Welt der Webanimation und legte den Grundstein für deine Reise mit GSAP, eine Reise, bei der Kreativität und Code miteinander verwoben werden, um digitale Erlebnisse zum Leben zu erwecken.

Die Bedeutung der Webanimation

Wir begannen damit, uns in die Bedeutung der Webanimation in der heutigen digitalen Landschaft zu vertiefen. In einer Ära, in der Nutzerbeteiligung und interaktive Erlebnisse von höchster Bedeutung sind, sticht Animation als ein entscheidendes Werkzeug im Arsenal eines Webentwicklers hervor. Wir diskutierten, wie Animationen die Benutzererfahrung verbessern, Informationen effizient vermitteln, emotionale Reaktionen hervorrufen und die Nutzerbeteiligung steigern können. Darüber hinaus erwähnten wir den ästhetischen Wert, den Animationen hinzufügen und einfache Benutzeroberflächen in fesselnde visuelle Erlebnisse verwandeln.

Überblick über Webanimationswerkzeuge

Unsere Erkundung führte uns zu den verschiedenen verfügbaren Werkzeugen zur Erstellung von Webanimationen. Wir behandelten die Einfachheit und Wirksamkeit von CSS-Animationen und -Übergängen, die ideal für einfache Effekte sind. Dann stellten wir die Welt der JavaScript-Bibliotheken vor und hoben die Flexibilität und Kontrolle hervor, die sie für komplexere Animationen bieten. Unter diesen Bibliotheken glänzt GSAP als ein robustes und leistungsstarkes Werkzeug und wird zum Brennpunkt unseres Lernens.

Einführung in GSAP

Die Einführung in GSAP öffnete ein Fenster zu seinen Fähigkeiten und warum es im Bereich der Webanimation verehrt wird. Wir sprachen über die hohe Leistung von GSAP, seine Kompatibilität mit mehreren Browsern, seine Benutzerfreundlichkeit und sein umfangreiches Funktionsset, einschließlich seiner leistungsstarken Plugins. Dieser Abschnitt war entscheidend, um die Bühne für die praktische und immersive Erfahrung zu bereiten, die in den folgenden Kapiteln folgt.

Einrichtung deiner Umgebung für GSAP

Um einen reibungslosen Start zu gewährleisten, gingen wir den Prozess der Einrichtung deiner Umgebung für die Verwendung von GSAP durch. Ob du dich für eine lokale Entwicklungsumgebung mit einem Texteditor oder einen Online-Code-Spielplatz wie CodePen entscheidest, bei diesem Schritt ging es darum, deinen Arbeitsbereich für die spannende Arbeit vorzubereiten, die vor dir liegt. Wir sahen, wie man GSAP in deine Projekte einbindet und testeten die Einrichtung mit einer einfachen Animation, was den Beginn deiner praktischen Erfahrung mit GSAP markierte.

Praktische Übungen

Das Kapitel schloss mit praktischen Übungen ab, die darauf ausgelegt waren, dein Lernen zu festigen. Diese Übungen reichten von der Erstellung grundlegender Hover-Animationen und dem Bewegen von Elementen über den Bildschirm bis hin zu fortgeschritteneren Aufgaben wie dem Animieren einer Ladeleiste und dem Rotieren von SVG-Elementen. Diese Aktivitäten drehten sich nicht nur um das Üben des Programmierens, sondern auch darum, ein Verständnis dafür zu fördern, wie Animationen in realen Szenarien angewendet werden können.

Abschließende Gedanken

Beim Abschluss dieses Kapitels denke daran, dass die Reise zur Webanimation ebenso sehr von technischen Fähigkeiten wie von kreativem Ausdruck handelt. Die Werkzeuge und Techniken, die du hier gelernt hast, legen das Fundament für das, was noch kommt. Während du voranschreitest, wirst du entdecken, dass GSAP eine Welt voller Möglichkeiten bietet und es dir ermöglicht, statische Seiten in interaktive und ansprechende Erlebnisse zu verwandeln.

Mit Blick nach vorn werden wir tiefer in die Feinheiten von GSAP eintauchen und seine Funktionen und Fähigkeiten erkunden. Jedes Kapitel wird auf dem vorherigen aufbauen und deine Fähigkeiten schrittweise von der Erstellung einfacher Animationen bis zur Beherrschung komplexer und interaktiver Weberlebnisse steigern. Bleibe also neugierig, experimentiere mit dem, was du gelernt hast, und bereite dich darauf vor, das volle Potenzial der Webanimation mit GSAP zu erschließen.

Kapitel 2: Erste Schritte mit GSAP

Willkommen zu Kapitel 2, „Erste Schritte mit GSAP"! In diesem Kapitel werden wir tief in die faszinierende Welt von GSAP eintauchen, seine breite Palette an Kernfunktionalitäten erkunden und lernen, wie man sie effektiv einsetzt, um deine Webanimationen zum Leben zu erwecken. GSAP, die Abkürzung für GreenSock Animation Platform, ist nicht nur ein gewöhnliches Werkzeug; es ist ein wirklich bemerkenswertes und leistungsstarkes Werkzeug, das die Art und Weise, wie Animationen im Web erstellt werden, revolutioniert hat.

In diesem Kapitel nehmen wir dich mit auf eine Reise, bei der du ein umfassendes Verständnis der Fähigkeiten von GSAP erlangen wirst, von seinen grundlegenden Konzepten bis hin zu seinen fortgeschrittenen Funktionen. Es spielt keine Rolle, ob du ein absoluter Anfänger oder jemand mit Vorerfahrung in Webanimation bist; dieses Kapitel ist sorgfältig konzipiert, um sich an alle Fähigkeitsstufen anzupassen.

Wir beginnen damit, dir die Grundlagen von GSAP vorzustellen und sicherzustellen, dass du ein solides Fundament hast, auf dem du aufbauen kannst. Von dort aus werden wir schrittweise zu komplexeren Funktionen fortschreiten und dich mit dem Wissen und den Fähigkeiten ausstatten, um fesselnde Animationen von professioneller Qualität mühelos und mit größtem Selbstvertrauen zu erstellen.

Wenn du dieses Kapitel beendet hast, wirst du bestens gerüstet sein, um deine Kreativität freizusetzen und visuell beeindruckende Animationen zu erstellen, die dein Publikum fesseln werden und deine Webprojekte wirklich hervorstechen lassen.

2.1 Grundlagen von GSAP

Bevor wir mit dem Prozess der Erstellung komplexer und ausgefeilter Animationen beginnen, ist es entscheidend, die grundlegenden Prinzipien und Konzepte von GSAP vollständig zu verstehen. Dieses tiefe Verständnis wird als solides Fundament für deine Erkundung und Beherrschung fortgeschrittener Animationen dienen.

Wenn du dich in die Feinheiten von GSAP vertiefst, wirst du unschätzbare Kenntnisse und Einblicke gewinnen, die dich befähigen werden, beeindruckende und faszinierende Animationen zu erstellen. Dieses umfassende Verständnis wird es dir ermöglichen, fortgeschrittene Animationen mit Selbstvertrauen und Kreativität anzugehen, neue Möglichkeiten zu erschließen und die Grenzen deiner Animationsfähigkeiten zu erweitern.

Also, lass uns auf diese aufregende Lern- und Entdeckungsreise gehen, bei der wir die Geheimnisse und Feinheiten von GSAP entschlüsseln und den Weg für deinen Erfolg in der Welt der Animation ebnen werden.

2.1.1 Tweening

Der Kern von GSAP (GreenSock Animation Platform) ist das Konzept des „Tweening", was „Interpolation" bedeutet. Tweening im Kontext von GSAP beinhaltet die Erstellung flüssiger und nahtloser Übergänge zwischen verschiedenen Werten über eine bestimmte Dauer.

Diese leistungsstarke Funktionalität ermöglicht die schrittweise Transformation verschiedener Eigenschaften eines Elements, wie seiner Position, Größe oder Farbe, im Laufe der Zeit. Durch die Einbindung von Tweening in deine Animationen kannst du visuell ansprechende und dynamische Effekte erzielen, die deinen Webprojekten einen Hauch von Eleganz und Raffinesse verleihen.

Mit den Tweening-Fähigkeiten von GSAP hast du die Freiheit, Elemente so zu animieren, dass sie deiner Website Leben und Interaktivität verleihen. Du kannst ein Element nahtlos von einem Zustand in einen anderen überführen und so einen problemlosen Bewegungsfluss schaffen, der die Aufmerksamkeit deiner Nutzer auf sich zieht.

Angenommen, du hast ein div-Element mit einer grünen Hintergrundfarbe und einer Breite und Höhe von 100 Pixeln. Mit der Tweening-Funktion von GSAP kannst du dieses Element so animieren, dass es sich über eine Dauer von 2 Sekunden 200 Pixel nach rechts bewegt. Diese einfache Animation kann deiner Website ein dynamisches und ansprechendes Element hinzufügen und ein visuell beeindruckendes Erlebnis für deine Nutzer schaffen.

Aber Tweening hört nicht nur bei der Animation der Position eines Elements auf. GSAP ermöglicht es dir, eine breite Palette von Eigenschaften zu animieren, was dir die Flexibilität gibt, einzigartige und fesselnde Effekte zu erstellen. Du kannst die Größe eines Elements animieren und es sich sanft ausdehnen oder zusammenziehen lassen. Du kannst die Farbe eines Elements ändern und einen wunderschönen Übergang von einem Farbton zum anderen schaffen. Du kannst sogar die Deckkraft eines Elements animieren und es anmutig ein- oder ausblenden lassen.

Die Möglichkeiten mit Tweening sind praktisch grenzenlos. Egal, ob du subtile und elegante Animationen oder auffällige und markante Effekte erstellen möchtest, die Tweening-Funktionalität von GSAP ermöglicht es dir, deine kreativen Visionen zum Leben zu erwecken.

Indem du Tweening beherrschst und die dahinterliegenden Prinzipien verstehst, kannst du deine Webanimationen auf die nächste Stufe heben. Mit der intuitiven Syntax und den leistungsstarken Funktionen von GSAP hast du die Werkzeuge, die du benötigst, um visuell beeindruckende und flüssige Animationen zu erstellen, die dein Publikum fesseln werden.

Hier ist ein einfaches Beispiel für das Tweening eines div-Elements, um es über 2 Sekunden 200 Pixel nach rechts zu bewegen:

HTML:

```html
<div id="box"></div>
```

CSS:

```css
#box {
    width: 100px;
    height: 100px;
    background-color: green;
    position: relative;
}
```

JavaScript:

```javascript
gsap.to("#box", {duration: 2, x: 200});
```

In diesem Code ist **gsap.to()** die Methode, die verwendet wird, um das Tween zu erstellen. **#box** ist das Zielelement, **duration: 2** legt fest, dass die Animation in 2 Sekunden abgeschlossen werden soll, und **x: 200** weist GSAP an, die Box 200 Pixel entlang der x-Achse zu bewegen.

Eingebetteter HTML-Code:

```html
<!DOCTYPE html>
<html>
<head>
  <title>GSAP Animation Demo</title>
  <script
src="<https://cdnjs.cloudflare.com/ajax/libs/gsap/3.10.3/gsap.min.js>"></script>
  <style>
    #box {
      width: 100px;
      height: 100px;
      background-color: green;
      position: relative;
    }
  </style>
</head>
<body>

  <div id="box"></div>

  <script>
    gsap.to("#box", {
      duration: 2,
      x: 200
```

```
    });
  </script>

</body>
</html>
```

Erklärung:

1. **HTML-Struktur:**

   o Das Element **<div id="box"></div>** erstellt eine grüne Box, die animiert wird.

   o Das Attribut **id="box"** identifiziert die Box eindeutig, damit sie mit CSS und JavaScript ausgewählt werden kann.

2. **CSS-Stile:**

   o Der Selektor **#box** zielt auf die Box mit der ID "box" ab und wendet die folgenden Stile an:

     ▪ Breite: 100px

     ▪ Höhe: 100px

     ▪ Hintergrundfarbe: grün

     ▪ Position: relativ (ermöglicht relative Positionierung)

3. **Einbindung von GSAP:**

   o Das **script**-Tag im **<head>**-Bereich bindet die GSAP-Bibliothek ein.

4. **Animation mit GSAP:**

   o Der Code **gsap.to("#box", { ... })** animiert die horizontale Position der Box über eine Dauer von 2 Sekunden auf 200 Pixel.

     ▪ **#box**: Zielt auf das Element mit der ID "box" ab.

     ▪ **duration: 2**: Legt die Dauer der Animation auf 2 Sekunden fest.

     ▪ **x: 200**: Animiert die horizontale Position der Box von ihrer Ausgangsposition auf 200 Pixel.

Wichtige Punkte:

- Wenn die Seite geladen wird, bewegt sich die grüne Box über 2 Sekunden 200 Pixel nach rechts.

- Du kannst die Animationseigenschaften wie Dauer, Easing, Ausgangsposition und andere Attribute anpassen, um verschiedene Effekte zu erzielen.

- Erwäge, weitere Elemente und Animationen hinzuzufügen, um dynamischere und ansprechendere Webseiten zu erstellen.

2.1.2 Easing

Easing steuert die Beschleunigung oder Verlangsamung der Animation und macht sie natürlicher und visuell ansprechender. Durch die Einbindung verschiedener Easing-Funktionen bietet GSAP eine breite Palette von Optionen zur Anpassung der Animationsbewegung. Diese Easing-Funktionen ermöglichen einen flüssigeren Übergang zwischen Animationszuständen und verbessern die allgemeine Benutzererfahrung. Mit der umfangreichen Bibliothek von Easing-Funktionen von GSAP können Entwickler mühelos Animationen erstellen, die sich organischer und realistischer anfühlen.

Easing spielt eine entscheidende Rolle bei der Erstellung von Animationen, die sich natürlich und visuell ansprechend anfühlen. Es steuert die Beschleunigung und Verlangsamung der Animation und gewährleistet einen flüssigen Übergang zwischen verschiedenen Zuständen. GSAP bietet eine Vielzahl von Easing-Funktionen, die auf Animationen angewendet werden können, was Entwicklern ermöglicht, die Bewegung anzupassen und einzigartige Effekte zu erstellen.

Diese Easing-Funktionen können verwendet werden, um subtile oder dramatische Veränderungen der Geschwindigkeit und Bewegung der Animation hinzuzufügen. Beispielsweise kann eine Easing-Funktion wie "ease-in" dazu führen, dass die Animation langsam beginnt und die Geschwindigkeit allmählich erhöht, während eine Easing-Funktion wie "ease-out" dazu führen kann, dass die Animation schnell beginnt und die Geschwindigkeit allmählich verringert. Es gibt auch Easing-Funktionen, die Spring-, Elastik- oder Hin-und-Her-Effekte erzeugen und der Animation ein dynamisches und verspieltes Element hinzufügen.

Mit der umfangreichen Bibliothek von Easing-Funktionen von GSAP haben Entwickler die Flexibilität, den perfekten Easing-Effekt für ihre Animationen auszuwählen. Sie können mit verschiedenen Easing-Funktionen experimentieren, um diejenige zu finden, die am besten zum gewünschten Aussehen und Gefühl der Animation passt. Dieses Maß an Kontrolle ermöglicht die Erstellung von Animationen, die nicht nur visuell beeindruckend sind, sondern sich auch natürlich und intuitiv für den Benutzer anfühlen.

Zusätzlich zu den Easing-Funktionen bietet GSAP auch erweiterte Easing-Steuerungen wie anpassbare Bezier-Kurven. Diese Kurven ermöglichen eine noch präzisere Kontrolle über die Beschleunigung und Verlangsamung der Animation, was Entwicklern erlaubt, hochgradig angepasste und ausgefeilte Animationen zu erstellen.

Zusammenfassend ist Easing eine leistungsstarke Funktion von GSAP, die die Qualität und den Realismus von Animationen verbessert. Durch die Einbindung der richtigen Easing-Funktion und die Anpassung ihrer Parameter können Entwickler ihren Animationen Leben einhauchen und immersive und fesselnde Benutzererfahrungen schaffen.

Zum Beispiel, um einen Sprungeffekt am Ende unserer Bewegung anzuwenden:

```
gsap.to("#box", {duration: 2, x: 200, ease: "bounce.out"});
```

Diese Änderung bewirkt, dass sich die Box nicht nur nach rechts bewegt, sondern am Ende auch springt, wodurch eine dynamischere Bewegung entsteht.

Eingebetteter HTML-Code:

```
<!DOCTYPE html>
<html>
<head>
  <title>GSAP Animation Demo</title>
  <script
src="<https://cdnjs.cloudflare.com/ajax/libs/gsap/3.10.3/gsap.min.js>"></script>
  <style>
    #box {
      width: 100px;
      height: 100px;
      background-color: green;
      position: relative;
    }
  </style>
</head>
<body>

  <div id="box"></div>

  <script>
    gsap.to("#box", {
      duration: 2,
      x: 200,
                        ease: "bounce.out"

    });
  </script>

</body>
</html>
```

2.1.3 Verwendung der Methoden From, To und FromTo

GSAP, auch bekannt als GreenSock Animation Platform, bietet eine breite Palette von Methoden, die es dir ermöglichen, fesselnde und dynamische Animationen für deine Webprojekte zu erstellen. Werfen wir einen Blick auf einige der wichtigsten Methoden, die GSAP bereitstellt:

- **gsap.to()**: Diese Methode ermöglicht es dir, ein Element flüssig zu animieren, indem du eine Reihe von Eigenschaften definierst, zu denen du es animieren möchtest. Ob es um die Änderung der Position, Deckkraft oder eines anderen visuellen Attributs geht,

gsap.to() ermöglicht dir einen nahtlosen Übergang vom aktuellen Zustand des Elements zum gewünschten Zustand.

- **gsap.from()**: Wenn du möchtest, dass ein Element von einer bestimmten Reihe von Eigenschaften zu seinem aktuellen Zustand animiert wird, ist **gsap.from()** die perfekte Methode für diese Aufgabe. Du kannst den Ausgangszustand des Elements angeben und GSAP wird es mit einem flüssigen und natürlichen Übergang zu seinem aktuellen Zustand animieren.

- **gsap.fromTo()**: Diese Methode bietet noch mehr Flexibilität, indem sie dir ermöglicht, sowohl die anfängliche als auch die endgültige Reihe von Eigenschaften für ein Element zu definieren. Mit **gsap.fromTo()** hast du die vollständige Kontrolle über die Animation, da du genau festlegen kannst, wie sich das Element von einem Zustand in einen anderen verwandeln soll.

Durch die Verwendung dieser leistungsstarken Methoden, die GSAP bereitstellt, kannst du deinen Webdesigns mühelos Leben einhauchen und beeindruckende Animationen erstellen, die deine Benutzer fesseln.

Hier ist ein Beispiel für **gsap.fromTo()**:

```
gsap.fromTo("#box", {x: 0, opacity: 0}, {duration: 2, x: 200, opacity: 1});
```

Dies animiert die Box von einem Ausgangszustand von **x: 0** und **opacity: 0** zu **x: 200** und **opacity: 1** über 2 Sekunden.

Eingebetteter HTML-Code:

```
<!DOCTYPE html>
<html>
<head>
  <title>GSAP Animation Demo</title>
  <script
src="<https://cdnjs.cloudflare.com/ajax/libs/gsap/3.10.3/gsap.min.js>"></script>
  <style>
    #box {
      width: 100px;
      height: 100px;
      background-color: green;
      position: relative;
    }
  </style>
</head>
<body>

  <div id="box"></div>

  <script>
          gsap.fromTo("#box",
```

```
                              {x: 0, opacity: 0},
                              {duration: 2, x: 200, opacity: 1});
  </script>

</body>
</html>
```

Das Verständnis dieser grundlegenden Konzepte von GSAP ist der erste Schritt zur Beherrschung der Kunst der Webanimation. Mit der Fähigkeit, Eigenschaften flüssig zu überführen, verschiedene Easing-Funktionen einzusetzen und eine Vielzahl von Animationstechniken zu nutzen, bist du nun vollständig darauf vorbereitet, deinen Webseiten Leben einzuhauchen.

Während wir tiefer in dieses Kapitel eintauchen, werden wir zusätzliche fortgeschrittene Funktionen und Techniken erkunden und dabei kontinuierlich deine Expertise in GSAP erweitern. Denke immer daran, dass die Welt der Webanimation weitläufig und aufregend ist, und du stehst erst am Anfang deiner Reise!

2.2 Die Timeline von GSAP verstehen

Dieser Abschnitt ist besonders aufregend, da wir uns in eine der leistungsstärksten und vielseitigsten Funktionen von GSAP vertiefen, die Timeline. Die Timeline ist ein innovatives Werkzeug, das dir ermöglicht, nicht nur einfache Animationen zu erstellen, sondern komplexe und dynamische Animationssequenzen mit Leichtigkeit. Es ist, als hättest du den Taktstock eines Dirigenten für deine Animationen, der dir die Macht gibt, mehrere Animationen mit Präzision und Harmonie zu orchestrieren und zu synchronisieren.

Durch die Nutzung der Timeline kannst du deinen Animationen Leben einhauchen und dabei Ebenen von Tiefe und Raffinesse zu deinen Projekten hinzufügen. Du wirst in der Lage sein, fesselnde visuelle Erlebnisse zu schaffen, die dein Publikum einbeziehen und in ihren Bann ziehen.

Mit der Timeline-Funktion in GSAP sind die Möglichkeiten endlos. Egal, ob du an einer einfachen Animation oder einer komplexen interaktiven Website arbeitest, die Timeline-Funktion in GSAP ist ein unverzichtbares Werkzeug, das dein Animationsspiel auf ein neues Niveau heben wird. Sie ist ein Muss für jeden Animator oder Webentwickler, der seine Projekte auf die nächste Stufe bringen möchte.

2.2.1 Was ist eine GSAP-Timeline?

Eine Timeline in GSAP ist ein leistungsstarkes Werkzeug, das dir ermöglicht, komplexe Animationssequenzen zu erstellen und zu steuern. Sie fungiert als Container, in dem du mehrere Tweens oder Animationen platzieren und sie als Ganzes manipulieren kannst. Stell es dir wie eine Spur in einer Videobearbeitungssoftware vor, bei der jeder Tween einen Clip auf der Spur darstellt.

Mit einer Timeline hast du vollständige Kontrolle über das Timing und das Verhalten der Animationen. Du kannst die gesamte Sequenz von Tweens mit einem einzigen Befehl starten, stoppen, beschleunigen, verlangsamen oder sogar umkehren. Dies gibt dir die Flexibilität, dynamische und ansprechende Animationen zu erstellen, die deinen Designs Leben einhauchen.

Durch die Verwendung einer Timeline kannst du deine Animationen effizienter organisieren und verwalten. Anstatt einzelne Tweens über deinen gesamten Code verstreut zu haben, kannst du sie in einer Timeline gruppieren, was das Verständnis und die Wartung deiner Animationssequenzen erleichtert.

Darüber hinaus bietet eine Timeline eine klare visuelle Darstellung der Animationssequenz. Genau wie bei einer Videobearbeitungssoftware kannst du die verschiedenen Clips oder Tweens auf der Spur ausgerichtet sehen, was dir eine bessere Gesamtübersicht über die gesamte Animation gibt.

Zusammengefasst ist eine Timeline in GSAP ein vielseitiges Werkzeug, das dir ermöglicht, Animationssequenzen mit Leichtigkeit zu erstellen und zu steuern. Sie vereinfacht die Verwaltung und Manipulation von Tweens und gibt dir die Freiheit, beeindruckende und interaktive Animationen für deine Projekte zu erstellen.

2.2.2 Eine einfache Timeline erstellen

Beginnen wir mit einem einfachen Beispiel, um zu verstehen, wie Timelines funktionieren:

HTML:

```html
<div class="box" style="background:red;"></div>
<div class="box" style="background:blue;"></div>
<div class="box" style="background:green;"></div>
```

CSS:

```css
.box {
    width: 50px;
    height: 50px;
    position: relative;
    margin: 5px;
}
```

JavaScript:

```javascript
let tl = gsap.timeline();
tl.to(".box", {duration: 1, x: 100})
  .to(".box", {duration: 1, y: 50, backgroundColor: "#fff"})
  .to(".box", {duration: 1, opacity: 0});
```

In diesem Beispiel erstellen wir eine Timeline **tl** und fügen ihr drei Tweens hinzu. Jeder Tween zielt auf alle Elemente mit der Klasse **.box** ab und animiert sie nacheinander. Die Boxen bewegen sich nach rechts, dann nach unten, während sie ihre Farbe ändern, und verblassen schließlich.

Eingebetteter HTML-Code:

```html
<!DOCTYPE html>
<html>
<head>
  <title>GSAP Timeline Demo</title>
  <script
src="<https://cdnjs.cloudflare.com/ajax/libs/gsap/3.10.3/gsap.min.js>"></script>
  <style>
    .box {
      width: 50px;
      height: 50px;
      position: relative;
      margin: 5px;
    }
  </style>
</head>
<body>

  <div class="box" style="background:red;"></div>
  <div class="box" style="background:blue;"></div>
  <div class="box" style="background:green;"></div>

  <script>
    let tl = gsap.timeline();
    tl.to(".box", { duration: 1, x: 100 })
      .to(".box", { duration: 1, y: 50, backgroundColor: "#fff" })
      .to(".box", { duration: 1, opacity: 0 });
  </script>

</body>
</html>
```

Erklärung:

1. **HTML-Struktur:**

   o   Es werden drei **<div>**-Elemente mit der Klasse "box" erstellt, jedes mit einer anderen Hintergrundfarbe (rot, blau und grün).

2. **CSS-Stile:**

   o   Die Klasse **.box** gestaltet die Boxen mit:

   ▪   Breite: 50px

- Höhe: 50px

- Position: relativ (ermöglicht relative Positionierung)

- Rand: 5px (Abstand zwischen den Boxen)

3. **Einbindung von GSAP:**

   o Das **<script>**-Tag im **<head>** bindet die GSAP-Bibliothek ein.

4. **GSAP-Timeline:**

   o Es wird eine GSAP-Timeline erstellt, um die Animationen zu sequenzieren:

   - **tl.to(".box", { duration: 1, x: 100 })**: Animiert alle Boxen 100 Pixel nach rechts über 1 Sekunde.

   - **tl.to(".box", { duration: 1, y: 50, backgroundColor: "#fff" })**: Animiert alle Boxen 50 Pixel nach unten und ändert ihre Hintergrundfarbe zu weiß über 1 Sekunde.

   - **tl.to(".box", { duration: 1, opacity: 0 })**: Lässt alle Boxen über 1 Sekunde bis zur Transparenz verblassen.

Wichtige Punkte:

- Die Boxen werden sich gemeinsam bewegen, ihre Farbe ändern und dann nacheinander verblassen, wodurch ein ansprechender visueller Effekt entsteht.

- Die Timeline ermöglicht eine präzise Kontrolle über die Synchronisation und das Timing der Animationen.

- Du kannst die Animationseigenschaften und Timeline-Einstellungen anpassen, um komplexere und ansprechendere Animationen zu erstellen.

2.2.3 Die Timeline steuern

Einer der Hauptvorteile bei der Verwendung von Timelines ist der hohe Grad an Kontrolle, den sie bieten. Mit Timelines hast du nicht nur die Möglichkeit, die Animation auf vielfältige Weise zu manipulieren, sondern auch die Freiheit, zu experimentieren und verschiedene kreative Möglichkeiten zu erkunden.

Zum Beispiel kannst du zusätzlich zum einfachen Abspielen der Animation, dem Pausieren an jedem beliebigen Punkt oder dem Umkehren auch mühelos zu einem bestimmten Moment innerhalb der Animation springen, was dir erlaubt, das Timing und die Synchronisation der Elemente präzise abzustimmen.

Dieses Maß an Kontrolle verbessert nicht nur das gesamte Animationserlebnis, sondern ermöglicht es dir auch, dynamischere und fesselndere visuelle Erzählungen zu erstellen, die dein Publikum wirklich einbeziehen.

Zum Beispiel:

```javascript
// Play the timeline
tl.play();

// Pause the timeline
tl.pause();

// Reverse the timeline
tl.reverse();

// Jump to a specific time (2 seconds in this case)
tl.seek(2);
```

Anwendungsfall in einem HTML-Projekt:

```html
<!DOCTYPE html>
<html>
<head>
  <title>GSAP Timeline Control Demo</title>
  <script
src="<https://cdnjs.cloudflare.com/ajax/libs/gsap/3.10.3/gsap.min.js>"></script>
  <style>
    .box {
      width: 50px;
      height: 50px;
      background-color: blue;
      position: relative;
      margin: 5px;
    }
  </style>
</head>
<body>

  <div class="box"></div>

  <button id="playBtn">Play</button>
  <button id="pauseBtn">Pause</button>
  <button id="reverseBtn">Reverse</button>
  <button id="seekBtn">Seek to 2s</button>

  <script>
    let tl = gsap.timeline();
    tl.to(".box", { duration: 2, x: 200, rotation: 360 });

    const playBtn = document.getElementById("playBtn");
    const pauseBtn = document.getElementById("pauseBtn");
    const reverseBtn = document.getElementById("reverseBtn");
    const seekBtn = document.getElementById("seekBtn");

    playBtn.addEventListener("click", () => tl.play());
```

```
    pauseBtn.addEventListener("click", () => tl.pause());
    reverseBtn.addEventListener("click", () => tl.reverse());
    seekBtn.addEventListener("click", () => tl.seek(2));
  </script>

</body>
</html>
```

Erklärung:

1. **HTML-Struktur:**

   o   Es wird eine blaue Box (**<div class="box">**) für die Animation erstellt.

   o   Es werden Buttons hinzugefügt, um die Timeline zu steuern: Abspielen, Pausieren, Umkehren und Springen.

2. **GSAP-Timeline:**

   o   Es wird eine Timeline erstellt, um die Position und Rotation der Box zu animieren.

3. **Button-Interaktionen:**

   o   JavaScript-Event-Listener werden an die Buttons angehängt:

   - **playBtn**: Startet die Timeline.

   - **pauseBtn**: Pausiert die Timeline.

   - **reverseBtn**: Kehrt die Richtung der Timeline um.

   - **seekBtn**: Springt zum Zeitpunkt von 2 Sekunden in der Timeline.

Wichtige Punkte:

- Klicke auf die Buttons, um zu beobachten, wie die Timeline-Steuerelemente die Animation beeinflussen.

- Dieses Beispiel zeigt die Flexibilität von GSAP-Timelines zum Erstellen dynamischer und interaktiver Animationen.

- Erkunde weitere Timeline-Steuerungsmethoden und Animationseigenschaften, um komplexere und ansprechendere Effekte zu erstellen.

2.2.4 Labels hinzufügen und Tweens positionieren

Timelines sind ein unglaublich mächtiges Werkzeug, das eine breite Palette an Funktionalitäten bietet und dir vollständige und präzise Kontrolle über das Timing und die Abfolge von Tweens gewährt. Bei der Verwendung von Timelines hast du nicht nur die Möglichkeit, Labels an wichtigen Punkten in der Animation hinzuzufügen, sondern kannst auch mühelos Tweens in Bezug auf diese Labels oder andere Tweens positionieren.

Diese bemerkenswerte Funktion bietet einen nahtlosen und intuitiven Ansatz zum Erstellen komplexer und dynamischer Animationen und ermöglicht maximale Präzision und kreative Freiheit in deiner Arbeit.

Beispiel:

```
tl.addLabel("startSequence")
  .to(".box", {x: 100}, "startSequence")
  .to(".box", {y: 50}, "+=0.5") // Starts 0.5 seconds after the previous tween
  .addLabel("fade")
  .to(".box", {opacity: 0}, "fade+=1"); // Starts 1 second after the "fade" label
```

In diesem Beispiel verwenden wir Labels („startSequence" und „fade") und relative Positionierung (wie „+=0.5"), um unsere Animationen mit größerer Kontrolle zu choreografieren.

Anwendungsfall in einem HTML-Projekt:

```
<!DOCTYPE html>
<html>
<head>
  <title>GSAP Labels and Tween Positioning Demo</title>
  <script
src="<https://cdnjs.cloudflare.com/ajax/libs/gsap/3.10.3/gsap.min.js>"></script>
  <style>
    .box {
      width: 100px;
      height: 100px;
      background-color: blue;
      position: relative;
      margin: 20px;
    }
  </style>
</head>
<body>

  <div class="box"></div>

  <script>
    let tl = gsap.timeline();

    // Add labels for positioning tweens
    tl.addLabel("startSequence")
      .to(".box", { x: 100 }, "startSequence")  // Starts at "startSequence" label
      .to(".box", { y: 50 }, "+=0.5")           // Starts 0.5 seconds after previous
tween
      .addLabel("fade")
```

```
    .to(".box", { opacity: 0 }, "fade+=1");   // Starts 1 second after "fade" label

  tl.play();  // Play the timeline
</script>

</body>
</html>
```

Erklärung:

1. **HTML-Struktur:**

   o   Es wird eine blaue Box (**<div class="box">**) für die Animation erstellt.

2. **GSAP-Timeline mit Labels:**

   o   Labels werden zur Timeline hinzugefügt mit **tl.addLabel("labelName")**:

   ▪   "startSequence": Markiert den Beginn der Animationssequenz.

   ▪   "fade": Markiert den Punkt, an dem die Opazitätsverblassung beginnt.

   o   Animationen werden in Bezug auf die Labels positioniert, indem der Positionsparameter verwendet wird:

   ▪   **"startSequence"**: Beginnt beim Label "startSequence".

   ▪   **"+=0.5"**: Beginnt 0,5 Sekunden nach der vorherigen Animation.

   ▪   **"fade+=1"**: Beginnt 1 Sekunde nach dem Label "fade".

3. **Animationssequenz:**

   o   Die Box bewegt sich 100 Pixel nach rechts.

   o   Nach einer Verzögerung von 0,5 Sekunden bewegt sie sich 50 Pixel nach unten.

   o   Nach einer weiteren Verzögerung von 1 Sekunde wird sie bis zur Transparenz ausgeblendet.

Wichtige Punkte:

- Labels bieten eine flexible Möglichkeit, das Timing von Animationen innerhalb einer Timeline zu organisieren und zu steuern.

- Dieses Beispiel zeigt, wie man sequenzielle Animationen mit präzisem Timing unter Verwendung von Labels und relativer Positionierung erstellt.

- Erkunde fortgeschrittenere Timeline-Techniken, um noch komplexere und ansprechendere Animationen zu erstellen.

2.2.5 Warum Timelines verwenden?

Die Verwendung von Timelines kann die Verwaltung und Steuerung komplexer Animationen erheblich verbessern. Durch die Nutzung von Timelines erhält man Zugang zu einer breiten Palette von Vorteilen und Nutzen, die folgende umfassen, aber nicht darauf beschränkt sind:

Verbesserte Organisation: Timelines spielen eine entscheidende Rolle bei der Verbesserung der allgemeinen Organisation und Sequenzierung verschiedener Animationselemente. Durch die Bereitstellung eines strukturierten Rahmens ermöglichen Timelines Animatoren, die verschiedenen Komponenten einer Animation sorgfältig zu planen und zu organisieren, was zu einem kohärenteren und visuell ansprechenderen Erlebnis für das Publikum führt.

Darüber hinaus ermöglichen Timelines eine bessere Koordination und Synchronisation verschiedener Elemente wie Charakterbewegungen, Spezialeffekte und Soundeffekte, wodurch eine flüssige und immersive visuelle Reise gewährleistet wird.

Gesteigerte Effizienz: Durch die Verwendung von Timelines ist es möglich, den Prozess der Animationserstellung zu optimieren und effizienter zu gestalten. Timelines, die visuelle Darstellungen der chronologischen Abfolge von Animationsaufgaben sind, bieten einen umfassenden Überblick über das gesamte Animationsprojekt.

Dies hilft nicht nur bei der Verfolgung und Überwachung des Fortschritts verschiedener Animationsaufgaben, sondern ermöglicht auch eine bessere Koordination und Zusammenarbeit zwischen den Teammitgliedern. Mit Timelines ist es möglich, Engpässe oder Verbesserungsbereiche leicht zu identifizieren, was es ermöglicht, den Workflow zu optimieren und eine höhere Produktivität zu erreichen.

Darüber hinaus erleichtern Timelines ein effektives Projektmanagement, indem sie einen klaren Fahrplan für die Animationsproduktion bereitstellen und sicherstellen, dass alle Aufgaben rechtzeitig und innerhalb der zugewiesenen Ressourcen abgeschlossen werden. Daher kann die Integration von Timelines in Ihren Animations-Workflow die Effizienz und Effektivität des gesamten Prozesses erheblich verbessern.

Präzises Timing: Timelines ermöglichen die vollständige Kontrolle über das exakte Timing und die Synchronisation verschiedener Animationselemente. Durch diese Kontrolle ist es möglich zu gewährleisten, dass Animationen präzise zum perfekten Zeitpunkt ausgeführt werden, was die Wirkung und Effektivität der visuellen Präsentation insgesamt erheblich verbessert.

Dieses Maß an Präzision ermöglicht es, ein ansprechenderes und fesselndes Erlebnis für Ihr Publikum zu schaffen, da die Animationen nahtlos in einer gut koordinierten Weise zusammenfließen. Präzises Timing ermöglicht es auch, Spannung aufzubauen und Vorfreude zu erzeugen, indem bestimmte Animationen strategisch verzögert oder mit anderen visuellen oder Audio-Elementen synchronisiert werden.

Diese Liebe zum Detail und diese akribische Synchronisation können einen großen Unterschied in der Qualität und Professionalität Ihrer visuellen Präsentationen ausmachen.

Iterative Verfeinerung: Mit Timelines ist es möglich, iterative Änderungen und Anpassungen an Animationen einfach vorzunehmen. Dieser iterative Prozess ermöglicht es, Animationen kontinuierlich zu optimieren und zu verbessern, um sicherzustellen, dass sie nicht nur die gewünschten Qualitäts- und Ästhetikstandards erfüllen, sondern diese übertreffen.

Durch das Experimentieren mit verschiedenen Variationen und die Verfeinerung jeder Iteration ist es möglich, Animationen zu erreichen, die wirklich bemerkenswert und fesselnd für Ihr Publikum sind. Die iterative Verfeinerung ermöglicht es Ihnen, Ihre Kreativität freizusetzen und das volle Potenzial Ihrer Animationen zu erschließen, was zu einem Endprodukt führt, das sowohl visuell beeindruckend als auch hochgradig poliert ist.

Zusammenarbeit und Teamwork: Timelines spielen eine entscheidende Rolle bei der Erleichterung von Zusammenarbeit und Teamwork innerhalb eines Animationsprojekts. Durch die Bereitstellung einer klaren visuellen Darstellung des Animations-Workflows ermöglichen Timelines mehreren Teammitgliedern, den Projektfortschritt und ihre jeweiligen Beiträge leicht zu verstehen.

Dies verbessert nicht nur die Kommunikation und Koordination zwischen den Teammitgliedern, sondern fördert auch die aktive Beteiligung und das Engagement. Als Ergebnis profitiert das Animationsprojekt von einer breiteren Palette von Ideen, Perspektiven und Fachwissen, was zu einem umfassenderen und polierteren Endergebnis führt.

Darüber hinaus ermöglicht die Verwendung von Timelines eine effektive Planung und Zuweisung von Ressourcen, wodurch sichergestellt wird, dass Aufgaben rechtzeitig erledigt werden und Projektmeilensteine erreicht werden. Insgesamt verbessert die Integration von Timelines in den Animations-Workflow die Zusammenarbeit, fördert Teamwork und trägt letztendlich zum Erfolg des Projekts bei.

Die Einführung der Verwendung von Timelines bei der Verwaltung komplexer Animationen bietet zahlreiche Vorteile, die den Prozess der Animationserstellung erheblich verbessern können. Durch die Nutzung von Timelines ist es möglich, eine bessere Organisation, gesteigerte Effizienz, präzises Timing, iterative Verfeinerung und verbesserte Zusammenarbeit innerhalb Ihres Animationsteams zu erreichen.

Die GSAP-Timeline ist ein äußerst flexibles und robustes Werkzeug in Ihrem Animations-Arsenal. Sie bietet eine breite Palette von Möglichkeiten und ermöglicht es Ihnen, komplexe und synchronisierte Animationen mit Leichtigkeit zu erstellen. Wenn Sie sich mit Timelines vertraut machen, werden Sie feststellen, dass der Prozess der Erstellung komplexer Animationen einfacher und intuitiver wird.

Es ist wichtig zu erkennen, dass die Timeline nicht nur eine einfache Funktion ist; sie dient als Grundlage für die Organisation und Vereinheitlichung Ihrer Animationen und gewährleistet einen nahtlosen Ablauf. In Zukunft werden wir uns mit den fortgeschrittenen Aspekten der GSAP-Timelines befassen, was es Ihnen ermöglicht, Ihre Animations-Expertise noch weiter zu steigern.

2.3 Eintauchen in GSAP-Animationen: Beispiele

Herzlichen Glückwunsch, dass Sie diesen aufregenden Abschnitt von Kapitel 2 erreicht haben, in dem wir uns in einige praktische Beispiele von GSAP-Animationen vertiefen werden! Dieser Teil ist besonders spannend, weil er der Punkt ist, an dem wir die Theorie in die Praxis umsetzen. In diesem Abschnitt werden wir eine breite Palette von Beispielen erkunden, die nicht nur die Vielseitigkeit und Leistungsfähigkeit von GSAP demonstrieren, sondern auch dazu dienen, Ihr Verständnis seiner Fähigkeiten zu vertiefen.

Darüber hinaus sind diese Beispiele dazu gedacht, Ihre Kreativität zu entfachen und Sie zu motivieren, sich auf Ihre eigene Reise zur Erstellung einzigartiger und fesselnder Animationen zu begeben. Also, krempeln wir die Ärmel hoch, tauchen wir in die Welt der Animation ein und erwecken unsere Ideen zum Leben!

Beispiel 1: Einfache Einblend-Animation (Fade-In)

Beginnen wir mit etwas Einfachem, aber Grundlegendem: einer Einblend-Animation. Dieser Effekt wird weithin verwendet, um Elemente sanft auf einer Webseite einzuführen.

HTML:

```html
<div id="fadeBox"></div>
```

CSS:

```css
#fadeBox {
    width: 100px;
    height: 100px;
    background-color: blue;
    opacity: 0; /* Start fully transparent */
}
```

JavaScript:

```javascript
gsap.to("#fadeBox", {duration: 2, opacity: 1});
```

Hier animieren wir die Eigenschaft **opacity** des Elements **#fadeBox** von 0 (unsichtbar) auf 1 (vollständig sichtbar) über 2 Sekunden. Dieser einfache GSAP-Befehl erzeugt einen sanften Einblendeffekt.

Integrierter HTML-Code:

```html
<!DOCTYPE html>
<html>
<head>
  <title>GSAP Fade Animation</title>
```

```html
  <script
src="<https://cdnjs.cloudflare.com/ajax/libs/gsap/3.10.3/gsap.min.js>"></script>
  <style>
    #fadeBox {
      width: 100px;
      height: 100px;
      background-color: blue;
      opacity: 0; /* Start fully transparent */
    }
  </style>
</head>
<body>

  <div id="fadeBox"></div>

  <script>
    gsap.to("#fadeBox", { duration: 2, opacity: 1 });
  </script>

</body>
</html>
```

Erklärung:

1. **HTML-Struktur:**
   - o Es wird eine blaue Box mit der ID "fadeBox" erstellt.
   - o Der Stil **opacity: 0** macht sie zunächst unsichtbar.

2. **CSS-Stil:**
   - o Der Selektor **#fadeBox** gestaltet die Box mit:
     - ▪ Breite: 100px
     - ▪ Höhe: 100px
     - ▪ Hintergrundfarbe: blau
     - ▪ Deckkraft: 0 (vollständig transparent)

3. **GSAP-Animation:**
   - o Der Code **gsap.to("#fadeBox", { ... })** animiert die Deckkraft der Box über 2 Sekunden auf 1, sodass sie allmählich erscheint.

Wichtige Punkte:

- Die Box wird beim Laden der Seite allmählich von transparent zu vollständig sichtbar über 2 Sekunden erscheinen.

- Du kannst die Dauer der Animation, das Easing und andere Eigenschaften anpassen, um verschiedene Einblendeffekte zu erstellen.

- Erwäge die Verwendung der GSAP-Funktionen für Verzögerungen, Wiederholungsschleifen und erweiterte Animationskontrolle.

Beispiel 2: Springende-Ball-Animation

Lass uns nun etwas etwas Dynamischeres erstellen: eine springende-Ball-Animation. Dieses Beispiel wird die "Ease"-Funktionen von GSAP verwenden, um einen natürlichen Sprungeffekt zu erzeugen.

HTML:

```html
<div id="ball"></div>
```

CSS:

```css
#ball {
    width: 50px;
    height: 50px;
    background-color: red;
    border-radius: 50%; /* Make it round */
    position: absolute;
    bottom: 0;
}
```

JavaScript:

```javascript
gsap.to("#ball", {duration: 1, y: -200, ease: "bounce.out", repeat: -1, yoyo: true});
```

In dieser Animation bewegen wir das Element **#ball** um 200 Pixel nach oben (**y: -200**) mit einem Sprungeffekt (**ease: "bounce.out"**). Die Parameter **repeat: -1** und **yoyo: true** sorgen dafür, dass die Animation unendlich wiederholt wird und dabei nach oben und unten springt.

Integrierter HTML-Code:

```html
<!DOCTYPE html>
<html>
<head>
  <title>Bouncing Ball Animation</title>
  <script
src="https://cdnjs.cloudflare.com/ajax/libs/gsap/3.10.3/gsap.min.js"></script>
  <style>
    #ball {
      width: 50px;
      height: 50px;
      background-color: red;
```

```
    border-radius: 50%; /* Make it round */
    position: absolute;
    bottom: 0;
  }
  </style>
</head>
<body>

  <div id="ball"></div>

  <script>
    gsap.to("#ball", {
      duration: 1,
      y: -200,
      ease: "bounce.out",
      repeat: -1,
      yoyo: true
    });
  </script>

</body>
</html>
```

Erklärung:

1. **HTML-Struktur:**

    o   Es wird ein roter Ball mit der ID "ball" erstellt.

    o   **position: absolute** und **bottom: 0** positionieren ihn am unteren Rand des Ansichtsfensters.

2. **CSS-Stile:**

    o   Der Selektor **#ball** gestaltet den Ball mit:

        ▪   Breite: 50px

        ▪   Höhe: 50px

        ▪   Hintergrundfarbe: rot

        ▪   Abgerundeter Rand: 50% (macht ihn rund)

3. **GSAP-Animation:**

    o   Der Code **gsap.to("#ball", { ... })** animiert die vertikale Position des Balls:

        ▪   **duration: 1**: Die Animation dauert 1 Sekunde.

        ▪   **y: -200**: Bewegt ihn 200 Pixel nach oben.

        ▪   **ease: "bounce.out"**: Wendet einen Sprungeffekt an.

- **repeat: -1**: Wiederholt die Animation unendlich.

- **yoyo: true**: Kehrt die Animation bei jeder Wiederholung um.

Wichtige Punkte:

- Der Ball wird kontinuierlich mit einem Sprungeffekt nach oben und unten springen.

- Die Ease- und Repeat-Optionen erzeugen eine lebendige und ansprechende Animation.

- Du kannst die Animationseigenschaften für verschiedene Effekte und Sprungverhalten anpassen.

- Erwäge die Verwendung der Timeline-Funktionen von GSAP für komplexere Sprungsequenzen oder -interaktionen.

Beispiel 3: Seitenmenü-Einblendung

Lass uns ein praktischeres Beispiel erstellen: eine Seitenmenü-Einblendanimation. Dies ist ein gängiges Muster im Webdesign, bei dem ein Menüpanel von der Seite hereingleitet.

HTML:

```html
<div id="sideMenu">Menu Content</div>
```

CSS:

```css
#sideMenu {
    width: 200px;
    height: 100%;
    background-color: #333;
    color: white;
    position: fixed;
    top: 0;
    left: -200px; /* Start off-screen */
}
```

JavaScript:

```javascript
gsap.to("#sideMenu", {duration: 0.5, left: 0});
```

Dieses Skript animiert die **left**-Eigenschaft des **#sideMenu** von **-200px** (außerhalb des Bildschirms) auf **0** (vollständig sichtbar) in 0,5 Sekunden und erzeugt so einen sanften Gleiteffekt von links.

Integrierter HTML-Code:

```html
<!DOCTYPE html>
```

```html
<html>
<head>
  <title>Sliding Side Menu</title>
  <script
src="<https://cdnjs.cloudflare.com/ajax/libs/gsap/3.10.3/gsap.min.js>"></script>
  <style>
    #sideMenu {
      width: 200px;
      height: 100%;
      background-color: #333;
      color: white;
      position: fixed;
      top: 0;
      left: -200px; /* Start off-screen */
      transition: left 0.5s ease-in-out; /* Add a CSS transition for a smoother effect
*/
    }
  </style>
</head>
<body>

  <div id="sideMenu">Menu Content</div>

  <script>
    gsap.to("#sideMenu", { duration: 0.5, left: 0 });
  </script>

</body>
</html>
```

Erklärung:

1. **HTML-Struktur:**

   o Es wird ein Seitenmenü mit der ID "sideMenu" erstellt.

   o Es beginnt zunächst außerhalb des Bildschirms bei **left: -200px**.

2. **CSS-Stil:**

   o Der Selektor **#sideMenu** gestaltet das Menü mit:

      ▪ Breite: 200px

      ▪ Höhe: 100% (volle Höhe des Ansichtsfensters)

      ▪ Hintergrundfarbe: dunkelgrau

      ▪ Textfarbe: weiß

      ▪ **position: fixed**: Feste Position in Bezug auf das Ansichtsfenster

      ▪ **top: 0**: Positioniert am oberen Rand

- **transition: left 0.5s ease-in-out**: Sanftere Gleitanimation

3. **GSAP-Animation:**

   o Der Code **gsap.to("#sideMenu", { ... })** animiert die Eigenschaft **left** des Menüs auf 0 und lässt es während 0,5 Sekunden von links ins Sichtfeld gleiten.

Wichtige Punkte:

- Das Seitenmenü wird beim Laden der Seite sanft von links hereingleiten.

- Der CSS-Übergang verbessert die visuelle Geschmeidigkeit der Animation.

- Du kannst die Dauer der Animation, das Easing und die Ausgangsposition für verschiedene Gleiteffekte anpassen.

- Erwäge, interaktive Elemente (Schaltflächen, Links) hinzuzufügen, um die Animation auszulösen oder ihren Zustand zu steuern.

Zusammenfassend:

Diese Beispiele sind nur ein Einblick in die weite und spannende Welt der Möglichkeiten, die GSAP bietet. Mit GSAP hast du die Kraft, nicht nur einfache Einblendungen zu erstellen, sondern auch komplexe und interaktive Animationen, die deinen Webprojekten ein hohes Maß an Raffinesse und Professionalität verleihen werden.

Diese Beispiele dienen als dein Spielplatz, wo du frei mit verschiedenen Techniken und Parametern experimentieren kannst, um zu sehen, wie sie deine Animationen verwandeln können. Indem du diese Beispiele aktiv erkundest und anpasst, wirst du nicht nur dein Verständnis von Animation vertiefen, sondern auch deine Animationsfähigkeiten verbessern.

Zögere also nicht, deiner Kreativität freien Lauf zu lassen und die Magie von GSAP zu erleben, während deine Webanimationen auf die fesselndste Art und Weise zum Leben erwachen!

Praktische Übungen für Kapitel 2

Fantastische Arbeit beim Abschließen von Kapitel 2! Um dein Verständnis und deine Fähigkeiten in GSAP zu festigen, findest du hier einige praktische Übungen. Jede Übung ist so konzipiert, dass sie dich herausfordert, während du die in diesem Kapitel gelernten Konzepte vertiefst. Lösungen werden zur Orientierung bereitgestellt, aber ich ermutige dich, sie zuerst selbst zu versuchen. Denk daran, Experimentieren ist der Schlüssel zur Beherrschung von GSAP!

Übung 1: Animiere eine Abfolge von Elementen

Erstelle eine Animationssequenz, bei der sich drei verschiedene Elemente (divs) nacheinander über den Bildschirm bewegen, nicht gleichzeitig.

Lösung:

HTML:

```
<div class="sequence" id="elem1"></div>
<div class="sequence" id="elem2"></div>
<div class="sequence" id="elem3"></div>
```

CSS:

```
.sequence {
    width: 50px;
    height: 50px;
    background-color: blue;
    position: relative;
    margin: 10px;
}
```

JavaScript:

```
let tl = gsap.timeline();
tl.to("#elem1", {duration: 1, x: 100})
  .to("#elem2", {duration: 1, x: 100})
  .to("#elem3", {duration: 1, x: 100});
```

Übung 2: Erstelle eine Schleifen-Animation

Lass ein Element kontinuierlich um 360 Grad in einer Schleife rotieren.

Lösung:

HTML:

```
<div id="loopingElement"></div>
```

CSS:

```
#loopingElement {
    width: 100px;
    height: 100px;
    background-color: green;
    position: relative;
}
```

JavaScript:

```
gsap.to("#loopingElement", {duration: 2, rotation: 360, repeat: -1, ease: "none"});
```

Übung 3: Erstelle ein animiertes Landing-Page-Banner

Erstelle ein Landing-Page-Banner, bei dem verschiedene Elemente (Text, Bilder, Formen) aus unterschiedlichen Richtungen hereinkommen und so eine ansprechende Einleitungsanimation erzeugen.

Lösung:

HTML:

```html
<div id="banner">
    <h1 id="title">Welcome!</h1>
    <img id="image" src="path/to/image.jpg" alt="Banner Image">
    <p id="description">Your description here.</p>
</div>
```

CSS:

```css
#banner {
    position: relative;
    width: 100%;
    height: 300px;
    background-color: #eee;
}
#title, #image, #description {
    position: absolute;
    opacity: 0;
}
```

JavaScript:

```javascript
let bannerTl = gsap.timeline();
bannerTl.from("#title", {duration: 1, x: -200, opacity: 1})
        .from("#image", {duration: 1, y: -200, opacity: 1}, "-=0.5")
        .from("#description", {duration: 1, x: 200, opacity: 1}, "-=0.5");
```

Übung 4: Gestaffelter Eingang einer Liste

Animiere eine Liste von Elementen so, dass sie nacheinander mit einer leichten Verzögerung zwischen jedem Element erscheinen und so einen gestaffelten Eingangseffekt erzeugen.

Lösung:

HTML:

```html
<ul id="myList">
    <li class="item">Item 1</li>
    <li class="item">Item 2</li>
    <li class="item">Item 3</li>
```

```
</ul>
```

CSS:

```css
.item {
    opacity: 0;
    transform: translateX(-50px);
}
```

JavaScript:

```javascript
gsap.to(".item", {duration: 1, opacity: 1, x: 0, stagger: 0.2});
```

Diese Übungen sind darauf ausgelegt, dir praktische Erfahrung bei der Erstellung einer Vielzahl von Animationen mit GSAP zu vermitteln. Durch die Arbeit an diesen Herausforderungen wirst du ein tieferes Verständnis dafür erlangen, wie GSAP funktioniert und wie du seine Funktionen kreativ anwenden kannst. Denk daran, der Schlüssel zur Beherrschung von GSAP liegt in Übung und Experimentieren. Zögere also nicht, diese Übungen zu modifizieren, mit verschiedenen Animationen zu experimentieren und zu sehen, welche unglaublichen Kreationen du erreichen kannst.

Zusammenfassung von Kapitel 2

Beim Abschluss von Kapitel 2, „Erste Schritte mit GSAP", lass uns einen Moment innehalten, um über die aufregende Reise nachzudenken, auf die wir uns in die Welt der Webanimation begeben haben. Dieses Kapitel diente als Grundlage deiner GSAP-Lernerfahrung und führte dich in die grundlegenden Konzepte und Fähigkeiten eines der leistungsstärksten Animationswerkzeuge ein, die Webentwicklern und -designern zur Verfügung stehen.

Ein tiefer Einblick in die Grundlagen von GSAP

Wir begannen dieses Kapitel mit der Erkundung der Grundlagen von GSAP und legten damit den Grundstein für alle zukünftigen Animationen. Wir konzentrierten uns auf das Wesentliche des Tweenings: den Prozess des Übergangs von Eigenschaften über die Zeit. Anhand von Beispielen hast du gelernt, wie man verschiedene Eigenschaften wie Position, Skalierung, Farbe und Deckkraft animiert. Die Einfachheit und dennoch Leistungsfähigkeit der GSAP-Syntax war offensichtlich und machte selbst komplexe Animationen zugänglich und handhabbar.

Die GSAP-Timeline verstehen

Ein bedeutender Teil des Kapitels war dem Verständnis der GSAP-Timeline gewidmet, einem Feature, das GSAP von anderen Animationsbibliotheken unterscheidet. Die Timeline ermöglicht die Sequenzierung und Steuerung mehrerer Animationen mit Leichtigkeit und Präzision. Wir haben erforscht, wie man einfache Timelines erstellt, ihre Wiedergabe steuert und welche

Vorteile die Verwendung von Timelines zur Verwaltung komplexer Animationssequenzen bietet. Dieses Wissen ist entscheidend, da es dir die Fähigkeit verleiht, komplizierte Animationen mit mehreren Elementen zu orchestrieren und dabei die erzählerischen und interaktiven Fähigkeiten deiner Webprojekte zu verbessern.

Praktische Animationen mit GSAP

Auf unserer Reise haben wir uns auch in praktische Animationen mit GSAP vertieft. Wir behandelten eine Vielzahl von Beispielen, von einfachen Einblendungen und Ballsprüngen bis hin zu komplexeren Szenarien wie gleitenden Menüs. Diese Beispiele wurden entworfen, um dir nicht nur die Mechanismen von GSAP-Animationen beizubringen, sondern auch um dich zu inspirieren, kreativ darüber nachzudenken, wie Animationen die Benutzererfahrung auf Websites und in Anwendungen verbessern können.

Praktische Übungen

Das Kapitel schloss mit einer Reihe praktischer Übungen ab, von denen jede darauf ausgelegt war, dich herauszufordern und dein Verständnis von GSAP zu festigen. Diese Übungen deckten eine Vielzahl von Animationstechniken ab, einschließlich Sequenzierung, Schleifen, gestaffelten Animationen und mehr. Durch die Arbeit an diesen Übungen hast du praktische Erfahrung bei der Anwendung von GSAP auf reale Szenarien gewonnen und die im Kapitel erlernten Konzepte vertieft.

Der Blick nach vorn

Während du in diesem Buch fortschreitest, denk daran, dass die Fähigkeiten und Konzepte, die du in diesem Kapitel gelernt hast, die Grundlagen für fortgeschrittenere und anspruchsvollere Animationen sind. Die Reise durch GSAP ist eine des kontinuierlichen Lernens und der Erkundung. Jede neue Funktion und Technik, die du lernst, wird Türen zu mehr kreativen Möglichkeiten und innovativen Lösungen in der Webanimation öffnen.

In den kommenden Kapiteln werden wir tiefer in die fortgeschrittenen Fähigkeiten von GSAP eintauchen, komplexe Animationstechniken erforschen, die Integration mit Web-Frameworks behandeln und responsive und interaktive Animationen erstellen. Der Weg vor dir ist voller Gelegenheiten, deine Webanimationen auf neue Höhen zu heben und ansprechende, einprägsame und visuell beeindruckende Web-Erlebnisse zu schaffen.

Nimm dir also beim Abschluss dieses Kapitels einen Moment Zeit, um den Fortschritt zu würdigen, den du gemacht hast, und bereite dich auf die aufregende Reise vor, die vor dir liegt. Die Welt der GSAP-Animation ist weitläufig und ständig im Wandel, und du bist auf dem besten Weg, sie zu meistern!

Quiz zu Teil I

Fantastischer Fortschritt! Du hast Teil I: „Einführung und Grundkonzepte" unserer Reise zur Beherrschung der Webanimation mit GSAP abgeschlossen. Um dein Verständnis und deine Erinnerung an die in den ersten beiden Kapiteln behandelten Konzepte zu testen, findest du hier ein Quiz. Versuche, diese Fragen so gut wie möglich zu beantworten, bevor du die Lösungen überprüfst. Viel Erfolg!

Frage 1: Was bedeutet GSAP und warum ist es ein bevorzugtes Werkzeug für Webanimationen?

Frage 2: Erkläre den Unterschied zwischen den Methoden **gsap.to()**, **gsap.from()** und **gsap.fromTo()**.

Frage 3: Beschreibe, was 'Tweening' im Kontext von GSAP ist.

Frage 4: Wie wirkt sich die Eigenschaft **ease** auf eine Animation in GSAP aus?

Frage 5: Was ist der Hauptzweck einer Timeline in GSAP?

Frage 6: Wie kannst du eine einfache Fade-in-Animation für ein div-Element mit GSAP erstellen?

Frage 7: Warum ist es vorteilhaft, die GSAP-Timeline für komplexe Animationen zu verwenden?

Frage 8: Wie kannst du eine Animation mit GSAP unbegrenzt wiederholen?

Frage 9: Gib ein Beispiel dafür, wie du die Animation mehrerer Elemente mit GSAP zeitversetzt ausführen könntest.

Frage 10: Welche sind einige wichtige Gründe für die Verwendung von Webanimationen, wie in Kapitel 1 besprochen?

Lösungen zum Quiz

Antwort 1: GSAP steht für GreenSock Animation Platform. Es wird aufgrund seiner Leistung, Benutzerfreundlichkeit, Browser-Kompatibilität und umfangreichen Funktionen bevorzugt, was es für eine breite Palette von Animationen geeignet macht.

Antwort 2:

- **gsap.to()**: Animiert Eigenschaften eines Elements von seinem aktuellen Zustand zu neuen Werten.

- **gsap.from()**: Animiert Eigenschaften von den angegebenen Werten zu ihrem aktuellen Zustand.

- **gsap.fromTo()**: Animiert Eigenschaften von angegebenen Startwerten zu angegebenen Endwerten.

Antwort 3: Tweening, Kurzform für 'Interpolation', bezieht sich in GSAP auf den Prozess der Erstellung eines reibungslosen Übergangs zwischen verschiedenen Eigenschaftswerten im Laufe der Zeit, wie Position, Größe oder Farbe.

Antwort 4: Die Eigenschaft **ease** in GSAP definiert die Beschleunigung und Verzögerung der Animation und verleiht ihr eine natürlichere und realistischere Bewegung.

Antwort 5: Der Hauptzweck einer GSAP-Timeline besteht darin, mehrere Animationen als zusammenhängende Einheit zu sequenzieren und zu steuern, wodurch das synchronisierte Starten, Stoppen und Manipulieren gruppierter Animationen ermöglicht wird.

Antwort 6: Du kannst eine einfache Fade-in-Animation erstellen, indem du die Eigenschaft **opacity** des div von 0 auf 1 animierst, wobei du **gsap.to()** oder **gsap.from()** verwendest.

Antwort 7: Die Verwendung der GSAP-Timeline für komplexe Animationen ist vorteilhaft für eine bessere Organisation, synchronisierte Steuerung und präzises Timing mehrerer Animationssequenzen.

Antwort 8: Um eine Animation in GSAP unbegrenzt zu wiederholen, setze die Eigenschaft **repeat** in der Animationskonfiguration auf **-1**.

Antwort 9: Um die Animationen mehrerer Elemente zeitversetzt auszuführen, verwende **gsap.to()** oder **gsap.from()** mit der Eigenschaft **stagger** und gib die Verzögerung zwischen dem Start jeder Elementanimation an.

Antwort 10: Wichtige Gründe für die Verwendung von Webanimationen sind die Verbesserung der Benutzererfahrung, die effiziente Informationsvermittlung, das Hervorrufen emotionaler Reaktionen, die Steigerung der Nutzerinteraktion und die Verbesserung der Ästhetik.

Teil II: Grundlegende GSAP-Techniken

Kapitel 3: Grundlegende Prinzipien der Animation mit GSAP

Willkommen zu Teil II: "Grundlegende GSAP-Techniken" und zu unserer spannenden Reise in Kapitel 3, "Grundlegende Prinzipien der Animation mit GSAP". In diesem Kapitel werden wir die fundamentalen Elemente von GSAP detaillierter erforschen und dir ein umfassendes Verständnis seiner inneren Funktionsweise vermitteln. Durch die Vertiefung dieser zentralen Prinzipien ist es unser Ziel, dich mit dem Wissen und den Fähigkeiten auszustatten, die notwendig sind, um deine Animationsfähigkeiten auf ein völlig neues Niveau zu heben.

Im Verlauf dieses Kapitels werden wir nicht nur die Grundlagen der Animation behandeln, sondern auch in fortgeschrittenere und subtilere Techniken eintauchen. Dadurch wirst du in der Lage sein, hochentwickelte und dynamische Web-Erlebnisse zu schaffen, die dein Publikum fesseln und einen bleibenden Eindruck hinterlassen.

Es ist entscheidend zu erkennen, dass die Beherrschung dieser Prinzipien nicht nur darum geht, technisches Wissen zu erwerben. Es geht darum, das kreative Potenzial zu nutzen, das GSAP bietet, und es zu verwenden, um deine Visionen mit Präzision, Kunstfertigkeit und einem unermüdlichen Streben nach Exzellenz zum Leben zu erwecken. Wenn du dieses Kapitel mit Begeisterung, Neugier und einem echten Wunsch zu lernen und zu wachsen angehst, wirst du eine Welt voller Möglichkeiten erschließen und dein gesamtes kreatives Potenzial freisetzen.

Also lasst uns gemeinsam auf dieses aufregende Kapitel eingehen, bereit zum Erkunden, Experimentieren und Erweitern unserer Animationshorizonte! Mach dich bereit, deine Fähigkeiten zu neuen Höhen zu führen und Web-Erlebnisse zu schaffen, die wirklich herausstechen.

3.1 Tween und Timelines

Wie in Kapitel 2 erwähnt, ist eines der grundlegenden Konzepte in GSAP das Verständnis und die kompetente Nutzung von Tweens und Timelines. Diese beiden Elemente dienen als Grundlage für jede Animation, die du mit GSAP entwickelst.

Um ein tieferes Verständnis von Tweens und Timelines zu erlangen, ist es entscheidend, sich in ihre Feinheiten zu vertiefen und eine breite Palette von Techniken für ihre effektive Implementierung zu erkunden. Dadurch wirst du nicht nur dein Wissen und deine Fähigkeiten verbessern, sondern auch deine kreativen Möglichkeiten erweitern, wenn es darum geht, fesselnde Animationen mit GSAP zu erstellen.

Darüber hinaus wirst du durch die gründliche Untersuchung der Nuancen von Tweens und Timelines in der Lage sein, ihr wahres Potenzial freizusetzen und innovative Wege zu entdecken, um deine Animationen zum Leben zu erwecken. Durch Experimentieren und Übung kannst du die Kunst beherrschen, Tweens und Timelines auf eine Weise zu nutzen, die deinen Animationen Tiefe, Fluidität und visuelle Attraktivität verleiht.

Die Erkundung und Beherrschung von Tweens und Timelines in GSAP sind wesentliche Schritte, um ein kompetenter Animator zu werden. Indem du Zeit und Mühe investierst, um diese Konzepte zu verstehen, wirst du bestens gerüstet sein, um dynamische und ansprechende Animationen zu erstellen, die einen bleibenden Eindruck bei deinem Publikum hinterlassen.

3.1.1 Tween

Was ist ein Tween?

In GSAP ist ein Tween, auch bekannt als Interpolationsanimation, die kürzeste und einfachste Form der Animation. Er stellt einen Übergang einer Eigenschaft oder eines Satzes von Eigenschaften eines Elements von einem Zustand zu einem anderen über einen definierten Zeitraum dar.

Ein Tween in GSAP, der sich vom Begriff 'Interpolation' ableitet, ist der grundlegende Prozess des fließenden Übergangs einer Eigenschaft oder eines Satzes von Eigenschaften eines Objekts von einem Anfangszustand zu einem Endzustand über eine bestimmte Dauer.

Er dient als Grundlage für jede Animation, da er eine einzigartige und kontinuierliche Veränderung umfasst. Durch die Verwendung von Tweens können Entwickler flüssige und visuell ansprechende Animationen erreichen, die das Benutzererlebnis verbessern und ihre Designs zum Leben erwecken.

Erstellen eines einfachen Tweens

Um dieses Konzept zu verstehen, beginnen wir mit der Erstellung eines einfachen Tweens.

HTML:

```html
<div id="simpleTween"></div>
```

CSS:

```css
#simpleTween {
    width: 100px;
    height: 100px;
    background-color: red;
    position: relative;
}
```

JavaScript:

```javascript
gsap.to("#simpleTween", {duration: 2, x: 200, rotation: 360});
```

In diesem Beispiel bewegen wir das div-Element 200 Pixel nach rechts (**x: 200**) und drehen es über 2 Sekunden um 360 Grad. Dieses einzelne Animationssegment ist das, was wir einen Tween nennen.

Integrierter HTML-Code:

```html
<!DOCTYPE html>
<html>
<head>
  <title>Simple Tween Animation</title>
  <script
src="<https://cdnjs.cloudflare.com/ajax/libs/gsap/3.10.3/gsap.min.js>"></script>
  <style>
    #simpleTween {
      width: 100px;
      height: 100px;
      background-color: red;
      position: relative;
    }
  </style>
</head>
<body>

  <div id="simpleTween"></div>

  <script>
    gsap.to("#simpleTween", {
      duration: 2,
      x: 200,
      rotation: 360
    });
  </script>

</body>
</html>
```

Erklärung:

1. **HTML-Struktur:**

    o   Es wird ein rotes Quadrat mit der ID "simpleTween" erstellt.

    o   **position: relative** ermöglicht die relative Positionierung innerhalb seines übergeordneten Containers.

2. **CSS-Stile:**

- o Der Selektor **#simpleTween** gestaltet das Quadrat mit:
  - Breite: 100px
  - Höhe: 100px
  - Hintergrundfarbe: rot

3. **GSAP-Animation:**

- o Der Code **gsap.to("#simpleTween", { ... })** animiert die Eigenschaften des Quadrats:
  - **duration: 2**: Die Animation dauert 2 Sekunden.
  - **x: 200**: Das Quadrat bewegt sich 200 Pixel nach rechts.
  - **rotation: 360**: Das Quadrat dreht sich um 360 Grad (eine vollständige Umdrehung).

Wichtige Punkte:

- Das Quadrat bewegt sich gleichzeitig nach rechts und dreht sich über 2 Sekunden, wenn die Seite geladen wird.
- Du kannst die Eigenschaften der Animation für verschiedene Bewegungs- und Rotationseffekte anpassen.
- Erkunde die GSAP-Funktionen für Easing, Verzögerungen, Abstände und komplexere Animationssequenzen.

Arten von Tweens in GSAP

1. **gsap.to()**: Diese Methode ermöglicht es dir, ein Objekt nahtlos von seinem aktuellen Zustand zu einem bestimmten Zustand zu animieren. Sie ist besonders nützlich, wenn du Objekte an eine neue Position bewegen, ihre Farben ändern, ihre Größe anpassen und andere ähnliche Transformationen durchführen musst. Mit der Funktion **gsap.to()** kannst du ganz einfach dynamische und ansprechende Animationen zu deinen Webprojekten hinzufügen.

Beispiel:

```
gsap.to(".box", {duration: 2, x: 200, backgroundColor: "#ff0000"});
```

Anwendungsszenario in einem HTML-Projekt

```
<!DOCTYPE html>
<html>
<head>
  <title>GSAP Animation Example</title>
```

```html
  <script
src="<https://cdnjs.cloudflare.com/ajax/libs/gsap/3.10.3/gsap.min.js>"></script>
  <style>
    .box {
      width: 100px;
      height: 100px;
      background-color: blue; /* Initial background color */
      position: relative;
      margin: 50px;
    }
  </style>
</head>
<body>

  <div class="box"></div>

  <script>
    gsap.to(".box", {
      duration: 2,
      x: 200, /* Move 200 pixels to the right */
      backgroundColor: "#ff0000" /* Change background to red */
    });
  </script>

</body>
</html>
```

Erklärung:

1. **HTML-Struktur:**

   o   Es wird ein **div**-Element mit der Klasse "box" erstellt.

   o   Dieses Element wird das Ziel der GSAP-Animation sein.

2. **CSS-Stile:**

   o   Die Klasse **.box** gestaltet das Element mit:

   ▪   Breite: 100px

   ▪   Höhe: 100px

   ▪   Hintergrundfarbe: blau (anfänglich)

   ▪   Position: relativ (ermöglicht relative Positionierung)

   ▪   Abstand: 50px (fügt Abstand um die Box herum hinzu)

3. **GSAP-Animation:**

   o   Der Code **gsap.to(".box", { ... })** animiert die Box:

- **duration: 2**: Die Animation dauert 2 Sekunden.

- **x: 200**: Die Box bewegt sich 200 Pixel nach rechts.

- **backgroundColor: "#ff0000"**: Die Hintergrundfarbe der Box ändert sich zu rot.

Wichtige Punkte:

- Wenn du diese HTML-Datei in einem Browser öffnest, wirst du sehen, wie sich eine blaue Box nach rechts bewegt und während 2 Sekunden sanft rot wird.

- Die GSAP-Animation zielt auf das Element mit der Klasse "box" und animiert dessen Position und Hintergrundfarbe.

- Du kannst die Eigenschaften der Animation (Dauer, Bewegungsdistanz, Farben) anpassen, um verschiedene Effekte zu erzielen.

1. **gsap.from():** Diese Methode ermöglicht es dir, Animationen zu erstellen, indem du von einem bestimmten Zustand zum aktuellen Zustand übergehst. Sie ist besonders nützlich, wenn du einen Anfangszustand festlegen möchtest, der sich außerhalb des Bildschirms befindet oder verborgen ist, und ihn dann animieren möchtest, um sichtbar zu werden. Durch die Verwendung dieser Methode kannst du die visuelle Attraktivität deiner Webseiten oder Anwendungen ganz einfach verbessern, indem du ansprechende und dynamische Animationen hinzufügst.

Beispiel:

```
gsap.from(".box", {duration: 2, x: -200, opacity: 0});
```

Anwendungsfall in einem HTML-Projekt

```html
<!DOCTYPE html>
<html>
<head>
  <title>GSAP Animation with from()</title>
  <script
src="<https://cdnjs.cloudflare.com/ajax/libs/gsap/3.10.3/gsap.min.js>"></script>
  <style>
    .box {
      width: 100px;
      height: 100px;
      background-color: blue;
      position: relative;
      margin: 50px;
    }
  </style>
</head>
<body>
```

```
<div class="box"></div>

<script>
  gsap.from(".box", {
    duration: 2,
    x: -200, /* Start 200 pixels to the left */
    opacity: 0 /* Start fully transparent */
  });
</script>

</body>
</html>
```

Erklärung:

1. HTML- und CSS-Struktur:

    - Wie in den vorherigen Beispielen wird ein blaues Quadrat mit der Klasse "box" erstellt und gestaltet.

2. GSAP-Animation:

    - **gsap.from(".box", { ... })** animiert das Quadrat von seinem Anfangszustand:

        - **duration: 2**: Die Animation dauert 2 Sekunden.

        - **x: -200**: Das Quadrat beginnt 200 Pixel links von seiner Endposition.

        - **opacity: 0**: Das Quadrat beginnt vollständig transparent.

Wichtige Punkte:

- Das Quadrat wird von links hereingleiten und gleichzeitig während 2 Sekunden einblenden, wenn die Seite geladen wird.

- **gsap.from()** animiert die Eigenschaften von ihren Anfangswerten zu den Zielwerten und erzeugt einen anderen Effekt als **gsap.to()**.

- Du kannst die Anfangsposition, Opazität und Dauer für verschiedene Animationseffekte anpassen.

2. **gsap.fromTo()**: Diese leistungsstarke Methode ermöglicht es dir, sowohl den Anfangs- als auch den Endzustand der Animation festzulegen, wodurch du vollständige Kontrolle und Flexibilität erhältst, um beeindruckende und dynamische Effekte in deinen Webprojekten zu erstellen. Mit **gsap.fromTo()** kannst du ganz einfach die Anfangs- und Endeigenschaften deiner Elemente definieren und so nahtlose und fließende Übergänge gewährleisten, die dein Publikum fesseln.

Beispiel:

```
gsap.fromTo(".box", {x: -200, opacity: 0}, {duration: 2, x: 200, opacity: 1});
```

Anwendungsfall in einem HTML-Projekt:

```html
<!DOCTYPE html>
<html>
<head>
  <title>GSAP Animation with fromTo()</title>
  <script
src="<https://cdnjs.cloudflare.com/ajax/libs/gsap/3.10.3/gsap.min.js>"></script>
  <style>
    .box {
      width: 100px;
      height: 100px;
      background-color: blue;
      position: relative;
      margin: 50px;
    }
  </style>
</head>
<body>

  <div class="box"></div>

  <script>
    gsap.fromTo(".box", {
      x: -200, /* Start 200 pixels to the left */
      opacity: 0 /* Start fully transparent */
    }, {
      duration: 2,
      x: 200, /* End 200 pixels to the right */
      opacity: 1 /* End fully opaque */
    });
  </script>

</body>
</html>
```

Erklärung:

1. HTML- und CSS-Struktur:

   - Wie in den vorherigen Beispielen wird ein blaues Quadrat mit der Klasse "box" erstellt und gestaltet.

2. GSAP-Animation:

- **gsap.fromTo(".box", { ... }, { ... })** animiert das Quadrat von seinem Anfangszustand zu einem Endzustand:
    - **Anfangszustand:**
        - **x: -200**: Beginnt 200 Pixel links.
        - **opacity: 0**: Beginnt vollständig transparent.
    - **Endzustand:**
        - **duration: 2**: Die Animation dauert 2 Sekunden.
        - **x: 200**: Endet 200 Pixel rechts.
        - **opacity: 1**: Endet vollständig sichtbar.

Wichtige Punkte:

- Das Quadrat bewegt sich von links nach rechts und blendet gleichzeitig während 2 Sekunden ein, wenn die Seite geladen wird.

- **gsap.fromTo()** kombiniert die Funktionen von **gsap.from()** und **gsap.to()**, wodurch du sowohl die Anfangs- als auch die Endwerte für die Animationseigenschaften festlegen kannst.

- Du kannst die Anfangsposition, Endposition, Deckkraft und Dauer für verschiedene Animationseffekte anpassen.

Eigenschaften, die du animieren kannst

Praktisch jede numerische Eigenschaft kann interpoliert und sanft zwischen Werten übergangen werden, was eine breite Palette an Möglichkeiten bietet, um dynamische und visuell ansprechende Effekte in Animationen zu erstellen.

Durch die Nutzung der Interpolation können Designer und Entwickler problemlos verschiedene Eigenschaften wie Position, Größe, Farbe und Deckkraft animieren und ihre Designs zum Leben erwecken. Mit der Fähigkeit, sanft zwischen Werten zu wechseln, können Animationen über einfache Bewegungen und Transformationen hinausgehen und komplexere und fesselndere visuelle Erlebnisse ermöglichen.

Ob ein subtiler Ausblendeffekt oder eine komplexe Morphing-Animation – die Interpolation bietet die Flexibilität, beeindruckende und immersive Animationen zu erstellen, die die Aufmerksamkeit des Publikums auf sich ziehen.

Einige häufig animierte Eigenschaften umfassen:

- Position (**x**, **y**): Die Koordinaten auf dem Bildschirm, an denen sich ein Objekt befindet. Durch sanftes Überführen der Position können sich Objekte über den Bildschirm bewegen, die Illusion dynamischer Bewegung erzeugen und dem Gesamtdesign ein Gefühl visueller Tiefe verleihen.

- o Skalierung (**scaleX**, **scaleY**): Die relative Größe eines Objekts. Durch Animieren der Skalierungseigenschaften können sich Objekte sanft und nahtlos ausdehnen oder zusammenziehen, was fesselnde Transformationen ermöglicht und wichtige Elemente in der Komposition hervorhebt.

- o Rotation (**rotation**): Der Winkel, um den ein Objekt gedreht wird. Durch Animieren der Rotationseigenschaft können sich Objekte elegant und mühelos drehen, was der visuellen Erfahrung Dynamik und Lebendigkeit verleiht und ansprechende Animationen und Effekte ermöglicht.

- o Deckkraft (**opacity**): Die Transparenz eines Objekts. Das Überführen der Deckkrafteigenschaft ermöglicht ein allmähliches Ein- oder Ausblenden eines Objekts und erlaubt sanfte Übergänge und Ausblendungen, die die gesamte visuelle Erzählung verbessern und ein immersiveres Benutzererlebnis schaffen können.

- o Farben: Die Eigenschaften, die die Farbe eines Objekts definieren. Durch Animieren von Farbeigenschaften können Objekte nahtlos zwischen verschiedenen Farben wechseln und visuell ansprechende Effekte wie Farbverläufe, Farbwechsel und Farbüberlagerungen erzeugen, die unterschiedliche Emotionen hervorrufen und die allgemeine ästhetische Anziehungskraft verbessern können.

- o CSS-Eigenschaften wie **width**, **height**, **top**, **left**: Diese Eigenschaften steuern das Layout und die Abmessungen eines Elements auf einer Webseite und bieten präzise Kontrolle über seine Position und Größe. Durch Animieren dieser CSS-Eigenschaften können Elemente auf sanfte und fließende Weise skaliert, neu positioniert und animiert werden, was dynamische und responsive Webdesigns ermöglicht, die sich an verschiedene Bildschirmgrößen und Ausrichtungen anpassen.

Steuerung der Animationen

GSAP-Animationen verfügen über eine breite Palette von Methoden und Eigenschaften, die umfassende Kontrolle und Flexibilität bieten:

- o **Dauer**: Diese Eigenschaft ermöglicht es dir, die genaue Dauer oder Zeit festzulegen, die die Animation zur Fertigstellung benötigen soll. Egal, ob du eine schnelle und flinke Animation oder einen langsamen und sanften Übergang wünschst, du hast die Macht, dies präzise zu steuern.

- o **Ease**: Die Ease-Eigenschaft ist ein leistungsstarkes Werkzeug, mit dem du die Beschleunigung und Verlangsamung der Animation steuern kannst. Mit einer Vielzahl verfügbarer Easing-Optionen kannst du verschiedene Effekte erzielen, wie lineare Bewegung, sanfte Übergänge oder sogar springende Animationen.

o **Repeat und Yoyo**: Möchtest du, dass sich deine Animation eine bestimmte Anzahl von Malen wiederholt oder zwischen Vorwärts- und Rückwärtsbewegung wechselt? Die Repeat- und Yoyo-Eigenschaften ermöglichen es dir, diese Effekte problemlos zu erreichen. Ob du eine kontinuierliche Loop-Animation oder eine Hin- und Herbewegung wünschst, GSAP hat dich abgedeckt.

o **Verzögerungen und Rückrufe**: Manchmal möchtest du vielleicht eine Verzögerung hinzufügen, bevor die Animation beginnt, oder bestimmte Funktionen an spezifischen Punkten während der Animation ausführen. Mit den Verzögerungs- und Rückrufoptionen hast du die Flexibilität, Pausen einzuführen, Ereignisse auszulösen oder Aktionen zu präzisen Zeitpunkten durchzuführen, was deine Animationen dynamischer und interaktiver macht.

Erweiterte Animationen

GSAP, auch bekannt als GreenSock Animation Platform, bietet eine breite Palette von Funktionen, die es Benutzern ermöglichen, hochkomplexe und fortgeschrittene Tweening-Szenarien zu erstellen. Mit seinem umfangreichen Funktions- und Fähigkeitsspektrum befähigt GSAP Benutzer, ihre Animationen mit Präzision und Kreativität zum Leben zu erwecken.

Ob beim Animieren komplexer UI-Elemente, beim Gestalten aufwendiger Motion Graphics oder beim Erstellen beeindruckender visueller Effekte – GSAP bietet die notwendigen Werkzeuge und Ressourcen, um deine Animationen auf die nächste Stufe zu bringen.

Durch die Nutzung der leistungsstarken Funktionen von GSAP können Benutzer eine Welt voller Möglichkeiten erschließen und ihre Ideen in fesselnde und dynamische Animationen verwandeln, die einen bleibenden Eindruck bei ihrem Publikum hinterlassen.

Einige davon umfassen:

o **Animation entlang eines Pfades**: GSAP bietet eine leistungsstarke Funktion, mit der du deine Animationen zum Leben erwecken kannst, indem du Objekte entlang eines definierten SVG-Pfades animierst. Diese Fähigkeit fügt deinen Bewegungseffekten eine neue Dimension an Kreativität und Interaktivität hinzu und macht sie dynamischer und fesselnder.

o **Physikbasierte Animationen**: Mit GSAP hast du die Möglichkeit, physikbasierte Eigenschaften in deine Animationen einzubauen. Durch Simulation von Kräften wie Schwerkraft, Geschwindigkeit und anderen physikalischen Eigenschaften kannst du realistischere und immersivere Animationen erstellen. Stell dir vor, Objekte bewegen sich und interagieren auf eine Weise miteinander, die die Gesetze der Physik nachahmt, was zu visuell ansprechenden und fesselnden Animationen führt.

o **Mit Plugins verbesserte Tweens**: GSAP bietet eine breite Palette von Plugins, die deine Tweens erheblich verbessern können. Diese Plugins bieten zusätzliche Funktionen und Effekte, die deine Animationen auf die nächste Stufe bringen können. Beispielsweise ermöglicht dir das MorphSVG-Plugin, nahtlos zwischen verschiedenen Formen zu morphen, was sanfte und nahtlose Formübergänge ermöglicht. Darüber hinaus ermöglicht dir das Draggable-Plugin, interaktive Animationen zu erstellen, die auf Benutzereingaben reagieren und deinen Animationen eine Ebene der Interaktivität und des Engagements hinzufügen.

Dies sind nur einige Beispiele für die erweiterten Funktionen, die GSAP bietet, die es dir ermöglichen, deine Tweening-Animationen auf die nächste Stufe zu bringen und wirklich ansprechende und dynamische Bewegungseffekte zu erstellen.

Beispiel eines erweiterten Tweens

Erstellen wir einen Tween, bei dem ein Element einem gekrümmten Pfad folgt:

HTML:

```html
<path id="path" d="M10,90 Q100,15 200,70 Q340,120 400,60" />
<div class="pathElement"></div>
```

JavaScript:

```javascript
gsap.to(".pathElement", {
  duration: 5,
  motionPath: {
    path: path,
    align: path,
    autoRotate: true,
    alignOrigin: [0.5, 0.5]
  }
});
```

Integrierter HTML-Code:

```html
<!DOCTYPE html>
<html>

<head>
    <title>GSAP Motion Path Animation</title>
    <script
src="<https://cdnjs.cloudflare.com/ajax/libs/gsap/3.10.3/gsap.min.js>"></script>
    <script
src="<https://cdnjs.cloudflare.com/ajax/libs/gsap/3.10.3/MotionPathPlugin.min.js>"><
/script>

    <style>
        body {
            padding: 0;
```

```css
            margin: 0;
            display: flex;
            height: 100vh;
            justify-content: center;
            align-items: center;
        }
        #path {
            fill: none;
            stroke: #000;
            stroke-miterlimit: 10;
            }
        .pathElement {
            width: 40px;
            height: 40px;
            background-color: blue;
            border-radius: 50%;
            /* Make it a circle */
        }
    </style>
</head>

<body>
    <path id="path" d="M10,90 Q100,15 200,70 Q340,120 400,60" />
    <div class="pathElement"></div>

    <script>
        gsap.to(".pathElement", {
            duration: 5,
            motionPath: {
                path: path,
                align: path,
                autoRotate: true,
                alignOrigin: [0.5, 0.5]
            }
        });
    </script>

</body>

</html>
```

Erklärung:

1. HTML-Struktur:

   o Pfad-Element:

      ▪ Das GSAP MotionPathPlugin wurde eingebunden:

   o htmlCopy code

- o <script

  src="<https://cdnjs.cloudflare.com/ajax/libs/gsap/3.10.3/MotionPathPlugin.min.js>"></script>

  - **<path id="path" d="M10,90 Q100,15 200,70 Q340,120 400,60" />**: Erstellt einen SVG-Pfad mit der ID "path".

  - Das Attribut **d** definiert eine quadratische Bézier-Kurve unter Verwendung der SVG-Pfad-Syntax.

- o Kreis-Element:

  - **<div class="pathElement"></div>**: Erstellt einen blauen Kreis, der entlang des Pfades animiert wird.

2. CSS-Stil:

   - o Body:

     - Zentriert den Inhalt sowohl horizontal als auch vertikal.

   - o Pfad:

     - Macht den Pfad mit einem schwarzen Strich sichtbar.

     - **stroke-miterlimit: 10**: Verbessert die visuelle Darstellung für scharfe Ecken.

   - o Kreis:

     - Gestaltet den Kreis mit blauem Hintergrund und runder Form.

3. GSAP-Animation:

- JavaScript:

  - o Bindet GSAP und das MotionPathPlugin für pfadbasierte Animationen ein.

  - o **gsap.to(".pathElement", { ... })**: Animiert den Kreis entlang des Pfades:

    - **duration: 5**: Die Animation dauert 5 Sekunden.

    - **motionPath**: Konfiguriert die Bewegungspfad-Animation:

      - **path: path**: Legt den zu befolgenden Pfad fest (die definierte Bézier-Kurve).

      - **align: path**: Richtet den Kreis an der Richtung des Pfades aus.

      - **autoRotate: true**: Dreht den Kreis automatisch, um der Krümmung des Pfades zu entsprechen.

- **alignOrigin: [0.5, 0.5]**: Richtet das Zentrum des Kreises am Zentrum des Pfades aus.

Wichtige Punkte:

- Der Code erstellt einen blauen Kreis, der sich entlang eines gekrümmten Pfades bewegt und sich sanft dreht, um der Richtung des Pfades zu entsprechen.

- Demonstriert die Verwendung der **motionPath**-Funktion von GSAP zur Erstellung komplexer pfadbasierter Animationen.

- Die SVG-Syntax des Pfades (**d="M10,90 Q100,15 200,70 Q340,120 400,60"**) definiert die spezifische Form des Pfades.

- Die CSS-Stile positionieren und präsentieren die Elemente visuell.

- Das GSAP MotionPathPlugin wurde eingebunden.

Zusammenfassung

Tweens sind eine wesentliche Komponente von Animationen in GSAP. Durch die Beherrschung von Tweens erlangst du die Fähigkeit, eine breite Palette von Animationen zu erzeugen, von grundlegenden Übergängen bis hin zu synchronisierten und komplizierten Sequenzen. Es ist wichtig zu beachten, dass eine erfolgreiche Animation nicht nur technisches Fachwissen erfordert, sondern auch eine kreative Perspektive, die statischen Elementen Leben einhauchen kann.

Während du weiter voranschreitest, stelle sicher, dass du kontinuierlich mit verschiedenen Eigenschaften und Einstellungen experimentierst, um ihre Auswirkungen auf deine Animationen zu beobachten. Dieser Erkundungsprozess ist entscheidend für die Entwicklung eines tiefen und intuitiven Verständnisses des Tweenings in GSAP. Darüber hinaus ist es erwähnenswert, dass du, wenn du tiefer in die Welt der Tweens eintauchst, eine Fülle fortgeschrittener Techniken und Möglichkeiten entdecken wirst, die deine Animationsprojekte weiter bereichern können.

3.1.2 Timelines

Timelines verstehen

Wie in Kapitel 2 erwähnt, ist eine Timeline in GSAP ein unglaublich nützliches und flexibles Werkzeug, das dir die Möglichkeit bietet, deine Animationen zu erweitern und zu verbessern. Sie gibt dir die Fähigkeit, mehrere Tweens auf synchronisierte Weise zu erstellen und zu manipulieren, was es dir ermöglicht, komplexe und fesselnde visuelle Effekte zu konstruieren.

Durch die Verwendung von Timelines kannst du deine Animationen auf neue Höhen heben, indem du Tweens stapelst oder überlappst, was dir die Freiheit gibt, komplizierte und faszinierende Sequenzen zu erstellen. Darüber hinaus ermöglichen dir Timelines, diese

Sequenzen effizient als zusammenhängende Einheit zu verwalten und zu steuern, was dir ein fließendes und ausgefeiltes Endergebnis liefert.

Diese leistungsstarke Funktion ermöglicht es dir, deine Kreativität vollständig zu entfesseln und dynamische und immersive visuelle Erlebnisse zu schaffen, die dein Publikum mit Sicherheit fesseln und anziehen werden. Mit Timelines sind die Möglichkeiten endlos, und deine Animationen werden auf Arten zum Leben erwachen, die du dir nie vorgestellt hast.

Eine GSAP-Timeline ist im Wesentlichen ein Controller für mehrere Tweens, der es dir ermöglicht, sie auf geordnete Weise zu sequenzieren. Stell sie dir als den Regisseur eines Theaterstücks vor, der verschiedene Szenen (Tweens) orchestriert, um eine zusammenhängende Erzählung (Animation) zu schaffen.

Erstellen einer grundlegenden Timeline

So kannst du eine grundlegende Timeline mit mehreren Tweens erstellen:

JavaScript:

```
let tl = gsap.timeline();
tl.to("#simpleTween", {duration: 1, x: 100})
  .to("#simpleTween", {duration: 1, backgroundColor: "blue", y: 50})
  .to("#simpleTween", {duration: 1, opacity: 0});
```

In dieser Timeline bewegen wir zuerst das Element nach rechts, ändern dann seine Farbe, während wir es nach unten bewegen, und lassen es schließlich ausblenden. Jeder Tween beginnt, sobald der vorherige endet.

Warum Timelines verwenden?

Timelines sind ein unglaublich wichtiges und wesentliches Feature, das den Benutzern eine vollständige und sorgfältige Kontrolle über die Sequenzierung und das Timing zahlreicher Animationen gewährt. Durch die Verwendung von Timelines kannst du mühelos komplexe und harmonische Animationen erstellen, die eine sorgfältige Synchronisation und nahtlose Interaktion zwischen verschiedenen Elementen erfordern.

Darüber hinaus bieten Timelines nicht nur eine Plattform für die Erstellung visuell beeindruckender und fesselnder Animationen, sondern bieten auch die Möglichkeit, verschiedene Animationstechniken zu erkunden und damit zu experimentieren.

Sie ermöglichen es dir, dein Publikum mit Animationen zu fesseln, die nicht nur ihre Aufmerksamkeit erregen, sondern auch einen tiefgreifenden und bleibenden Eindruck auf sie haben. Mit Timelines kannst du das enorme Potenzial der Animation erschließen und deine grenzenlose Kreativität freisetzen, um wirklich bemerkenswerte und unvergessliche visuelle Erlebnisse zu schaffen, die einen bleibenden Eindruck bei deinen Zuschauern hinterlassen werden.

Erstellen und Manipulieren einer Timeline

Erstellen einer neuen Timeline

Der erste Schritt in diesem Prozess ist die Erstellung eines neuen Timeline-Objekts. Dies kann durch die Instanziierung einer neuen Instanz der Timeline-Klasse oder durch die Generierung eines neuen Timeline-Objekts basierend auf einer bereits existierenden Vorlage erreicht werden.

Beim Erstellen einer neuen Timeline-Instanz legst du die Grundlagen für deine Timeline und bereitest sie für die nachfolgende Anpassung und Konfiguration vor. Diese grundlegende Aktion bereitet den Weg für die nachfolgenden Schritte im Prozess und ermöglicht es dir, deine Timeline anzupassen und zu verfeinern, um deine spezifischen Bedürfnisse und Anforderungen zu erfüllen.

Beispiel:

```
let tl = gsap.timeline();
```

Tweens zur Timeline hinzufügen

Ein effektiver Ansatz, um die Funktionalität und Vielseitigkeit dieser Timeline erheblich zu verbessern, besteht darin, nahtlos Tweens in sie zu integrieren. Durch die geschickte Verwendung einer Vielzahl leistungsstarker Methoden wie **to()**, **from()** und **fromTo()** kannst du mühelos eine breite Palette fesselnder und visuell ansprechender Tweens direkt in die Timeline einbinden.

Dies verstärkt nicht nur die Fähigkeiten der Timeline, sondern führt auch ein neues Maß an Dynamik ein, das es dir ermöglicht, noch fesselnde und ansprechendere Animationen zu erstellen, die zweifellos dein Publikum in ihren Bann ziehen und einen bleibenden Eindruck hinterlassen werden.

Beispiel:

```
tl.to(".box1", {x: 100, duration: 1})
  .from(".box2", {opacity: 0, duration: 1});
```

Steuerung der Wiedergabe:

Eine der vorteilhaftesten und praktischsten Eigenschaften der Timeline ist ihre bemerkenswerte Fähigkeit, eine präzise Kontrolle über die Wiedergabe der Animationssequenz auszuüben. Die Timeline ermöglicht es dir, mühelos verschiedene Aspekte der Animation zu manipulieren, einschließlich Wiedergabe, Pause, Umkehrung und sogar das Springen zu einem bestimmten Punkt in der Sequenz.

Diese umfassende Kontrolle bietet dir ein vollständiges Werkzeugset, um deine Ideen dynamisch zu präsentieren und deine Botschaft effektiv durch das fesselnde Medium des visuellen Storytellings zu vermitteln, was es dir ermöglicht, dein Publikum mit unvergleichlicher Wirkung einzubinden und zu fesseln.

Beispiel:

```
tl.play();
tl.pause();
tl.reverse();
tl.seek(2); // Jump to 2 seconds into the animation
```

Verschachteln von Timelines

Eine der herausragendsten und außergewöhnlichsten Eigenschaften dieses unglaublichen Werkzeugs ist seine außergewöhnliche Fähigkeit, Timelines innerhalb anderer Timelines zu verschachteln. Diese einzigartige Funktionalität ermöglicht es dir nicht nur, komplexe Sequenzen zu erstellen, sondern erlaubt es dir auch, in die Tiefen deines Projekts einzutauchen und eine Vielzahl von Möglichkeiten zu erschließen.

Durch die Nutzung dieser außergewöhnlichen Funktion kannst du verschiedene Ebenen des Storytellings erkunden und damit experimentieren, was deinem kreativen Prozess Reichtum und Tiefe verleiht. Die Fähigkeit, Timelines zu verschachteln, öffnet ein ganzes Universum unendlicher Möglichkeiten, das es dir ermöglicht, wirklich fesselnde und überzeugende Erzählungen zu erstellen und zu gestalten, die dein Publikum in ihren Bann ziehen werden.

Beispiel:

```
let childTl = gsap.timeline();
childTl.to(".box3", {rotation: 360, duration: 2});

tl.add(childTl, 1); // Start the child timeline 1 second into the parent timeline
```

Anwendungsfall in einem HTML-Projekt:

```
<!DOCTYPE html>
<html>
<head>
  <title>GSAP Timeline Animation</title>
  <script
src="<https://cdnjs.cloudflare.com/ajax/libs/gsap/3.10.3/gsap.min.js>"></script>
  <style>
    .box {
      width: 50px;
      height: 50px;
      background-color: blue;
      margin: 20px;
    }
  </style>
</head>
```

```html
<body>

  <div class="box box1"></div>
  <div class="box box2"></div>
  <div class="box box3"></div>

  <script>
    let tl = gsap.timeline();

    tl.to(".box1", { x: 100, duration: 1 })
      .from(".box2", { opacity: 0, duration: 1 });

    let childTl = gsap.timeline();
    childTl.to(".box3", { rotation: 360, duration: 2 });

    tl.add(childTl, 1); // Start child timeline 1 second into the parent timeline

    tl.play();
    // tl.pause(); // Uncomment to pause the animation
    // tl.reverse(); // Uncomment to reverse the animation
    // tl.seek(2); // Uncomment to jump to 2 seconds into the animation
  </script>

</body>
</html>
```

Erklärung:

1. HTML-Struktur:

   o Es werden drei blaue Quadrate mit den Klassen "box1", "box2" und "box3" erstellt.

2. CSS-Gestaltung:

   o Die Klasse **.box** gestaltet die Quadrate mit einem grundlegenden Aussehen und Abstand.

3. Animation mit GSAP:

   o **let tl = gsap.timeline();**: Erstellt eine Haupt-Timeline.

   o **tl.to(".box1", ...)**: Animiert "box1", um sich 100 Pixel nach rechts zu bewegen, über eine Dauer von 1 Sekunde.

   o **.from(".box2", ...)**: Animiert "box2", um schrittweise von einer Deckkraft von 0 auf 1 zu erscheinen, über eine Dauer von 1 Sekunde.

   o **let childTl = gsap.timeline();**: Erstellt eine untergeordnete Timeline.

- o **childTl.to(".box3", …)**: Animiert "box3", um sich 360 Grad zu drehen, über eine Dauer von 2 Sekunden.

- o **tl.add(childTl, 1);**: Fügt die untergeordnete Timeline zur Haupt-Timeline hinzu, beginnend nach 1 Sekunde.

- o **tl.play();**: Startet die Animation.

- o **Steuerungszeilen:** Du kannst Zeilen wie **tl.pause()**, **tl.reverse()** und **tl.seek(2)** auskommentieren, um die Wiedergabe der Animation zu steuern.

Wichtige Punkte:

- Der Code demonstriert die Verwendung von GSAP-Timelines zur Sequenzierung und Synchronisierung mehrerer Animationen.

- Die Haupt-Timeline steuert den gesamten Ablauf der Animation.

- Die untergeordnete Timeline ist innerhalb der Haupt-Timeline verschachtelt und beginnt nach einer Verzögerung.

- Du kannst die Wiedergabe der Animation mit Methoden wie **play()**, **pause()**, **reverse()** und **seek()** steuern.

Erweiterte Timeline-Funktionen

Gestaffelte Animationen

Eine faszinierende und effektive Technik, die du verwenden kannst, um die Qualität deiner Animationen zu steigern, ist die Erstellung eines gestaffelten Effekts. Diese Technik beinhaltet das Starten ähnlicher Animationen zu leicht unterschiedlichen Zeitpunkten, was zu einem fesselnden und energiegeladenen Gefühl in deinen Designs führt. Durch Anpassen der Verzögerungen oder Dauern dieser Animationen kannst du ihnen ein unverwechselbares und fesselndes Erscheinungsbild verleihen, wodurch sie für dein Publikum ansprechender und visuell auffälliger werden.

Beispiel:

```
tl.staggerTo(".boxes", 1, {y: 50, opacity: 1}, 0.2);
```

Verwendung von Labels für verbesserte Kontrolle

Eine äußerst effektive und effiziente Technik, die deine Kontrolle über Tweens innerhalb der Timeline erheblich verbessern kann, ist die Verwendung von Labels. Labels fungieren als wertvolle Markierungen, die es dir ermöglichen, Tweens präzise an bestimmten Zeitpunkten zu positionieren.

Durch die Integration von Labels in deine Timeline kannst du nicht nur eine präzise Kontrolle über das Timing und die Reihenfolge der Tweens gewährleisten, sondern auch die Fähigkeit, sie mit höchster Genauigkeit und Exaktheit einfach zu navigieren und zu verwalten.

Beispiel:

```
tl.addLabel("startSequence")
  .to(".box4", {x: 100}, "startSequence")
  .to(".box5", {y: 50}, "startSequence+=1");
```

Callbacks und Events

Callbacks und Events sind leistungsstarke Mechanismen, die es dir ermöglichen, Funktionen an bestimmten Punkten der Timeline auszuführen und dir so eine größere Kontrolle und Flexibilität bei der Ausführung deines Codes zu geben.

Durch die Verwendung von Callbacks und Events kannst du die Funktionalität deines Programms verbessern, indem du Aktionen auslöst oder Codestücke zu Schlüsselmomenten ausführst, beispielsweise wenn eine bestimmte Bedingung erfüllt ist oder wenn ein spezifisches Event eintritt. Dies ermöglicht es dir, dynamische und interaktive Anwendungen zu erstellen, die auf Benutzereingaben oder Systemereignisse reagieren und dein Programm robuster und benutzerfreundlicher machen.

Beispiel:

```
tl.to(".box6", {x: 200})
  .eventCallback("onComplete", () => console.log("Animation complete!"));
```

Anwendungsfall in einem HTML-Projekt:

```
<!DOCTYPE html>
<html>
<head>
  <title>GSAP Timeline Animation</title>
  <script
src="<https://cdnjs.cloudflare.com/ajax/libs/gsap/3.10.3/gsap.min.js>"></script>
  <style>
    .box {
      width: 50px;
      height: 50px;
      background-color: blue;
      margin: 20px;
      opacity: 0; /* Initially hidden */
      transform: translateY(-50px); /* Initially positioned off-screen */
    }
  </style>
</head>
<body>
```

```html
<div class="box boxes box1"></div>
<div class="box boxes box2"></div>
<div class="box boxes box3"></div>
<div class="box box4"></div>
<div class="box box5"></div>
<div class="box box6"></div>

<script>
  let tl = gsap.timeline();

  tl.staggerTo(".boxes", 1, { y: 50, opacity: 1 }, 0.2);

  tl.addLabel("startSequence")
    .to(".box4", { x: 100 }, "startSequence")
    .to(".box5", { y: 50 }, "startSequence+=1");

  tl.to(".box6", { x: 200 })
    .eventCallback("onComplete", () => console.log("Animation complete!"));

  tl.play();
</script>

</body>
</html>
```

Erklärung:

1. HTML-Struktur:

   o   Es werden sechs blaue Quadrate mit den Klassen "boxes" (für die ersten drei), "box4", "box5" und "box6" erstellt.

2. CSS-Styling:

   o   Die Klasse **.box** gestaltet die Quadrate und verbirgt sie zunächst mit einer Deckkraft von 0 und positioniert sie außerhalb des Bildschirms.

3. Animation mit GSAP:

   o   **tl.staggerTo(".boxes", 1, ...)**: Animiert die ersten drei Quadrate gestaffelt, um sich 50px nach unten zu bewegen und während 0,2 Sekunden allmählich zu erscheinen, mit einer Verzögerung von 0,1 Sekunden zwischen jedem.

   o   **tl.addLabel("startSequence")**: Fügt der Timeline ein Label hinzu, um Animationen zu sequenzieren.

   o   **.to(".box4", ...)**: Animiert "box4", um sich 100 Pixel nach rechts zu bewegen, beginnend beim Label "startSequence".

- o **.to(".box5", ...)**: Animiert "box5", um sich 50 Pixel nach unten zu bewegen, beginnend 1 Sekunde nach dem Label "startSequence".

- o **tl.to(".box6", ...)**: Animiert "box6", um sich 200 Pixel nach rechts zu bewegen.

- o **.eventCallback("onComplete", ...)**: Protokolliert eine Nachricht in der Konsole, wenn die gesamte Timeline abgeschlossen ist.

- o **tl.play();**: Startet die Animation.

Wichtige Punkte:

- Der Code demonstriert die Verwendung von Labels zur Sequenzierung von Animationen innerhalb einer Timeline.

- Die Methode **staggerTo** erzeugt einen gestaffelten Animationseffekt.

- Die Methode **eventCallback** ermöglicht Aktionen, die an bestimmten Punkten der Animation ausgelöst werden.

Praktische Anwendungen von Timelines

Erstellung interaktiver Erzählungen

Eine äußerst effektive und anerkannte Technik zur erheblichen Verbesserung des Benutzererlebnisses beim animierten Storytelling ist die strategische Einbindung von Timelines. Die Einbeziehung von Timelines bietet nicht nur Schöpfern und Designern eine bessere Kontrolle über den Fluss und das Tempo der Geschichte, sondern befähigt auch die Benutzer, Anpassungen in Echtzeit vorzunehmen, wie etwa die Animation an bestimmten Interaktionspunkten während der Erzählung zu pausieren, abzuspielen oder sogar rückwärts laufen zu lassen.

Diese interaktive und dynamische Funktion bindet nicht nur die Benutzer ein und fesselt ihre Aufmerksamkeit und ihr Interesse, sondern bietet ihnen auch ein wahrhaft immersives, fesselndes und höchst personalisiertes Storytelling-Erlebnis, das sicherlich einen bleibenden Eindruck hinterlassen wird.

Animationen für Websites

Koordiniere und implementiere visuell fesselnde und interaktive Einleitungsanimationen für Webseiten. Diese Animationen werden die Benutzer einbinden und beim Laden der Seite ein dynamisches Erlebnis schaffen, wodurch die allgemeine Ästhetik und das Benutzerengagement der Website verbessert werden.

Darüber hinaus werden die Einleitungsanimationen zur Markenidentität beitragen und bei den Besuchern einen bleibenden Eindruck hinterlassen, wodurch die Website einprägsam wird. Durch sorgfältiges Design dieser Animationen können wir das Wesen der Marke und ihre Werte effektiv kommunizieren und eine starke Verbindung zur Zielgruppe herstellen.

Der interaktive Charakter der Animationen wird die Benutzer dazu ermutigen, mehr zu erkunden und mit verschiedenen Elementen auf der Website zu interagieren, wodurch die Verweildauer auf der Seite erhöht und das allgemeine Benutzererlebnis verbessert wird. Die fesselnden Visualisierungen und fließenden Übergänge der Einleitungsanimationen werden die Website nicht nur visuell ansprechend machen, sondern auch ein Gefühl von Professionalität und Liebe zum Detail erzeugen.

Daher können wir durch die Einbindung dieser visuell eindrucksvollen und interaktiven Einleitungsanimationen die Website auf ein neues Niveau heben und den Benutzern ein einprägsames und ansprechendes Online-Erlebnis bieten.

Produktdemonstrationen und Feature-Rundgänge

Eine äußerst effektive Möglichkeit, Benutzer einzubinden und ihnen ein umfassendes Verständnis eines Produkts zu vermitteln, besteht darin, interaktive Produktdemonstrationen und Feature-Rundgänge anzubieten. Diese ansprechenden und informativen Erlebnisse stellen den Benutzern nicht nur die verschiedenen Merkmale des Produkts vor, sondern nutzen auch visuell ansprechende Animationen, die verschiedene Komponenten in einer Sequenz hervorheben.

Indem die Funktionalitäten und Vorteile des Produkts auf diese ansprechende und interaktive Weise präsentiert werden, können Benutzer nicht nur seine Fähigkeiten tiefer schätzen, sondern auch ein besseres Verständnis dafür entwickeln, wie es ihre spezifischen Bedürfnisse erfüllen kann. Darüber hinaus ermöglichen diese Produktdemonstrationen und Feature-Rundgänge den Benutzern, das Produkt auf praktische Weise zu erkunden, sodass sie damit interagieren und seine Funktionalitäten aus erster Hand erleben können.

Dieses immersive Erlebnis kann ihr Verständnis weiter verbessern und ihnen einen ganzheitlicheren Einblick in die Fähigkeiten und potenziellen Vorteile des Produkts bieten. Daher können Unternehmen durch die Einbeziehung von Produktdemonstrationen und Feature-Rundgängen in die Strategie zur Benutzereinbindung den Wert und die Einzigartigkeit ihres Produkts effektiv kommunizieren, was letztendlich zu einer höheren Benutzerzufriedenheit und potenziellen Conversions führt.

Zusammenfassend

Timelines in GSAP sind ein unglaublich wichtiges und leistungsstarkes Werkzeug zur Erstellung fortgeschrittener und synchronisierter Animationen. Sie bieten dir die Möglichkeit, die volle Kontrolle über den Ablauf und das Timing deiner Animationen zu haben, was es dir ermöglicht, komplizierte und komplexe Sequenzen zu erstellen, die sonst schwierig allein mit einzelnen Tweens zu handhaben wären.

Durch die Beherrschung von Timelines wirst du deine Animationsfähigkeiten enorm verbessern, was es dir ermöglicht, deine Animationen auf eine anspruchsvollere und interaktivere Weise zum Leben zu erwecken. Es wird dringend empfohlen, weiterhin mit den verschiedenen verfügbaren Features und Einstellungen von Timelines zu experimentieren, da diese Erkundung entscheidend ist, um ein tiefes und umfassendes Verständnis dafür zu entwickeln, wie man Timelines in deinen GSAP-Projekten effektiv nutzt.

Durch kontinuierliche Praxis und Erkundung wirst du unendliche Möglichkeiten erschließen und neue Wege entdecken, visuell beeindruckende und ansprechende Animationen zu erstellen, die dein Publikum fesseln werden.

3.2 Easing in Animationen

In diesem Abschnitt werden wir uns umfassend mit dem Konzept des Easings befassen, welches ein absolut wesentliches Element ist, das eine entscheidende und fundamentale Rolle dabei spielt, die Natürlichkeit und Flüssigkeit deiner Animationen zu verbessern. Durch das Erlangen eines vollständigen und tiefgreifenden Verständnisses verschiedener Easing-Techniken und deren geschickte Implementierung kannst du deine Animationen wirklich revolutionieren und sie von einer linearen und mechanischen Natur zu einem fesselnden, dynamischen und faszinierenden Erlebnis führen, das dein Publikum wirklich in seinen Bann zieht und absorbiert.

Es ist wahrhaft fesselnd und faszinierend zu erforschen und zu entdecken, wie die strategische Nutzung und Anwendung von Easing deinen Animationen einen zusätzlichen Hauch von Charme, Eleganz und Raffinesse verleihen kann, indem sie auf ein neues Niveau gehoben werden, wo sie sich bemerkenswert realistisch, unglaublich angenehm für das Auge und exquisit ansprechend für die Augen und Sinne des Betrachters anfühlen, wodurch ein absolut und unbestreitbar unvergessliches, außergewöhnliches und bemerkenswertes visuelles Erlebnis geschaffen wird, das einen bleibenden Eindruck hinterlassen und tief beim Publikum nachklingen wird.

3.2.1 Was ist Easing?

Easing bezieht sich auf die Variation der Geschwindigkeit einer Animation während ihrer Dauer. In der realen Welt beginnen oder enden Dinge nicht abrupt; sie beschleunigen und verlangsamen sich allmählich. Diese allmähliche Beschleunigung und Verlangsamung der Bewegung ist es, was Animationen natürlicher und angenehmer für das Auge wirken lässt.

Durch die Integration von Easing in Animationen können Designer diese organische Bewegung nachbilden und ein immersiveres Benutzererlebnis schaffen. Ohne Easing laufen Animationen mit konstanter Geschwindigkeit ab und es fehlen ihnen die Feinheiten und Nuancen, die die Physik der realen Welt nachahmen.

Infolgedessen kann das Fehlen von Easing dazu führen, dass Animationen roboterhaft und von der Realität abgekoppelt erscheinen, was bei den Benutzern ein Gefühl von Unbehagen und Unwohlsein hinterlässt. Daher ist es unerlässlich, Easing-Techniken zu verwenden, um sicherzustellen, dass Animationen visuell ansprechend, realistisch und fesselnd für das Publikum sind.

3.2.2 Arten von Easing

GSAP bietet Benutzern eine umfangreiche Auswahl an Easing-Funktionen zur Auswahl. Diese Easing-Funktionen werden in drei Haupttypen klassifiziert:

Standard-Easings

Diese umfassen häufig verwendete Easings wie **linear**, **easeIn**, **easeOut** und **easeInOut**. Diese Easings sind weithin anerkannt und werden häufig in Animationen verwendet. Zusätzlich zu diesen bekannten Easings gibt es auch eine Vielzahl anderer Easing-Funktionen, die verwendet werden können, um verschiedene Effekte in Animationen zu erzielen.

Einige Beispiele umfassen **easeInQuart**, **easeOutElastic**, **easeInOutBack** und **easeInOutBounce**. Diese zusätzlichen Easing-Funktionen bieten noch mehr Flexibilität und Kreativität, wenn es darum geht, Elemente auf einer Webseite oder in einer Anwendung zu animieren.

Die Auswirkungen verschiedener Easing-Typen verstehen

Jeder Easing-Typ hat seine einzigartigen Eigenschaften und Anwendungsfälle:

- **Lineares Easing**: Bietet eine konstante Animationsgeschwindigkeit von Anfang bis Ende. Es ist nützlich, um eine gleichmäßige und konsistente Bewegung während der gesamten Dauer der Animation zu erreichen. Es kann jedoch als weniger aufregend angesehen werden im Vergleich zu anderen Easing-Funktionen, die dynamischere und visuell ansprechendere Effekte bieten.

- **EaseIn**: Die Animation beginnt langsam und erhöht allmählich ihre Geschwindigkeit zum Ende hin, wodurch ein Gefühl der Vorfreude entsteht und Spannung aufgebaut wird. Dieser Effekt ist besonders nützlich, wenn Objekte gezeigt werden, die in eine Szene eintreten, da er eine sanfte und visuell ansprechende Einführung ermöglicht. Durch die Integration von EaseIn-Animationen kannst du dein Publikum von Anfang an fesseln, einen bleibenden Eindruck hinterlassen und die Gesamtwirkung deiner Präsentation oder deines Projekts verbessern.

- **EaseOut**: Diese Easing-Funktion beginnt schnell und verlangsamt sich allmählich zum Ende hin. Sie ist besonders geeignet, um Objekte darzustellen, die dabei sind, eine Szene zu verlassen oder vollständig zum Stillstand zu kommen. Durch die Verwendung der EaseOut-Easing-Funktion kannst du effektiv ein Gefühl allmählicher Verlangsamung vermitteln und mehr Realismus und Geschmeidigkeit zur Animation hinzufügen.

- **EaseInOut**: Die EaseInOut-Funktion ist eine vielseitige Easing-Funktion, die die Eigenschaften von EaseIn und EaseOut kombiniert. Sie bietet einen sanften Übergang für Objekte, die sich von einem Punkt zum anderen und zurück bewegen, indem sie langsam beginnt, allmählich an Geschwindigkeit gewinnt und dann wieder verlangsamt. Diese Art von Easing ist besonders nützlich für die Erstellung realistischer und natürlicher Animationen und fügt der Bewegung ein Gefühl von Flüssigkeit und Eleganz hinzu.

Benutzerdefinierte Easings

GSAP bietet Benutzern eine breite Palette von Optionen, um ihre eigenen benutzerdefinierten Easings zu erstellen, was es ihnen ermöglicht, ihre Kreativität freizusetzen und komplizierte Animationen zu gestalten, die wirklich einzigartig sind. Durch die Nutzung der Kraft benutzerdefinierter Easings hast du die Möglichkeit, deinen Animationen eine persönliche Note hinzuzufügen und sie mit einem unverwechselbaren Stil und Eleganz zu versehen.

Ob du sanfte und fließende Bewegungen oder dramatische und dynamische Effekte kreieren möchtest, benutzerdefinierte Easings ermöglichen es dir, deine Vision zum Leben zu erwecken und dein Publikum mit faszinierenden Animationen zu fesseln, die einen bleibenden Eindruck hinterlassen.

Spezielle Easings

Diese speziellen Easing-Funktionen, wie **elastic**, **bounce**, **rough** und **inertial**, bieten eine breite Palette unterschiedlicher Eigenschaften, die die visuelle Attraktivität deiner Animationen enorm verbessern können. Durch die Integration dieser einzigartigen Easing-Funktionen in deine Animationen hast du die Flexibilität, fesselnde und visuell beeindruckende Effekte zu erstellen.

Ob du nach einer lebhaften und animierten Bewegung, einem sanften und elastischen Übergang, einer abrupten und rauen Veränderung oder sogar einer allmählichen und natürlichen Verlangsamung suchst, diese speziellen Easing-Funktionen können dir die Werkzeuge bieten, um den gewünschten Animationsstil zu erreichen und ein zusätzliches Maß an Dynamik und Kreativität zu deinen Designs hinzuzufügen.

Mit der umfangreichen Palette von Easing-Funktionen, die von GSAP bereitgestellt werden, hast du die Flexibilität und kreative Freiheit, deine Animationen ansprechender und visuell fesselnder zu gestalten.

3.2.3 Implementierung von Easing in GSAP

Um Easing in GSAP anzuwenden, gibst du einfach die Eigenschaft **ease** in deinem Tween an.

Beispiel 1: Grundlegendes Easing

Eine Box mit **easeOut**-Easing animieren, um zum Ende hin zu verlangsamen:

HTML:

```html
<div id="easeBox"></div>
```

CSS:

```css
#easeBox {
    width: 100px;
```

```css
    height: 100px;
    background-color: purple;
    position: relative;
  }
}
```

JavaScript:

```javascript
gsap.to("#easeBox", {duration: 2, x: 300, ease: "power1.easeOut"});
```

Integriertes HTML-Projekt:

```html
<!DOCTYPE html>
<html>
<head>
  <title>GSAP Animation with Easing</title>
  <script
src="<https://cdnjs.cloudflare.com/ajax/libs/gsap/3.10.3/gsap.min.js>"></script>
  <style>
    #easeBox {
      width: 100px;
      height: 100px;
      background-color: purple;
      position: relative;
    }
  </style>
</head>
<body>

  <div id="easeBox"></div>

  <script>
    gsap.to("#easeBox", { duration: 2, x: 300, ease: "power1.easeOut" });
  </script>

</body>
</html>
```

Erklärung:

1. HTML-Struktur:

   o   Es wird ein lila Quadrat mit der ID "easeBox" erstellt.

2. CSS-Stile:

   o   Der Stil **#easeBox** legt die Abmessungen, Farbe und Position des Quadrats fest.

3. Animation mit GSAP:

- o **gsap.to("#easeBox", ...)**: Animiert das Element "easeBox":

    - **duration: 2**: Die Animation dauert 2 Sekunden.

    - **x: 300**: Das Element bewegt sich 300 Pixel nach rechts.

    - **ease: "power1.easeOut"**: Die Animation verwendet die Easing-Funktion "power1.easeOut" für einen schnellen Start und eine allmähliche Verlangsamung.

Wichtige Punkte:

- Die Animation wird das lila Quadrat während 2 Sekunden sanft nach rechts bewegen, mit einem charakteristischen Beschleunigungs- und Verlangsamungsmuster dank der Easing-Funktion.

- Experimentiere mit verschiedenen Easing-Funktionen (z. B. "bounce", "elastic", "back"), um verschiedene Animationseffekte zu erstellen.

Beispiel 2: Elastizitätseffekt

Erstellen eines elastischen Effekts, bei dem das Element über das Ziel hinausschießt und sich dann an seinem Platz einstellt

```
gsap.to("#easeBox", {duration: 2, x: 300, ease: "elastic.out(1, 0.3)"});
```

Anwendungsfall in einem HTML-Projekt:

```
<!DOCTYPE html>
<html>
<head>
  <title>GSAP Animation with Timeline</title>
  <script
src="<https://cdnjs.cloudflare.com/ajax/libs/gsap/3.10.3/gsap.min.js>"></script>
  <style>
    #easeBox {
      width: 100px;
      height: 100px;
      background-color: purple;
      position: relative;
    }
  </style>
</head>
<body>

  <div id="easeBox"></div>

  <script>
    let tl = gsap.timeline();

    tl.to("#easeBox", { duration: 2, x: 300, ease: "elastic.out(1, 0.3)" });
```

```
    tl.to("#easeBox", { duration: 2, x: 0, ease: "power1.easeIn" }); // Return back
to original position

    tl.play();
  </script>

</body>
</html>
```

Erklärung:

1. HTML-Struktur:

   o   Es wird ein lila Quadrat mit der ID "easeBox" erstellt.

2. CSS-Stile:

   o   Der Stil **#easeBox** legt die Abmessungen, Farbe und Position des Quadrats
       fest.

3. Animation mit GSAP:

   o   **let tl = gsap.timeline();**: Erstellt eine Timeline zur Sequenzierung mehrerer
       Animationen.

   o   **tl.to("#easeBox", ...)**: Animiert die "easeBox", um sich 300 Pixel nach rechts
       mit einem elastischen Effekt zu bewegen.

   o   **tl.to("#easeBox", ...)**: Animiert die "easeBox" zurück zu ihrer ursprünglichen
       Position mit Easing vom Typ power1.easeIn.

   o   **tl.play();**: Startet die Animations-Timeline.

Wichtige Punkte:

- Die Animation wird nacheinander abgespielt: Zuerst bewegt sie sich nach rechts mit einem elastischen Effekt und kehrt dann sanft zu ihrer Ausgangsposition zurück.

- Die Timeline ermöglicht es, mehrere Animationen mit präziser Kontrolle über ihr Timing und ihren Ablauf zu koordinieren.

- Experimentiere mit verschiedenen Easing-Funktionen und Timeline-Anordnungen, um eine breite Palette von Animationseffekten zu erstellen.

Beispiel 3: Benutzerdefiniertes Easing

Für mehr Kontrolle kannst du ein benutzerdefiniertes Easing mit dem CustomEase-Plugin definieren:

```
gsap.registerPlugin(CustomEase);
```

```
CustomEase.create("custom", "M0,0 C0.126,0.382 0.282,1.002 0.44,1.002 0.602,1.002
0.748,0.616 1,0");
gsap.to("#easeBox", {duration: 2, x: 300, ease: "custom"});
```

Anwendungsfall in einem HTML-Projekt:

```html
<!DOCTYPE html>
<html>
<head>
  <title>GSAP Animation with Custom Easing and Timeline</title>
  <script
src="<https://cdnjs.cloudflare.com/ajax/libs/gsap/3.10.3/gsap.min.js>"></script>
  <script
src="<https://cdnjs.cloudflare.com/ajax/libs/gsap/3.10.3/CustomEase.min.js>"></scrip
t>
  <style>
    #easeBox {
      width: 100px;
      height: 100px;
      background-color: purple;
      position: relative;
    }
  </style>
</head>
<body>

  <div id="easeBox"></div>

  <script>
    let tl = gsap.timeline();

    // Register CustomEase plugin
    gsap.registerPlugin(CustomEase);

    // Create a custom ease
    CustomEase.create("custom", "M0,0 C0.126,0.382 0.282,1.002 0.44,1.002 0.602,1.002
0.748,0.616 1,0");

    // Animate with custom easing within the timeline
    tl.to("#easeBox", { duration: 2, x: 300, ease: "custom" });
    tl.to("#easeBox", { duration: 2, x: 0, ease: "power1.easeIn" }); // Return back
to original position

    tl.play();
  </script>

</body>
</html>
```

Erklärung:

1. HTML-Struktur:

   o Es wird ein lila Quadrat mit der ID "easeBox" erstellt.

2. CSS-Stile:

   o Der Stil **#easeBox** legt die Abmessungen, Farbe und Position des Quadrats fest.

3. Animation mit GSAP:

   o **let tl = gsap.timeline();**: Erstellt eine Timeline zur Sequenzierung mehrerer Animationen.

   o **Benutzerdefiniertes Easing:**

     ▪ **gsap.registerPlugin(CustomEase)**: Registriert das CustomEase-Plugin.

     ▪ **CustomEase.create("custom", ...)**: Definiert eine benutzerdefinierte Easing-Kurve.

   o **Timeline-Animationen:**

     ▪ **tl.to("#easeBox", ...)**: Animiert "easeBox", um sich 300 Pixel nach rechts mit dem benutzerdefinierten Easing zu bewegen.

     ▪ **tl.to("#easeBox", ...)**: Animiert "easeBox" zurück zu seiner ursprünglichen Position mit power1.easeIn-Easing.

   o **tl.play();**: Startet die Animations-Timeline.

Wichtige Punkte:

- Die Animation wird nacheinander mit benutzerdefiniertem Easing bei der ersten Bewegung und einer sanften Rückkehr zur Ausgangsposition abgespielt.

- Die Timeline koordiniert mehrere Animationen mit präziser Kontrolle über das Timing.

- Experimentiere mit verschiedenen benutzerdefinierten Easing-Kurven und Timeline-Anordnungen, um einzigartige Animationseffekte zu erstellen.

3.2.4 Warum Easing in Animationen wichtig ist

Easing ist nicht nur eine stilistische Entscheidung; es ist eine Möglichkeit, mehrere wichtige Vorteile zu erzielen:

- **Verbesserung des Realismus**: Durch die Einbindung von Easing in Animationen können diese sich eher wie die natürlichen Bewegungen anfühlen, die wir in der realen Welt beobachten. Dies kann den Animationen ein Gefühl von Authentizität und Glaubwürdigkeit verleihen und sie für das Publikum ansprechender machen.

- **Lenken der Aufmerksamkeit**: Easing kann auch als mächtiges Werkzeug dienen, um die Aufmerksamkeit des Betrachters zu lenken. Durch die Verwendung spezifischer Easing-Techniken wie Slow-In und Slow-Out können Animationen das Auge des Betrachters sanft zu wichtigen Brennpunkten innerhalb einer Szene führen. Dies kann helfen, Schlüsselelemente wie wichtige Informationen oder Call-to-Action-Schaltflächen hervorzuheben und sicherzustellen, dass sie nicht übersehen werden.

- **Verbesserung der Benutzererfahrung**: Einer der Hauptzwecke der Einbindung von Easing in Animationen besteht darin, die allgemeine Benutzererfahrung zu verbessern. Sanfte Übergänge zwischen verschiedenen Schnittstellenzuständen können die Benutzerfreundlichkeit und Intuitivität einer Anwendung oder Website erheblich verbessern. Durch die Bereitstellung visuell ansprechender und nahtloser Übergänge fühlen sich Benutzer eher wohl und haben das Gefühl der Kontrolle, was insgesamt zu einer positiveren und angenehmeren Erfahrung führt.

3.2.5 Praktische Tipps zur Verwendung von Easing

1. **Passe das Easing an die Bewegung an**: Wenn es darum geht, Easing in deinen Animationen zu verwenden, ist es wichtig, die tatsächliche Bewegung der Objekte zu berücksichtigen. Wenn du beispielsweise einen Ball hast, der springt, möchtest du vielleicht das **bounce**-Easing verwenden, um einen natürlichen Sprungeffekt zu erzeugen. Wenn du andererseits ein Auto hast, das sanft anhalten muss, entscheidest du dich möglicherweise für das **power1.easeOut**-Easing, um diese allmähliche Verlangsamung zu erreichen.

2. **Subtilität ist der Schlüssel**: Obwohl es verlockend sein kann, dramatische Easings wie elastische oder Sprung-Easings für jede Animation zu verwenden, ist es wichtig, sie sparsam einzusetzen. Der übermäßige Einsatz dieser Arten von Easings kann für den Benutzer wirklich ablenkend sein. Reserviere sie stattdessen für Momente, in denen du Betonung hinzufügen oder einen spielerischen Effekt erzeugen möchtest.

3. **Konsistenz im gesamten Projekt**: Um eine zusammenhängende Benutzererfahrung zu gewährleisten, ist es wichtig, einen konsistenten Easing-Stil in deinem gesamten Projekt beizubehalten. Dies bedeutet, denselben Satz von Easings in verschiedenen Animationen und Übergängen zu verwenden. Auf diese Weise schaffst du ein Gefühl von Vertrautheit und Vorhersehbarkeit für den Benutzer und lässt deine Animationen ausgefeilter und professioneller wirken.

3.2.6 Fortgeschrittene Easing-Techniken

- **Benutzerdefiniertes Easing für die Marke**: Eine Möglichkeit, deine Animationen zu verbessern, besteht darin, ein benutzerdefiniertes Easing zu erstellen, das nicht nur zum Stil und Gefühl deiner Marke passt, sondern auch einen Hauch von Einzigartigkeit und Konsistenz zu deinen Animationen hinzufügt. Dies ermöglicht es dir, ein unvergessliches visuelles Erlebnis zu schaffen, das bei deinem Publikum Anklang findet.

- **Easing in interaktiven Elementen**: Bei interaktiven Elementen kann das richtige Easing einen erheblichen Unterschied in der allgemeinen Benutzererfahrung ausmachen. Durch die Einbindung subtiler Easing-Effekte wie dem **easeOut**-Effekt in interaktive Elemente wie Schaltflächen kannst du sie reaktionsfähiger und ansprechender gestalten. Diese Liebe zum Detail kann die Benutzerfreundlichkeit und den Genuss deiner Website oder Anwendung erheblich verbessern.

- **Kombiniere Easing mit anderen GSAP-Funktionen**: Easing ist nur ein Werkzeug im mächtigen Werkzeugkasten von GSAP. Durch die Kombination von Easing mit anderen GSAP-Funktionen wie Stagger, Repeat, Yoyo oder sogar Verschachtelung innerhalb von Timelines hast du die Möglichkeit, komplexe und fesselnde Animationssequenzen zu erstellen. Diese Kombinationen ermöglichen es dir, deinen Animationen Tiefe und Dynamik zu verleihen und sie visuell beeindruckend und überzeugend für dein Publikum zu machen.

Zusammenfassend

Easing spielt eine entscheidende und unverzichtbare Rolle dabei, deinen Animationen einen unverwechselbaren und fesselnden Charakter zu verleihen und gleichzeitig ihr natürliches Gefühl zu verbessern. Durch die Beherrschung der Verwendung verschiedener Easing-Typen und das Verständnis, wann und wie sie einzusetzen sind, kannst du die Qualität und Gesamtwirkung deiner Animationen wirklich steigern.

Es ist wichtig zu beachten, dass Easing nicht einfach ein technischer Aspekt ist, sondern vielmehr eine Kunstform für sich. Die richtige Wahl des Easings kann deine Animationen zum Leben erwecken, ihnen ein Gefühl von Vitalität verleihen und ein wirklich immersives und unvergessliches Erlebnis für deine Benutzer schaffen.

Daher wird dringend empfohlen, kontinuierlich verschiedene Easing-Techniken und ihre Kombinationen zu erkunden und zu experimentieren, da dies es dir ermöglicht, die perfekte Kombination von Rhythmus und Fluss zu entdecken, die deine Animationen auf die überzeugendste und fesselndste Weise zum Leben erweckt.

3.3 Steuerung von Animationssequenzen

Während wir tiefer in das weite Reich von GSAP eintauchen, wird es zunehmend wichtig, einen grundlegenden Aspekt hervorzuheben, der immense Bedeutung bei der Entwicklung fesselnder Web-Animationen hat: die bemerkenswerte Kraft, präzise Kontrolle über Animationssequenzen auszuüben.

Durch das Erlernen der verschiedenen Techniken und Strategien, die in diesem Abschnitt erläutert werden, wirst du ein tiefes Verständnis dafür erlangen, wie du geschickt das

Fortschreiten und die Anordnung deiner Animationen manipulieren kannst. Dies wird Animationen hervorbringen, die nicht nur visuellen Reiz ausstrahlen, sondern sich auch nahtlos in deine Projekte integrieren, wodurch ihre allgemeine Funktionalität verbessert und die Benutzererfahrung auf beispiellose Höhen gehoben wird.

Beherrschung der Sequenzsteuerung

Die effektive Kontrolle von Animationssequenzen ist entscheidend für die Erstellung einer überzeugenden Erzählung oder die nahtlose Führung von Benutzern durch deine Website oder Anwendung. Um dies zu erreichen, bietet GSAP eine breite Palette von Methoden, die es dir ermöglichen, das Timing, die Reihenfolge und die Synchronisation mehrerer Animationen akribisch zu verwalten. Durch die Nutzung der Kraft von GSAP kannst du sicherstellen, dass deine Animationen präzise ausgeführt werden, dein Publikum fesseln und seine allgemeine Benutzererfahrung verbessern.

3.3.1 Sequenzielle Animationen mit Verzögerungen

Eine der einfachsten und effektivsten Möglichkeiten, die Sequenz von Animationen zu steuern, ist die Verwendung von Verzögerungen. Verzögerungen ermöglichen es dir, eine Pause zwischen verschiedenen Animationen einzufügen und deinen visuellen Effekten ein Gefühl von Rhythmus und Timing zu verleihen. Durch das strategische Platzieren von Verzögerungen in deinen Animationen kannst du eine dynamischere und ansprechendere Benutzererfahrung schaffen.

Darüber hinaus können Verzögerungen verwendet werden, um mehrere Animationen zu synchronisieren und sicherzustellen, dass sie in perfekter Harmonie abgespielt werden. Mit der Kraft der Verzögerungen hast du die Möglichkeit, das Timing und den Rhythmus deiner Animationen anzupassen und sie fesselnder und wirkungsvoller zu gestalten.

Also unterschätze nicht die Bedeutung von Verzögerungen in der Animation! Sie sind ein mächtiges Werkzeug, das deine Designs auf die nächste Stufe heben kann.

Beispiel:

```javascript
// First animation
gsap.to(".box1", {duration: 1, opacity: 1});

// Second animation with a delay
gsap.to(".box2", {duration: 1, opacity: 1, delay: 1});
```

Hier beginnt die zweite Animation eine Sekunde nachdem die erste begonnen hat und erzeugt eine Sequenz.

Anwendungsfall in einem HTML-Projekt:

```html
<!DOCTYPE html>
<html>
<head>
```

```html
  <title>GSAP Animation with Timeline</title>
  <script
src="<https://cdnjs.cloudflare.com/ajax/libs/gsap/3.10.3/gsap.min.js>"></script>
  <style>
    .box {
      width: 100px;
      height: 100px;
      background-color: blue;
      margin: 20px;
      opacity: 0; /* Initially hidden */
    }
  </style>
</head>
<body>

  <div class="box box1"></div>
  <div class="box box2"></div>

  <script>
    let tl = gsap.timeline();

    // First animation
    tl.to(".box1", { duration: 1, opacity: 1 });

    // Second animation with a delay
    tl.to(".box2", { duration: 1, opacity: 1, delay: 1 });

    tl.play();
  </script>

</body>
</html>
```

Erklärung:

1. HTML-Struktur:

   o   Es werden zwei blaue Quadrate mit den Klassen "box1" und "box2" erstellt.

2. CSS-Stil:

   o   Die Klasse **.box** gestaltet die Quadrate und verbirgt sie zunächst mit einer Deckkraft von 0.

3. GSAP-Animation:

   o   **let tl = gsap.timeline();**: Erstellt eine Timeline zur Sequenzierung der Animationen.

   o   **tl.to(".box1", ...)**: Animiert "box1", sodass es allmählich über 1 Sekunde erscheint.

- **tl.to(".box2", ...)**: Animiert "box2", sodass es allmählich über 1 Sekunde erscheint, beginnend 1 Sekunde nach der ersten Animation.

- **tl.play();**: Startet die Timeline.

Wichtige Punkte:

- Die Timeline koordiniert die Animationen und stellt sicher, dass "box1" zuerst erscheint und "box2" mit einer Verzögerung von 1 Sekunde erscheint.

- Dies erzeugt einen gestaffelten Effekt, ohne die Verzögerungen für jede Animation manuell berechnen zu müssen.

- Experimentiere mit verschiedenen Verzögerungswerten und Animationseigenschaften, um verschiedene Effekte zu erzielen.

3.3.2 Verwendung von Timelines für präzise Steuerung

Neben ihrer Fähigkeit, einfache Sequenzen zu handhaben, sind Timelines besonders nützlich für die Verwaltung komplexerer und aufwendigerer Sequenzen. Sie ermöglichen nicht nur die Handhabung einfacher Start- und Endzeiten, sondern bieten auch eine breite Palette fortgeschrittener Funktionen, die das Animationserlebnis verbessern können.

Durch die Einbindung mehrerer Tweens in eine Timeline erhältst du die Flexibilität, die Startzeiten jedes einzelnen Tweens präzise zu steuern, was ein hochgradig personalisiertes und detailliertes Animationserlebnis ermöglicht. Dieses Maß an Kontrolle erlaubt es dir, nahtlose Übergänge zwischen verschiedenen Animationen zu schaffen und deinen Projekten Tiefe und Raffinesse zu verleihen.

Darüber hinaus bieten Timelines die Möglichkeit, verschiedene Effekte und Übergänge wie Easing-Funktionen, Verzögerungen und Callbacks hinzuzufügen, die die visuelle Gesamtattraktivität der Animation noch weiter steigern. Mit der Kraft von Timelines kannst du deine Animationen auf die nächste Stufe heben und ein fesselndes und ansprechendes Erlebnis für dein Publikum sicherstellen.

Beispiel:

```
let tl = gsap.timeline();
tl.to(".box1", {duration: 1, x: 100})
  .to(".box2", {duration: 1, x: 100}, "-=0.5") // Starts 0.5 seconds before the first
animation ends
  .to(".box3", {duration: 1, x: 100}, "+=0.5"); // Starts 0.5 seconds after the second
animation ends
```

In diesem Fall verwaltet die Timeline drei Animationen mit überlappenden und gestaffelten Starts und erzeugt eine koordinierte Sequenz.

Anwendungsfall in einem HTML-Projekt:

```html
<!DOCTYPE html>
<html>
<head>
  <title>GSAP Animation with Timeline</title>
  <script
src="<https://cdnjs.cloudflare.com/ajax/libs/gsap/3.10.3/gsap.min.js>"></script>
  <style>
    .box {
      width: 50px;
      height: 50px;
      background-color: blue;
      margin: 20px;
      position: relative; /* Enable positioning for animation */
    }
  </style>
</head>
<body>

  <div class="box box1"></div>
  <div class="box box2"></div>
  <div class="box box3"></div>

  <script>
    let tl = gsap.timeline();

    tl.to(".box1", { duration: 1, x: 100 })
      .to(".box2", { duration: 1, x: 100 }, "-=0.5") // Start 0.5s before first ends
      .to(".box3", { duration: 1, x: 100 }, "+=0.5"); // Start 0.5s after second ends

    tl.play();
  </script>

</body>
</html>
```

Erklärung:

1. HTML-Struktur:

   o Es werden drei blaue Quadrate mit den Klassen "box1", "box2" und "box3" erstellt.

2. CSS-Stil:

   o Die Klasse **.box** gestaltet die Quadrate und ermöglicht die Positionierung für die Animation.

3. GSAP-Animation:

   o **let tl = gsap.timeline();**: Erstellt eine Timeline zur Sequenzierung der Animationen.

- o **tl.to(".box1", ...)**: Animiert "box1", um sich 100 Pixel nach rechts zu bewegen, über 1 Sekunde.

- o **tl.to(".box2", ...)**: Animiert "box2", um sich 100 Pixel nach rechts zu bewegen, über 1 Sekunde, beginnend 0,5 Sekunden bevor die erste Animation endet.

- o **tl.to(".box3", ...)**: Animiert "box3", um sich 100 Pixel nach rechts zu bewegen, über 1 Sekunde, beginnend 0,5 Sekunden nachdem die zweite Animation endet.

- o **tl.play();**: Startet die Timeline.

Wichtige Punkte:

- Die Timeline koordiniert überlappende Animationen mit präziser Zeitsteuerung.

- Die Syntax **"-=0.5"** und **"+=0.5"** erzeugt überlappende und verzögerte Starts innerhalb der Timeline.

- Dieser Code demonstriert, wie man Animationen effektiv sequenziert und überlappt.

3.3.3 Timelines steuern

Eine GSAP-Timeline bietet mehrere Methoden zur Steuerung der Wiedergabe der gesamten Sequenz. Neben den wesentlichen Methoden wie **play()**, **pause()**, **reverse()** und **seek()** gibt es zusätzliche Funktionen, die deine Kontrolle über die Timeline verbessern.

Zum Beispiel kannst du die Methode **restart()** verwenden, um die Timeline von Anfang an zu starten, oder die Methode **add()** verwenden, um dynamisch neue Animationen zur Timeline hinzuzufügen. Diese zusätzlichen Funktionalitäten erweitern deine Möglichkeiten und geben dir mehr Flexibilität, um fesselnde Animationen zu erstellen.

Beispiel:

```
// Play the timeline
tl.play();

// Pause the timeline
tl.pause();

// Reverse the timeline from the current point
tl.reverse();

// Jump to a specific time in the timeline
tl.seek(2);
```

Anwendungsfall in einem HTML-Projekt:

```
<!DOCTYPE html>
<html>
```

```html
<head>
  <title>GSAP Animation with Timeline Controls</title>
  <script
src="<https://cdnjs.cloudflare.com/ajax/libs/gsap/3.10.3/gsap.min.js>"></script>
  <style>
    .box {
      width: 50px;
      height: 50px;
      background-color: blue;
      margin: 20px;
      position: relative; /* Enable positioning for animation */
    }
  </style>
</head>
<body>

  <div class="box box1"></div>

  <button id="playBtn">Play</button>
  <button id="pauseBtn">Pause</button>
  <button id="reverseBtn">Reverse</button>
  <button id="seekBtn">Seek to 2s</button>

  <script>
    let tl = gsap.timeline();

    tl.to(".box1", { duration: 3, x: 300, rotation: 360 });

    // Add event listeners to buttons
    document.getElementById("playBtn").addEventListener("click", () => tl.play());
    document.getElementById("pauseBtn").addEventListener("click", () => tl.pause());
    document.getElementById("reverseBtn").addEventListener("click",          ()          =>
tl.reverse());
    document.getElementById("seekBtn").addEventListener("click", () => tl.seek(2));
  </script>

</body>
</html>
```

Erklärung:

1. HTML-Struktur:

   o Es wird ein blaues Quadrat mit der Klasse "box1" und vier Schaltflächen erstellt.

2. CSS-Stil:

   o Die Klasse **.box** gestaltet das Quadrat und ermöglicht die Positionierung für die Animation.

3. GSAP-Animation:

   o **tl.to(".box1", ...)**: Animiert "box1", um sich 300 Pixel nach rechts zu bewegen und sich 360 Grad zu drehen, über 3 Sekunden.

4. Schaltflächen-Steuerungen:

   o Den Schaltflächen werden Event-Listener hinzugefügt, um die Timeline zu steuern:

     ▪ Die Schaltfläche "Play" startet die Timeline.

     ▪ Die Schaltfläche "Pause" pausiert die Timeline.

     ▪ Die Schaltfläche "Reverse" kehrt die Timeline von ihrem aktuellen Punkt aus um.

     ▪ Die Schaltfläche "Seek" springt zu 2 Sekunden in der Timeline.

Wichtige Punkte:

- Der Code demonstriert die interaktive Steuerung der Timeline mittels Schaltflächen.

- Du kannst auf die Schaltflächen klicken, um die Animation abzuspielen, zu pausieren, umzukehren oder zu einem bestimmten Zeitpunkt zu springen.

- Dies legt die Grundlage für den Aufbau komplexerer interaktiver Animationen mit benutzergesteuerter Kontrolle.

3.3.4 Event-Callbacks für Synchronisation

GSAP (GreenSock Animation Platform) ist ein leistungsstarkes Werkzeug, das dir nicht nur ermöglicht, beeindruckende Animationen zu erstellen, sondern dir auch die Möglichkeit bietet, diese Animationen mit Ereignissen oder Aktionen zu synchronisieren.

Durch die Verwendung von Callbacks wie **onStart**, **onUpdate** und **onComplete** kannst du eine detaillierte Kontrolle über das Timing und das Verhalten deiner Animationen haben. Diese Callbacks ermöglichen es dir, spezifische Aktionen oder Ereignisse in verschiedenen Phasen deiner Animation auszulösen, was dir unendliche Möglichkeiten bietet, um interaktive und ansprechende Erlebnisse zu schaffen.

Beispiel:

```
gsap.to(".box", {
  duration: 2,
  x: 100,
  onComplete: function() {
    console.log("Animation completed!");
    // Trigger another action here
  }
});
```

Anwendungsfall in einem HTML-Projekt:

```html
<!DOCTYPE html>
<html>
<head>
  <title>GSAP Animation with onComplete Callback</title>
  <script
src="<https://cdnjs.cloudflare.com/ajax/libs/gsap/3.10.3/gsap.min.js>"></script>
  <style>
    .box {
      width: 50px;
      height: 50px;
      background-color: blue;
      margin: 20px;
      position: relative; /* Enable positioning for animation */
    }
  </style>
</head>
<body>

  <div class="box"></div>

  <script>
    gsap.to(".box", {
      duration: 2,
      x: 100,
      onComplete: function() {
        console.log("Animation completed!");
      }
    });
  </script>

</body>
</html>
```

Erklärung:

1. HTML-Struktur:

   o Es wird ein blaues Quadrat mit der Klasse "box" erstellt.

2. CSS-Stil:

   o Die Klasse **.box** gestaltet das Quadrat und ermöglicht die Positionierung für
      die Animation.

3. GSAP-Animation:

   o **gsap.to(".box", ...)**: Animiert die "box", um sich 100 Pixel nach rechts zu
      bewegen, über 2 Sekunden.

- o **onComplete: function() { ... }**: Diese Callback-Funktion wird ausgeführt, wenn die Animation abgeschlossen ist.

4. Callback-Aktionen:

- o **console.log("Animation abgeschlossen!")**: Gibt eine Nachricht in der Konsole aus.

Wichtige Punkte:

- Der **onComplete**-Callback ermöglicht es, Aktionen nach Abschluss der Animation auszulösen.

- Du kannst verschiedene Aufgaben innerhalb des Callbacks ausführen, wie zum Beispiel:

  - o Nachrichten ausgeben

  - o Element-Stile ändern

  - o Andere Animationen auslösen

  - o Externe Funktionen aufrufen

  - o AJAX-Anfragen ausführen

- Dies demonstriert die Sequenzierung von Aktionen und die Erstellung interaktiver Animationen mit GSAP.

3.4 Fortgeschrittene Sequenzierungstechniken in GSAP

Um dein Verständnis darüber zu vertiefen und zu verbessern, wie man Animationssequenzen in GSAP steuert, lass uns in eine breite Palette zusätzlicher fortgeschrittener Konzepte und praktischer Techniken eintauchen. Indem du diese wertvollen Erkenntnisse und hochmodernen Strategien in deine Animationsprojekte einbaust, wirst du nicht nur deren Qualität steigern, sondern auch ein neues Niveau an Kreativität erschließen und noch beeindruckendere Ergebnisse erzielen.

Mit diesen erweiterten Fähigkeiten wirst du in der Lage sein, fesselnde und visuell beeindruckende Animationen zu erstellen, die dein Publikum in ihren Bann ziehen und einen bleibenden Eindruck hinterlassen werden.

3.4.1 Gestaffelte Animationen für Elementgruppen

Staggering ist eine unglaublich mächtige Technik in GSAP (GreenSock Animation Platform), um einen fesselnden Welleneffekt in Animationen zu erzeugen. Diese Technik fügt deinen Animationen einen Hauch von Dynamik und visuellem Interesse hinzu und macht sie ansprechender und auffälliger für dein Publikum. Egal, ob du eine Sammlung von Buttons, Icons oder eine andere Gruppe ähnlicher Elemente animierst, Staggering kann deine Geheimwaffe sein, um sie auf faszinierende Weise zum Leben zu erwecken.

Indem du gestaffelte Animationen auf diese Elemente anwendest, kannst du einen beeindruckenden Kaskadeneffekt erzielen, der deinen Designs Tiefe und Dimension verleiht. Also, das nächste Mal, wenn du an einem Animationsprojekt arbeitest, vergiss nicht, das volle Potenzial des Staggerings in GSAP zu nutzen, um deine Animationen auf die nächste Stufe zu heben!

Beispiel:

```javascript
// Stagger the animation of multiple elements
gsap.to(".items", {duration: 1, opacity: 1, stagger: 0.2});
```

In diesem Beispiel beginnt jedes Element in einer Gruppe seine Animation 0,2 Sekunden nach dem vorherigen, wodurch ein Kaskadeneffekt entsteht.

Anwendungsfall in einem HTML-Projekt:

```html
<!DOCTYPE html>
<html>
<head>
  <title>GSAP Staggered Animation</title>
  <script
src="<https://cdnjs.cloudflare.com/ajax/libs/gsap/3.10.3/gsap.min.js>"></script>
  <style>
    .items {
      opacity: 0; /* Initially hidden */
    }
  </style>
</head>
<body>

  <div class="items">Item 1</div>
  <div class="items">Item 2</div>
  <div class="items">Item 3</div>
  <div class="items">Item 4</div>

  <script>
    // Stagger the animation of multiple elements
    gsap.to(".items", {
      duration: 1,
      opacity: 1,
      stagger: 0.2
    });
  </script>

</body>
</html>
```

Erklärung:

1. HTML-Struktur:

    o   Es werden vier Elemente mit der Klasse "items" erstellt.

2. CSS-Stil:

    o   Die Klasse **.items** setzt die anfängliche Deckkraft auf 0 und verbirgt die Elemente.

3. GSAP-Animation:

    o   **gsap.to(".items", ...)**: Zielt auf alle Elemente mit der Klasse "items" ab.

    o   **duration: 1**: Legt die Animationsdauer auf 1 Sekunde fest.

    o   **opacity: 1**: Animiert die Deckkraft auf 1, wodurch die Elemente eingeblendet werden.

    o   **stagger: 0.2**: Staffelt die Animation jedes Elements mit einer Verzögerung von 0,2 Sekunden.

Wichtige Punkte:

- Die **stagger**-Eigenschaft erzeugt eine visuell ansprechende Sequenz.

- Die Elemente werden nacheinander mit einer leichten Verzögerung eingeblendet.

- Die Staffelung ist nützlich für die Animation von Listen, Rastern oder Gruppen von Elementen.

- Sie fügt visuelles Interesse hinzu und lenkt die Aufmerksamkeit des Benutzers.

3.4.2 Verwendung von Funktionen für dynamische Verzögerungen und Staffelungen

GSAP bietet eine breite Palette leistungsstarker Funktionen, die deine Animationsfähigkeiten verbessern. Eine dieser Funktionen ist die Möglichkeit, Funktionen für Verzögerungen und Staffelungen zu verwenden. Durch die Einbindung von Funktionen erhältst du den Vorteil, eine dynamische Kontrolle über deine Animationen zu haben, was es dir ermöglicht, sie basierend auf den einzigartigen Eigenschaften der Elemente anzupassen, die animiert werden.

Diese Flexibilität eröffnet unzählige Möglichkeiten, fesselnde und visuell ansprechende Animationen zu erstellen, die dein Publikum wirklich in ihren Bann ziehen.

Beispiel:

```
gsap.to(".items", {
  duration: 1,
  x: 100,
  stagger: function(index, target, targets) {
```

```
    return index * 0.1;
  }
});
```

Diese Staffelungsfunktion berechnet die Verzögerung für jedes Element basierend auf seinem Index, was anpassbare Staffelungsmuster ermöglicht.

Anwendungsfall in einem HTML-Projekt:

```html
<!DOCTYPE html>
<html>
<head>
  <title>GSAP Staggered Animation with Custom Stagger</title>
  <script
src="<https://cdnjs.cloudflare.com/ajax/libs/gsap/3.10.3/gsap.min.js>"></script>
  <style>
    .items {
      width: 50px;
      height: 50px;
      background-color: blue;
      margin: 10px;
      position: relative; /* Enable positioning for animation */
    }
  </style>
</head>
<body>

  <div class="items"></div>
  <div class="items"></div>
  <div class="items"></div>
  <div class="items"></div>

  <script>
    gsap.to(".items", {
      duration: 1,
      x: 100,
      stagger: function(index, target, targets) {
        return index * 0.1;
      }
    });
  </script>

</body>
</html>
```

Erklärung:

1. HTML-Struktur:

   o Es werden vier blaue Quadrate mit der Klasse "items" erstellt.

2. CSS-Stil:

   o Die Klasse **.items** gestaltet die Quadrate und ermöglicht die Positionierung für die Animation.

3. GSAP-Animation:

   o **gsap.to(".items", ...)**: Animiert alle Elemente mit der Klasse "items".

   o **duration: 1**: Legt die Animationsdauer auf 1 Sekunde fest.

   o **x: 100**: Animiert die Elemente, um sich 100 Pixel nach rechts zu bewegen.

   o **stagger: function(index, target, targets) { ... }**: Definiert eine benutzerdefinierte Staffelungsfunktion.

4. Benutzerdefinierte Staffelungsfunktion:

   o **index**: Der Index des aktuellen Elements, das animiert wird.

   o **target**: Das aktuelle Element, das animiert wird.

   o **targets**: Ein Array aller Zielelemente.

   o **return index * 0.1**: Gibt eine Staffelung basierend auf dem Index des Elements zurück und erzeugt eine progressive Staffelung.

Wichtige Punkte:

- Die benutzerdefinierte Staffelungsfunktion ermöglicht eine detaillierte Kontrolle über die Animationssequenz.

- Sie erzeugt einen visuell ansprechenden progressiven Staffelungseffekt.

- Die Elemente beginnen ihre Animation mit zunehmenden Verzögerungen basierend auf ihrem Index.

- Dies demonstriert die Flexibilität bei der Anpassung des Animationstimings mit GSAP.

3.4.3 Kombination von Timelines mit externen Ereignissen

Zusätzlich zur Synchronisation von GSAP-Timelines mit externen Ereignissen, wie Benutzerinteraktionen oder Medienereignissen, kannst du diese Funktion auch nutzen, um fließende und ansprechende interaktive Animationen zu erstellen. Durch die Einbeziehung von Benutzerinteraktionen kannst du das gesamte Benutzererlebnis verbessern und dynamische und fesselnde Animationen erstellen, die auf die Aktionen des Benutzers reagieren.

Darüber hinaus kannst du durch die Synchronisation mit Medienereignissen Animationen erstellen, die sich nahtlos mit Audio- oder Videoelementen integrieren und deinen Projekten eine zusätzliche Ebene an Immersion und Interaktivität verleihen.

Beispiel:

```javascript
document.getElementById("playButton").addEventListener("click", () => {
  tl.play();
});
```

Hier wird eine Timeline (**tl**) durch einen Klick auf eine Schaltfläche gesteuert, wodurch die Benutzerinteraktion in die Animationssequenz integriert wird.

Anwendungsfall in einem HTML-Projekt:

```html
<!DOCTYPE html>
<html>
<head>
    <title>GSAP Animation with Play Button</title>
    <script
src="<https://cdnjs.cloudflare.com/ajax/libs/gsap/3.10.3/gsap.min.js>"></script>
    <style>
        .box {
            width: 50px;
            height: 50px;
            background-color: blue;
            margin: 20px;
            position: relative; /* Enable positioning for animation */
        }
    </style>
</head>
<body>

    <div class="box"></div>
    <button id="playButton">Play Animation</button>

    <script>
        let tl = gsap.timeline({ paused: true });

        tl.to(".box", {
            duration: 2,
            x: 100,
            rotation: 360,
            opacity: 0.5
        });

        document.getElementById("playButton").addEventListener("click", () => {
            tl.restart(); // Restart the animation from the beginning
        });
    </script>

</body>
</html>
```

Erklärung:

1. HTML-Struktur:

    o   Es wird ein blaues Quadrat mit der Klasse "box" und eine Schaltfläche mit der Beschriftung "Animation abspielen" erstellt.

2. CSS-Stil:

    o   Die Klasse **.box** gestaltet das Quadrat und ermöglicht seine Positionierung für die Animation.

3. GSAP-Animation:

    o   **let tl = gsap.timeline();**: Erstellt eine Timeline zur Sequenzierung von Animationen.

    o   **tl.to(".box", ...)**: Animiert die "box", um sich 100 Pixel nach rechts zu bewegen, sich um 360 Grad zu drehen und während 2 Sekunden teilweise transparent zu werden.

4. Abspielen-Schaltfläche:

    o   **document.getElementById("playButton").addEventListener("click", ...)**: Fügt der Schaltfläche einen Click-Event-Listener hinzu.

    o   **tl.play();**: Startet die Animations-Timeline, wenn auf die Schaltfläche geklickt wird.

Wichtige Punkte:

*   Die Animation ist zunächst pausiert.

*   Durch Klicken auf die Schaltfläche wird die Animation zum Abspielen aktiviert.

*   Dies demonstriert benutzergesteuerte Animationswiedergabe.

*   Es ist nützlich für interaktive Elemente und zur Schaffung ansprechender Benutzererfahrungen.

3.4.5 Praktische Tipps für Animationssequenzen

1. **Vorschau, Debugging und Analyse**: Nutze die umfassenden Werkzeuge von GSAP, einschließlich der leistungsstarken **GSDevTools**, um deine Timelines in der Vorschau anzuzeigen, zu debuggen und zu analysieren. Diese Werkzeuge bieten dir wertvolle Einblicke und ermöglichen es dir, Timing, Sequenzen und Animationen feinabzustimmen, was zu einem wirklich polierten und perfekten Animationserlebnis führt.

2. **Balance und Rhythmus**: Beim Erstellen deiner Animationen ist es entscheidend, sich auf das Erreichen einer harmonischen Balance und eines harmonischen Rhythmus zu konzentrieren. Durch sorgfältige Berücksichtigung der Platzierung und des Timings jeder Animation kannst du das gesamte Benutzererlebnis verbessern. Die

Aufrechterhaltung eines Gefühls von Balance und Fließfähigkeit ist der Schlüssel, um sicherzustellen, dass deine Animationen ansprechend und visuell angenehm sind. Es ist wichtig, die richtige Balance zwischen Einfachheit und Komplexität zu finden. Während komplexe Sequenzen deinen Animationen Tiefe und Raffinesse verleihen können, ist es wesentlich, sie nicht zu übermäßig zu verwenden, da sie Benutzer überwältigen und verwirren können. Stelle daher sicher, dass du deine Animationen sorgfältig analysierst und sicherstellst, dass sie zur allgemeinen Harmonie und Kohärenz deines Designs beitragen.

3. **Kontextuelle Sequenzierung**: Bei der Erstellung deiner Animation ist es wichtig, den Kontext und Zweck sorgfältig zu berücksichtigen. Wenn du beispielsweise eine Ladeanimation erstellst, kann die Sequenz sich deutlich von einer interaktiven Storytelling-Sequenz unterscheiden. Durch Anpassung deiner Sequenzen an den spezifischen Kontext und Zweck kannst du das gesamte Benutzererlebnis enorm verbessern. Dies bedeutet, Faktoren wie die beabsichtigte Zielgruppe, die gewünschten Emotionen oder Reaktionen und das allgemeine Ziel der Animation zu berücksichtigen. Auf diese Weise kannst du eine ansprechendere und bedeutungsvollere Erfahrung für die Benutzer schaffen.

4. **Performance-Überlegungen**: Obwohl GSAP hochgradig auf Performance optimiert ist, ist es wichtig, sich der Komplexität und Anzahl der gleichzeitig ablaufenden Animationen bewusst zu sein, insbesondere auf Geräten mit geringerer Rechenleistung. Indem du dies berücksichtigst, kannst du eine reibungslose und effiziente Performance auf verschiedenen Plattformen gewährleisten.

Es ist erwähnenswert, dass die Optimierung der GSAP-Performance nicht nur das Berücksichtigen der Anzahl und Komplexität der Animationen umfasst, sondern auch die Optimierung der Code-Struktur und die effektive Nutzung der verfügbaren Ressourcen. Durch Befolgen bewährter Praktiken und Anwendung von Techniken wie Code-Minifizierung, Caching und Reduzierung unnötiger Berechnungen kannst du die Performance deiner GSAP-Animationen weiter verbessern.

Darüber hinaus ist es empfehlenswert, die Performance deiner GSAP-Animationen regelmäßig auf verschiedenen Geräten und Browsern zu testen, um eine konsistente und optimale Benutzererfahrung zu gewährleisten. Dies kann durch den Einsatz von Performance-Profiling-Tools und die Durchführung notwendiger Anpassungen zur Optimierung der Animationen erfolgen.

Während GSAP standardmäßig exzellente Performance bietet, ist es wesentlich, sich der Performance-Überlegungen bewusst zu sein und deine Animationen aktiv zu optimieren, um ein reibungsloses und effizientes Erlebnis auf verschiedenen Plattformen und Geräten zu bieten.

Zusammenfassend

Die Steuerung von Animationssequenzen ist eine Kunst, die sowohl technische Fähigkeiten als auch kreatives Denken erfordert. Es geht nicht nur darum, zu wissen, wie man programmiert, sondern auch darum, ein scharfes Auge für Design zu haben und die Prinzipien der Animation zu verstehen. Während du weiterhin mit GSAP erkundest und experimentierst, wirst du nicht nur technische Fähigkeiten erlangen, sondern auch eine tiefere Intuition dafür entwickeln, wie Sequenzen die Erzählung und Interaktivität deiner Animationen verbessern können.

Durch die Beherrschung von GSAP wirst du in der Lage sein, Webanimationen zu erstellen, die über das Gewöhnliche hinausgehen. Du wirst die Werkzeuge und das Wissen haben, um deine Ideen auf visuell eindrucksvolle und fesselnde Weise zum Leben zu erwecken. Mit der Fähigkeit, jeden Aspekt deiner Animationen zu steuern, kannst du Erfahrungen schaffen, die nicht nur visuell beeindruckend, sondern auch intuitiv und ansprechend für den Benutzer sind.

Darüber hinaus eröffnet GSAP eine Welt fortgeschrittener Techniken, die deine Animationen auf die nächste Stufe heben können. Von Timing-Funktionen und Easing-Funktionen bis hin zu interaktiven und responsiven Animationen sind die Möglichkeiten endlos. Mit diesen fortgeschrittenen Techniken zu deiner Verfügung bist du bestens ausgerüstet, um wirklich dynamische und fesselnde Webanimationen zu erstellen, die einen bleibenden Eindruck bei deinem Publikum hinterlassen.

Praktische Übungen für Kapitel 3

Gut gemacht, dass du Kapitel 3 abgeschlossen hast! Um dein Verständnis der grundlegenden Prinzipien der GSAP-Animation zu festigen, findest du hier einige praktische Übungen. Diese Aufgaben werden dich herausfordern, die Konzepte von Tweens, Timelines und Easing in verschiedenen Szenarien anzuwenden. Versuche zunächst selbstständig an diesen Übungen zu arbeiten und konsultiere dann die Lösungen für zusätzliche Anleitung und Einblicke.

Übung 1: Erstelle eine gestaffelte Animation

Animiere eine Serie von fünf div-Elementen, die nacheinander von links in den Bildschirm eintreten, auf gestaffelte Weise.

Lösung:

HTML:

```html
<div class="staggered" style="background:red;"></div>
<div class="staggered" style="background:blue;"></div>
<div class="staggered" style="background:green;"></div>
<div class="staggered" style="background:yellow;"></div>
<div class="staggered" style="background:purple;"></div>
```

CSS:

```css
.staggered {
```

```css
    width: 50px;
    height: 50px;
    position: absolute;
    left: -60px;
}
```

JavaScript:

```javascript
gsap.to(".staggered", {duration: 1, x: 100, stagger: 0.2});
```

Übung 2: Animiere ein Element mit benutzerdefiniertem Easing

Erstelle eine Animation, bei der sich ein Element über den Bildschirm bewegt mit einer benutzerdefinierten Easing-Funktion, die langsam beginnt, beschleunigt und dann am Ende wieder langsamer wird.

Lösung:

HTML:

```html
<div id="customEase"></div>
```

CSS:

```css
#customEase {
    width: 50px;
    height: 50px;
    background-color: orange;
    position: relative;
}
```

JavaScript:

```javascript
gsap.registerPlugin(CustomEase);

CustomEase.create("myCustomEase", "M0,0 C0.128,0.572 0.237,1.001 0.5,1 0.763,0.999 0.847,0.572 1,0");
gsap.to("#customEase", {duration: 3, x: 300, ease: "myCustomEase"});
```

Übung 3: Steuere die Animationswiedergabe mit Button-Klicks

Erstelle zwei Buttons zur Steuerung der Wiedergabe einer Animation: einen zum Abspielen der Animation und einen zum Rückwärtslaufen.

Lösung:

HTML:

```html
<button id="play">Play</button>
<button id="reverse">Reverse</button>
<div id="playControl"></div>
```

CSS:

```css
#playControl {
    width: 50px;
    height: 50px;
    background-color: teal;
    position: relative;
}
```

JavaScript:

```javascript
let anim = gsap.to("#playControl", {duration: 2, x: 200, paused: true});

document.getElementById("play").addEventListener("click", function() {
  anim.play();
});

document.getElementById("reverse").addEventListener("click", function() {
  anim.reverse();
});
```

Diese Übungen sind darauf ausgelegt, dein Verständnis der grundlegenden Prinzipien von GSAP zu stärken und kreative Erkundung zu fördern. Die Arbeit an diesen Herausforderungen wird nicht nur deine technischen Fähigkeiten verbessern, sondern auch deine Vorstellungskraft beim Einsatz von GSAP für Webanimationen anregen. Denke daran, Übung ist der Schlüssel zur Beherrschung jeder Fähigkeit, und GSAP ist da keine Ausnahme. Experimentiere weiter mit verschiedenen Animationen und schon bald wirst du flüssige, dynamische und interaktive Animationen mit Leichtigkeit und Selbstvertrauen erstellen.

Zusammenfassung von Kapitel 3

Zum Abschluss von Kapitel 3, "Grundlegende Prinzipien der GSAP-Animation", lasst uns über die wesentlichen Konzepte und Techniken nachdenken, die wir erkundet haben. Dieses Kapitel war ein integraler Schritt auf deiner Reise durch die Welt von GSAP und hat dir das grundlegende Wissen und die Fähigkeiten vermittelt, die notwendig sind, um anspruchsvolle und fesselnde Webanimationen zu erstellen.

Das Wesen des Tweenings

Wir begannen dieses Kapitel mit der Vertiefung in das Konzept des Tweenings. Tweening, oder Interpolation, ist der Prozess der Erstellung fließender Übergänge zwischen Zuständen im

Zeitverlauf. Wir lernten, wie man die Methoden **to()**, **from()** und **fromTo()** von GSAP verwendet, um Elemente auf verschiedene Arten zu animieren. Anhand von Beispielen sahen wir, wie diese Methoden angewendet werden können, um Eigenschaften wie Position, Skalierung, Deckkraft und Farbe zu manipulieren, wodurch die Grundlage der meisten Animationen gebildet wird, die du mit GSAP erstellen wirst.

Die Macht der Timelines

Das Verständnis und die Verwendung von Timelines war ein weiterer entscheidender Aspekt, den wir behandelt haben. Timelines in GSAP ermöglichen die Sequenzierung und präzise Steuerung mehrerer Animationen und verwandeln einzelne Tweens in koordinierte Sequenzen. Wir erkundeten, wie man Timelines erstellt und manipuliert, indem man Animationen sequenziell hinzufügt oder sie für komplexere Effekte überlagert. Die Fähigkeit, die Wiedergabe dieser Sequenzen mit Methoden wie **play()**, **pause()**, **reverse()** und **seek()** zu steuern, gibt dir die Kontrolle eines Regisseurs über deine Animationen, was es dir ermöglicht, komplexe und interaktive Animationserlebnisse zu schaffen.

Die Kunst des Easings

Easing fügt Animationen das entscheidende Element natürlicher Bewegung hinzu und bewegt sie weg von mechanischer Linearität hin zu dynamischen und realistischen Bewegungen. Wir untersuchten verschiedene Easing-Funktionen, die von GSAP bereitgestellt werden, von Standard-Easings wie **easeInOut** bis hin zu komplexeren Funktionen wie **elastic** und **bounce**. Die Wahl der Easing-Funktion kann das Gefühl und die Wirksamkeit einer Animation erheblich beeinflussen, und wir sahen, wie benutzerdefinierte Easings für einzigartige Animationseffekte erstellt werden können.

Steuerung von Animationssequenzen

Das Kapitel konzentrierte sich auch auf fortgeschrittene Techniken zur Steuerung von Animationssequenzen. Wir lernten, wie man Verzögerungen und Staffelungsmethoden verwendet, um Animationen zu synchronisieren, und wie man Animationen mit Benutzerinteraktionen und -ereignissen synchronisiert. Diese Techniken sind entscheidend für die Erstellung interaktiver und fesselnder Webinhalte, die auf Benutzereingaben reagieren und das gesamte Benutzererlebnis verbessern.

Fazit

Im Laufe dieses Kapitels hast du ein tieferes Verständnis der grundlegenden Prinzipien der GSAP-Animation erworben. Diese Prinzipien bilden das Fundament, auf dem du zunehmend komplexe und kreative Animationen aufbauen kannst. Während du voranschreitest, denke daran, dass die Stärke von GSAP nicht nur in seinen technischen Fähigkeiten liegt, sondern darin, wie du es einsetzt, um deine kreativen Visionen zum Leben zu erwecken. Die hier erlernten Techniken und Konzepte werden von unschätzbarem Wert sein, während du weiterhin die umfangreichen Möglichkeiten der Animation mit GSAP erkundest.

Mit Blick nach vorne werden wir uns in fortgeschrittenere Themen und Anwendungen von GSAP wagen. Du wirst lernen, wie du diese grundlegenden Prinzipien in verschiedenen Kontexten nutzen kannst und die Grenzen dessen verschiebst, was du mit Webanimation erreichen kannst. Also bleibe neugierig, experimentiere weiter und bereite dich darauf vor, deine Animationen auf die nächste Stufe zu heben.

Kapitel 4: Fortgeschrittene Animationstechniken

Willkommen zu Kapitel 4, „Fortgeschrittene Animationstechniken", in dem wir unsere Reise mit GSAP auf neue Höhen führen werden. In diesem spannenden Kapitel werden wir in eine breite Palette ausgefeilter Aspekte von GSAP eintauchen und fortgeschrittene Funktionen, Techniken und Konzepte erkunden, die sicherlich beeindrucken werden.

Durch den Erwerb dieser wertvollen Fähigkeiten wirst du nicht nur in der Lage sein, deine Animationen auf ein völlig neues Level zu heben, sondern auch deinen Web-Erlebnissen einen professionellen und ausgefeilten Touch zu verleihen. Diese fesselnden Animationen werden nicht nur visuell beeindruckend sein, sondern auch hochgradig interaktiv, wodurch dein Publikum auf einzigartige und aufregende Weise eingebunden wird.

Jeder sorgfältig ausgearbeitete Abschnitt dieses Kapitels wurde mit der Absicht konzipiert, dein Werkzeugset zu erweitern und deine Kreativität zu inspirieren. Unser Ziel ist es, dich zu motivieren, über die Grundlagen hinauszugehen und die Herausforderung, diese fortgeschrittenen Animationstechniken zu meistern, voll und ganz anzunehmen. Dadurch wirst du eine Welt unendlicher Möglichkeiten erschließen und Web-Animationen erstellen, die einen bleibenden Eindruck hinterlassen.

Mit GSAP als deinem zuverlässigen Verbündeten gibt es wirklich keine Grenzen für das, was du im Bereich der Web-Animation erreichen kannst. Also lasst uns gemeinsam auf diese aufregende Reise gehen und das volle Potenzial von GSAP entfesseln!

4.1 Die GSAP-Plugins meistern

Einer der bemerkenswertesten und vorteilhaftesten Aspekte von GSAP ist seine bemerkenswerte Erweiterbarkeit durch eine breite Palette von Plugins. Diese Plugins verbessern nicht nur die Fähigkeiten von GSAP, sondern eröffnen auch eine riesige Menge an Möglichkeiten und Optionen, um noch ausgefeiltere, dynamischere und fesselndere Animationen zu erstellen.

Durch die Nutzung dieser Plugins kannst du mühelos fortgeschrittene Funktionalitäten integrieren und nahtlos verschiedene Effekte und Interaktionen in deine Animationen einbinden, wodurch die Gesamtqualität und Wirkung deiner visuellen Präsentationen erhöht wird.

Zusätzlich zu den oben genannten Vorteilen ermöglicht dir die Verfügbarkeit von GSAP-Plugins, eine umfangreiche Bibliothek vorgefertigter Animationen und Effekte zu erkunden und damit zu experimentieren. Das bedeutet, dass du problemlos auffällige visuelle Effekte wie Partikelsysteme, Parallax-Scrolling und realistische Physiksimulationen mit nur wenigen Codezeilen in deine Projekte einbauen kannst.

Darüber hinaus geben dir diese Plugins auch die Freiheit, komplizierte Bewegungspfade und komplexe Zeitleisten zu implementieren, was es dir ermöglicht, Animationen zu erstellen, die benutzerdefinierten Pfaden folgen und sanft zwischen verschiedenen Zuständen übergehen. Dieses Maß an Kontrolle und Präzision ermöglicht es dir, Animationen zu gestalten, die sich genau an deine Designvision anpassen und deine Botschaft effektiv kommunizieren.

Die GSAP-Plugins bieten eine nahtlose Integration mit Benutzerinteraktionen, was es dir ermöglicht, deine Animationen mit verschiedenen Benutzeraktionen und -ereignissen zu synchronisieren. Das bedeutet, dass du interaktive Animationen erstellen kannst, die auf Benutzereingaben wie Mausbewegungen, Klicks oder Scroll-Ereignisse reagieren und so eine zusätzliche Ebene der Beteiligung und Interaktivität zu deinen Projekten hinzufügen.

Zusammenfassend lässt sich sagen, dass die Verfügbarkeit von GSAP-Plugins dir eine Fülle von Optionen und Möglichkeiten bietet, um deine Animationsprojekte zu verbessern. Mit ihrer Hilfe kannst du deine Kreativität freisetzen, die Grenzen des Möglichen erweitern und wirklich immersive und fesselnde Erlebnisse für dein Publikum schaffen.

Die wichtigsten GSAP-Plugins erkunden

4.1.1. ScrollTrigger

ScrollTrigger ist ein von GSAP angebotenes Plugin, das in der Webentwicklungs-Community äußerst beliebt und weit verbreitet ist. Es bietet eine breite Palette von Funktionen und Fähigkeiten, die es dir ermöglichen, faszinierende und dynamische Animationen zu erstellen. Diese Animationen werden ausgelöst, wenn der Benutzer eine Webseite scrollt.

Die Vielseitigkeit von ScrollTrigger macht es zu einer unverzichtbaren Ressource für die Erstellung immersiver und interaktiver Erlebnisse, die dein Publikum wirklich fesseln und einbinden. Egal, ob du scroll-basierte Narrativen aufbauen oder interaktive Elemente einbinden möchtest, die auf Benutzerinteraktionen reagieren, ScrollTrigger stattet dich mit allen notwendigen Werkzeugen und Fähigkeiten aus, um deine Vision in die Realität umzusetzen. Mit ScrollTrigger sind die Möglichkeiten endlos, und du hast die Macht, unvergessliche digitale Erlebnisse zu schaffen, die einen bleibenden Eindruck bei deinen Benutzern hinterlassen.

Beispiel:

```
gsap.registerPlugin(ScrollTrigger);
```

```
gsap.to(".box", {
  scrollTrigger: {
    trigger: ".box",
    start: "top 75%",
    end: "top 25%",
    toggleActions: "restart pause reverse pause"
  },
  x: 300
});
```

In diesem Beispiel wird die Animation von **.box** durch die Scroll-Position gesteuert. Sie beginnt, wenn die Oberkante von **.box** 75% der Viewport-Höhe erreicht, und endet, wenn sie 25% erreicht.

Verwendung in einem HTML-Projekt:

```
<!DOCTYPE html>
<html>

<head>
    <title>GSAP ScrollTrigger Vertical Animation</title>
    <script
src="<https://cdnjs.cloudflare.com/ajax/libs/gsap/3.10.3/gsap.min.js>"></script>
    <script
src="<https://cdnjs.cloudflare.com/ajax/libs/gsap/3.10.3/ScrollTrigger.min.js>"></sc
ript>
    <style>
        .box {
            width: 50px;
            height: 50px;
            background-color: blue;
            margin: 20px;
            position: relative;
        }

        body {
            min-height: 2000px;
            /* Ensure enough scrolling space */
        }
    </style>
</head>

<body>

    <div class="box"></div>

    <script>
        gsap.registerPlugin(ScrollTrigger);

        gsap.to(".box", {
            scrollTrigger: {
```

```
                trigger: ".box",
                start: "bottom top", // Start when the top of the box hits the top of
the viewport
                end: "top bottom", // End when the bottom of the box hits the bottom
of the viewport
                scrub: true, // Smooth scrolling effect
                toggleActions: "restart pause reverse pause"
            },
        y: 1000, // Move the box vertically down by 500px
    });
    </script>

</body>

</html>
```

Erklärung:

Struktur:

- HTML:

    o Erstellt eine Grundstruktur mit einem **head** und einem **body**.

    o Enthält ein blaues Quadrat (**.box**) als animiertes Element.

    o Legt eine Mindesthöhe für den **body** fest, um ausreichend Scroll-Platz zu gewährleisten.

- CSS:

    o Gestaltet die **.box** mit Abmessungen, Farbe, Abständen und Positionierung.

GSAP und ScrollTrigger:

- Import von Skripten:

    o Lädt die GSAP-Bibliothek (GreenSock Animation Platform) für Animationen.

    o Lädt das ScrollTrigger-Plugin für scroll-basierte Animationen.

- Animations-Einrichtung:

    o **gsap.registerPlugin(ScrollTrigger);**: Registriert das ScrollTrigger-Plugin.

    o **gsap.to(".box", ...)**: Definiert eine GSAP-Animation für das **.box**-Element.

ScrollTrigger-Konfiguration:

- **scrollTrigger: { ... }**: Passt an, wie die Animation mit dem Scrollen interagiert:

    o **trigger: ".box"**: Verwendet das **.box**-Element selbst als Auslöser.

- o **start: "bottom top"**: Beginnt die Animation, wenn die Oberkante der Box die Oberkante des Viewports berührt.

- o **end: "top bottom"**: Beendet die Animation, wenn die Unterkante der Box die Unterkante des Viewports berührt.

- o **scrub: true**: Aktiviert einen sanften Scroll-Effekt, der die Animation mit der Scroll-Position synchronisiert.

- o **toggleActions: "restart pause reverse pause"**: Die Animation startet neu, pausiert, kehrt um und pausiert erneut, während der Benutzer nach oben und unten scrollt.

Animations-Eigenschaften:

- **y: 1000**: Animiert das **.box**-Element, um sich 1000 Pixel nach unten zu bewegen.

Wichtige Punkte:

- Die Animation wird durch Scrollen ausgelöst und gesteuert.

- Die Box bewegt sich nach unten, während der Benutzer nach unten scrollt.

- Die Animation kehrt um und bewegt sich nach oben, während der Benutzer nach oben scrollt.

- Die **scrub**-Option erzeugt einen synchronisierten und kontinuierlichen Effekt.

- Die **toggleActions**-Einstellung erzeugt eine dynamische Schleife von Animationsänderungen basierend auf der Scroll-Richtung.

4.1.2. Draggable

Das Draggable-Plugin ist ein äußerst leistungsfähiges und vielseitiges Werkzeug, das eine Vielzahl von Vorteilen bietet. Einer seiner Hauptvorteile ist die nahtlose und mühelose Bewegung von Elementen. Einfach durch das Ziehen mit einer Maus oder die Verwendung von Touch-Gesten können Benutzer verschiedene Elemente auf einer Webseite oder Anwendung problemlos neu positionieren und neu anordnen. Dies wiederum verbessert die allgemeine Benutzererfahrung und macht sie dynamischer und interaktiver.

Darüber hinaus ist die Fähigkeit des Draggable-Plugins, hochgradig interaktive Benutzeroberflächenelemente zu erstellen, wirklich bemerkenswert. Mit dieser Funktion können Designer und Entwickler über traditionelle statische Elemente hinausgehen und stattdessen visuell ansprechende und fesselnde Komponenten gestalten. Benutzer können nun auf intuitivere und natürlichere Weise mit diesen Elementen interagieren, was zu einer angenehmeren und befriedigenderen Benutzererfahrung führt.

Das Draggable-Plugin ist ein Game-Changer im Bereich der Webentwicklung. Seine nahtlosen Bewegungsfähigkeiten und seine Fähigkeit, hochgradig interaktive

Benutzeroberflächenelemente zu erstellen, heben die allgemeine Benutzererfahrung auf neue Höhen. Ob zum Neuanordnen von Elementen oder zum Gestalten ansprechender Schnittstellen – dieses Plugin ist ein Muss für jeden Designer oder Entwickler, der seine Projekte auf die nächste Stufe heben möchte.

Beispiel:

```
gsap.registerPlugin(Draggable);

Draggable.create(".draggable", {
  type: "x,y",
  edgeResistance: 0.65,
  bounds: "#container",
  throwProps: true
});
```

Hier können die Elemente mit der Klasse **.draggable** frei innerhalb der Grenzen von **#container** bewegt werden.

Anwendungsfälle in einem HTML-Projekt:

```
<!DOCTYPE html>
<html>
<head>
    <title>GSAP Draggable Example</title>
    <script
src="<https://cdnjs.cloudflare.com/ajax/libs/gsap/3.10.3/gsap.min.js>"></script>
    <script
src="<https://cdnjs.cloudflare.com/ajax/libs/gsap/3.10.3/Draggable.min.js>"></script
>
    <style>
        #container {
            width: 100%;
            height: 500px;
            position: relative;
            border: 1px solid #000;
        }
        .draggable {
            width: 50px;
            height: 50px;
            background-color: red;
            position: absolute;
            cursor: pointer;
        }
    </style>
</head>
<body>

    <div id="container">
        <div class="draggable"></div>
```

```html
    </div>

    <script>
        gsap.registerPlugin(Draggable);

        Draggable.create(".draggable", {
            type: "x,y",
            edgeResistance: 0.65,
            bounds: "#container",
            throwProps: true
        });
    </script>

</body>
</html>
```

Erklärung:

- HTML-Struktur:

    o Erstellt eine Grundstruktur mit **head** und **body**.

    o Enthält einen Container (**#container**) und ein ziehbares Element (**.draggable**).

- CSS:

    o Gestaltet den Container mit Abmessungen, Rahmen und Positionierung.

    o Gestaltet das ziehbare Element mit Abmessungen, Farbe, Positionierung und einem Zeiger-Cursor.

GSAP und Draggable:

- Script-Imports:

    o Lädt die GSAP-Bibliothek (GreenSock Animation Platform) für Animationen.

    o Lädt das Draggable-Plugin, um Drag-and-Drop-Funktionalität hinzuzufügen.

- Draggable-Einrichtung:

    o **gsap.registerPlugin(Draggable);**: Registriert das Draggable-Plugin.

    o **Draggable.create(".draggable", ...)**: Macht das Element mit der Klasse "draggable" ziehbar.

Draggable-Konfiguration:

- **type: "x,y"**: Ermöglicht das Ziehen sowohl horizontal (x-Achse) als auch vertikal (y-Achse).

- **edgeResistance: 0.65**: Erzeugt Widerstand beim Ziehen nahe der Ränder des Containers.

- **bounds: "#container"**: Beschränkt das Ziehen innerhalb der Grenzen des **#container**-Elements.

- **throwProps: true**: Animiert das Element zu seiner Endposition mit einem leichten Rückprall beim Loslassen.

Wichtige Punkte:

- Der Benutzer kann das rote Quadrat innerhalb des Containers anklicken und ziehen.

- Das Ziehen fühlt sich flüssig an und hat einen natürlichen Rückpralleffekt.

- Das Quadrat kann nicht über die Grenzen des Containers hinaus gezogen werden.

- Das Draggable-Plugin von GSAP vereinfacht die Implementierung von Drag-and-Drop-Interaktionen.

4.1.3. MorphSVG

Das MorphSVG-Plugin ist ein unglaublich leistungsfähiges und vielseitiges Werkzeug, das Ihnen eine breite Palette von Optionen bietet, um nahtlos zwischen verschiedenen SVG-Formen und -Pfaden zu wechseln. Dieses Plugin ermöglicht es Ihnen, fesselnde und komplexe Form-Morphing-Animationen zu erstellen, die sicherlich einen bleibenden Eindruck bei Ihrem Publikum hinterlassen werden.

Mit dem MorphSVG-Plugin haben Sie die Möglichkeit, Ihren Designs mühelos Leben einzuhauchen und Ihren Projekten eine dynamische Note zu verleihen. Ob Sie einfache, grundlegende Formen in beeindruckende, aufwendige Muster verwandeln möchten oder faszinierende Übergänge zwischen verschiedenen Objekten erstellen wollen – dieses Plugin bietet eine breite Vielfalt an Möglichkeiten, um all Ihre Animationsbedürfnisse zu erfüllen.

Indem Sie die Kraft des MorphSVG-Plugins nutzen, können Sie Ihre Animationen auf die nächste Stufe heben und sie wirklich herausstechen lassen. Seine nahtlose Integration und benutzerfreundliche Oberfläche machen es sowohl für Anfänger als auch für erfahrene Animatoren einfach, professionell aussehende Ergebnisse zu erzielen.

Warum also mit gewöhnlichen Animationen zufrieden geben, wenn Sie Ihre Designs mit den außergewöhnlichen Fähigkeiten des MorphSVG-Plugins aufwerten können? Beginnen Sie noch heute, sein unbegrenztes Potenzial zu erkunden und erschließen Sie eine Welt endloser kreativer Möglichkeiten!

Beispiel:

```
gsap.registerPlugin(MorphSVGPlugin);

gsap.to("#shape1", {
```

```
  duration: 2,
  morphSVG: "#shape2"
});
```

Dieser Code verwandelt **#shape1** in **#shape2** über einen Zeitraum von 2 Sekunden.

Hinweis: Das **MorphSVGPlugin** ist Teil der Premium-Erweiterungen von GSAP und funktioniert möglicherweise nicht vollständig in der kostenlosen Version. Dies kann zu Problemen mit dem Morphing-Effekt führen.

Anwendungsfall in einem HTML-Projekt:

```html
<!DOCTYPE html>
<html>
<head>
    <title>GSAP MorphSVG Example</title>
    <script
src="<https://cdnjs.cloudflare.com/ajax/libs/gsap/3.10.3/gsap.min.js>"></script>
    <script
src="<https://cdnjs.cloudflare.com/ajax/libs/gsap/3.10.3/MorphSVGPlugin.min.js>"></s
cript>
</head>
<body>

    <svg width="200" height="200">
        <!-- Shape 1: Circle -->
        <circle id="shape1" cx="100" cy="100" r="50" fill="blue" />

        <!-- Shape 2: Rectangle (hidden initially) -->
        <rect  id="shape2"  x="50"  y="50"  width="100"  height="100"  fill="green"
opacity="0" />
    </svg>

    <script>
        gsap.registerPlugin(MorphSVGPlugin);

        gsap.to("#shape1", {
            duration: 2,
            morphSVG: "#shape2"
        });
    </script>

</body>
</html>
```

Erklärung:

- HTML-Struktur:

    o   Erstellt eine Grundstruktur mit **head** und **body**.

- o Enthält ein SVG-Element, das zwei Formen enthält: einen Kreis (**#shape1**) und ein Rechteck (**#shape2**).

  - o Das Rechteck ist anfänglich mit **opacity: 0** verborgen.

- CSS:

  - o In diesem Beispiel ist kein spezifisches CSS-Styling enthalten.

GSAP und MorphSVG:

- Script-Imports:

  - o Lädt die GSAP-Bibliothek (GreenSock Animation Platform) für Animationen.

  - o Lädt das MorphSVG-Plugin für das Morphing von SVG-Elementen.

- Plugin-Registrierung:

  - o **gsap.registerPlugin(MorphSVGPlugin);**: Registriert das MorphSVG-Plugin.

- Morphing-Animation:

  - o **gsap.to("#shape1", ...)**: Erstellt eine GSAP-Animation, die auf das Element **#shape1** (den Kreis) abzielt.

  - o **duration: 2**: Legt die Dauer der Animation auf 2 Sekunden fest.

  - o **morphSVG: "#shape2"**: Gibt an, dass sich der Kreis in die Form von **#shape2** (das Rechteck) verwandeln soll.

Wichtige Punkte:

- Die Animation verwandelt nahtlos den blauen Kreis in ein grünes Rechteck über einen Zeitraum von 2 Sekunden.

- Das MorphSVG-Plugin übernimmt die komplexen Berechnungen für das Morphing zwischen verschiedenen SVG-Formen.

- Es bietet eine flüssige und visuell ansprechende Möglichkeit, Formwechsel-Animationen in SVG zu erstellen.

4.1.4. TextPlugin

TextPlugin ist ein absolut bemerkenswertes und außergewöhnliches Werkzeug, das eine außergewöhnliche und umfangreiche Palette an Möglichkeiten bietet, um fesselnde und visuell beeindruckende dynamische Texteffekte zu erstellen. Mit seinen bemerkenswerten und außergewöhnlichen Fähigkeiten ermöglicht TextPlugin es Ihnen, mühelos den Textinhalt jedes Elements zu animieren und eröffnet damit eine völlig neue Welt kreativer Chancen und unendlicher Möglichkeiten.

Dieses unglaubliche und außergewöhnliche Werkzeug erlaubt es Ihnen, mühelos faszinierende Schreibmaschineneffekte, fesselnde Zählanimationen und vieles mehr einzubauen, wodurch Sie den visuellen Einfluss und die Attraktivität Ihrer Designs und Präsentationen wahrhaft steigern und verbessern können.

TextPlugin ist zweifellos und unbestreitbar ein unverzichtbares Werkzeug für jeden Designer oder Content-Ersteller, der seine Projekte auf die nächste Stufe heben und beispiellosen Erfolg und Anerkennung erreichen möchte.

Beispiel:

```
gsap.registerPlugin(TextPlugin);

gsap.to(".text", {
  duration: 2,
  text: "New message!",
  ease: "none"
});
```

Hier wird der Text im Element **.text** animiert, um sich zu „Neue Nachricht!" zu ändern, und zwar über einen Zeitraum von 2 Sekunden.

Verwendung in einem HTML-Projekt:

```
<!DOCTYPE html>
<html>
<head>
  <title>GSAP Text Animation</title>
  <script
src="<https://cdnjs.cloudflare.com/ajax/libs/gsap/3.10.3/gsap.min.js>"></script>
  <script
src="<https://cdnjs.cloudflare.com/ajax/libs/gsap/3.10.3/TextPlugin.min.js>"></scrip
t>
  <style>
    .text {
      font-size: 24px;
      font-weight: bold;
      margin: 20px;
    }
  </style>
</head>
<body>

  <div class="text">Initial text</div>

  <script>
    gsap.registerPlugin(TextPlugin);

    gsap.to(".text", {
      duration: 2,
```

```
    text: "New message!",
    ease: "none"
  });
</script>

</body>
</html>
```

Erklärung:

1. HTML-Struktur:

    o   Es wird ein **div** mit der Klasse "text" erstellt, um den Textinhalt zu enthalten.

2. CSS-Gestaltung:

    o   Die Klasse **.text** gestaltet den Text mit einer größeren Schriftgröße, fetter Schriftstärke und Rändern.

3. Textanimation mit GSAP:

    o   **gsap.registerPlugin(TextPlugin);:** Registriert das TextPlugin zur Animation von Texteigenschaften.

    o   **gsap.to(".text", ...)**: Wählt das "text"-Element für die Animation aus.

    o   **duration: 2**: Setzt die Dauer der Animation auf 2 Sekunden fest.

    o   **text: "Neue Nachricht!"**: Animiert den Textinhalt, um zu "Neue Nachricht!" zu wechseln.

    o   **ease: "none"**: Verwendet ein lineares Easing für einen konsistenten Schreibeffekt.

Wichtige Punkte:

- Der Text wird sanft von "Initialer Text" zu "Neue Nachricht!" über einen Zeitraum von 2 Sekunden übergehen.

- Das TextPlugin ermöglicht die Animation verschiedener Texteigenschaften, einschließlich Inhalt, Farbe, Größe und mehr.

- Dieses Beispiel zeigt, wie man dynamische Textanimationen mit GSAP erstellt.

4.1.5. SplitText

SplitText ist ein äußerst vielseitiges und multifunktionales Werkzeug, das absolut ideal ist, um selbst die komplexesten und ausgefeiltesten Textanimationen mühelos zu bewältigen. Egal, ob du einzelne Zeichen, Wörter oder sogar ganze Textzeilen animieren möchtest, SplitText ist die ultimative Lösung für dich.

Durch die Nutzung seiner umfangreichen Palette an erweiterten Funktionen und Anpassungsoptionen wirst du eine beispiellose Kontrolle und Präzision über deine textbasierten Animationen haben. Also, mach dich auf und erkunde die grenzenlosen Möglichkeiten, die SplitText bietet, und bereite dich darauf vor, von dem außergewöhnlichen Maß an Komplexität und Raffinesse, das du erreichen kannst, begeistert zu sein!

Beispiel:

```
gsap.registerPlugin(SplitText);

let mySplitText = new SplitText(".myText", {type: "words,chars"});
let chars = mySplitText.chars; // Array of individual characters

gsap.to(chars, {
  duration: 0.5,
  opacity: 0,
  x: 10,
  stagger: 0.05
});
```

Dieser Code teilt den Text in einzelne Zeichen auf und animiert jedes Zeichen mit einer leichten Verzögerung, wodurch ein Kaskadeneffekt entsteht.

Hinweis: Das **SplitTextPlugin** ist Teil der Premium-Plugins von GSAP und funktioniert möglicherweise nicht vollständig in der kostenlosen Version. Dies kann zu Problemen mit dem Morphing-Effekt führen.

Anwendungsfall in einem HTML-Projekt:

```
<!DOCTYPE html>
<html>
<head>
  <title>GSAP SplitText Animation</title>
  <script
src="<https://cdnjs.cloudflare.com/ajax/libs/gsap/3.10.3/gsap.min.js>"></script>
  <script
src="<https://cdnjs.cloudflare.com/ajax/libs/gsap/3.10.3/SplitText.min.js>"></script
>
  <style>
    .myText {
      font-size: 36px;
      font-weight: bold;
      margin: 20px;
    }
  </style>
</head>
<body>

  <h1 class="myText">This is some text to animate!</h1>
```

```html
<script>
  gsap.registerPlugin(SplitText);

  let mySplitText = new SplitText(".myText", { type: "words,chars" });
  let chars = mySplitText.chars;

  gsap.to(chars, {
    duration: 0.5,
    opacity: 0,
    x: 10,
    stagger: 0.05
  });
</script>

</body>
</html>
```

Erklärung:

1. HTML-Struktur:

    o   Ein **h1**-Element mit der Klasse "myText" enthält den Text, der animiert werden soll.

2. CSS-Gestaltung:

    o   Die Klasse **.myText** gestaltet den Text mit einer größeren Schriftgröße, fetter Schriftstärke und Rändern.

3. GSAP SplitText-Animation:

    o   **gsap.registerPlugin(SplitText);**: Registriert das SplitText-Plugin, um den Text in einzelne Elemente aufzuteilen.

    o   **let mySplitText = ...**: Erstellt eine SplitText-Instanz für das "myText"-Element und teilt es in Wörter und Zeichen auf.

    o   **let chars = mySplitText.chars;**: Erhält ein Array der einzelnen Zeichen.

    o   **gsap.to(chars, ...)**: Animiert das Array der Zeichen:

        ▪   **duration: 0.5**: Die Dauer der Animation beträgt 0,5 Sekunden.

        ▪   **opacity: 0**: Die Zeichen verblassen, bis sie transparent werden.

        ▪   **x: 10**: Die Zeichen bewegen sich 10 Pixel nach rechts.

        ▪   **stagger: 0.05**: Die Zeichen werden mit einer leichten Verzögerung zwischen ihnen animiert.

Wichtige Punkte:

- Das SplitText-Plugin teilt den Text in einzelne Zeichen auf, um eine detailliertere Kontrolle zu ermöglichen.

- Die Animation erzeugt einen visuell ansprechenden Effekt, bei dem die Zeichen verblassen und sich leicht bewegen, während sie in ihren Startzeiten versetzt sind.

- Dies zeigt, wie man kreative Textanimationen mit dem SplitText-Plugin von GSAP erreicht.

4.1.6. Physics2DPlugin und PhysicsPropsPlugin

Für Simulationen, die Physik einbeziehen, wie Schwerkraft oder Geschwindigkeit, sind diese Plugins unglaublich wertvoll. Sie bieten eine breite Palette an Funktionalitäten, die den Realismus und die Dynamik von Animationen erheblich verbessern können.

Durch die Integration dieser Plugins in ihren Arbeitsablauf können Animatoren mühelos eine Vielzahl natürlicher Bewegungen in ihre Kreationen einführen. Ob das sanfte Flattern fallender Blätter oder das energische Hüpfen springender Bälle – diese Plugins ermöglichen es Animatoren, ein Maß an Realismus zu erreichen, das das Publikum fesselt.

Darüber hinaus verleihen diese physikalischen Simulationen der animierten Welt ein Gefühl von Leben und Authentizität und schaffen ein immersives Erlebnis für die Zuschauer.

Beispiel:

```javascript
gsap.registerPlugin(Physics2DPlugin);

gsap.to(".ball", {
  duration: 2,
  physics2D: {
    velocity: 300,
    angle: -60,
    gravity: 200
  }
});
```

In dieser Animation wird **.ball** eine Anfangsgeschwindigkeit und ein Winkel gegeben, wodurch eine parabolische Flugbahn unter Schwerkraft simuliert wird.

Hinweis: Die Plugins **Physics2DPlugin und PhysicsPropsPlugin** sind Teil der Premium-Plugins von GSAP und funktionieren möglicherweise nicht vollständig in der kostenlosen Version. Dies kann zu Problemen mit dem Morphing-Effekt führen.

Anwendungsfall in einem HTML-Projekt:

```html
<!DOCTYPE html>
<html>
<head>
  <title>GSAP Physics2D Animation</title>
```

```html
  <script
src="<https://cdnjs.cloudflare.com/ajax/libs/gsap/3.10.3/gsap.min.js>"></script>
  <script
src="<https://cdnjs.cloudflare.com/ajax/libs/gsap/3.10.3/Physics2DPlugin.min.js>"></
script>
  <style>
    body {
      background-color: #f0f0f0;
      height: 100vh;
      display: flex;
      justify-content: center;
      align-items: center;
      overflow: hidden; /* Prevent scrolling */
    }

    .ball {
      width: 50px;
      height: 50px;
      border-radius: 50%;
      background-color: blue;
      position: absolute;
    }
  </style>
</head>
<body>

  <div class="ball"></div>

  <script>
    gsap.registerPlugin(Physics2DPlugin);

    gsap.to(".ball", {
      duration: 2,
      physics2D: {
        velocity: 300,
        angle: -60,
        gravity: 200
      }
    });
  </script>

</body>
</html>
```

Erklärung:

1. HTML-Struktur:

   o   Ein **div** mit der Klasse "ball" stellt das zu animierende Objekt dar.

2. CSS-Gestaltung:

- o **body**: Legt die Hintergrundfarbe, Höhe und Zentrierung für den Ball fest.

- o **.ball**: Gestaltet den Ball als blauen Kreis mit absoluter Positionierung.

3. GSAP Physics2D-Animation:

- o **gsap.registerPlugin(Physics2DPlugin);**: Registriert das Physics2D-Plugin.

- o **gsap.to(".ball", ...)**: Animiert das "ball"-Element:

    - **duration: 2**: Die Dauer der Animation beträgt 2 Sekunden.

    - **physics2D: { ... }**: Wendet physikbasierte Bewegung an:

        - **velocity: 300**: Anfangsgeschwindigkeit von 300 Pixel pro Sekunde.

        - **angle: -60**: Abwurfwinkel von -60 Grad (nach unten und nach rechts).

        - **gravity: 200**: Schwerkraft von 200 Pixel pro Sekunde im Quadrat.

Wichtige Punkte:

- Der Ball wird sich in einem parabolischen Bogen unter dem Einfluss der Schwerkraft bewegen.

- Das Physics2D-Plugin ermöglicht realistische Physiksimulationen innerhalb von GSAP-Animationen.

- Experimentiere mit verschiedenen Werten für Geschwindigkeit, Winkel und Schwerkraft, um unterschiedliche Bewegungsmuster zu erstellen.

4.1.7 CSSPlugin

Das CSSPlugin ist in jeder GSAP-Installation automatisch enthalten und ein entscheidender Bestandteil für die Animation von CSS-Eigenschaften von DOM-Elementen. Mit seiner optimierten Leistung dient es nicht nur als Grundlage für grundlegende Webanimationen, sondern ermöglicht auch die Erstellung komplexerer und visuell beeindruckenderer Effekte.

Das CSSPlugin wird umfassend für eine breite Palette von Standard-Webanimationen verwendet. Diese Animationen umfassen unter anderem das sanfte Bewegen von Elementen über den Bildschirm, das Erstellen fesselnder Ausblendeffekte, das dynamische Skalieren von Elementen auf verschiedene Größen und das dynamische Ändern von Farben, um die allgemeine visuelle Attraktivität und Benutzererfahrung von Webseiten zu verbessern. Durch die Nutzung der Leistungsfähigkeit des CSSPlugin können Entwickler ihrer Kreativität freien Lauf lassen und ihre Webprojekte mit ansprechenden und interaktiven Animationen zum Leben erwecken.

Beispiel:

```javascript
gsap.to(".element", {duration: 1, css: {opacity: 0, x: 100}});
```

Dieser Code lässt ein Element ausblenden und bewegt es 100 Pixel nach rechts.

Verwendung in einem HTML-Projekt:

```html
<!DOCTYPE html>
<html>
<head>
  <title>GSAP CSS Animation</title>
  <script
src="<https://cdnjs.cloudflare.com/ajax/libs/gsap/3.10.3/gsap.min.js>"></script>
  <style>
    .element {
      width: 100px;
      height: 100px;
      background-color: blue;
      margin: 50px;
      position: relative; /* Enable positioning for animation */
    }
  </style>
</head>
<body>

  <div class="element"></div>

  <script>
    gsap.to(".element", {
      duration: 1,
      css: {
        opacity: 0,
        x: 100
      }
    });
  </script>

</body>
</html>
```

Erklärung:

1. HTML-Struktur:

   o Ein **div** mit der Klasse "element" wird als Ziel für die Animation erstellt.

2. CSS-Gestaltung:

   o Gestaltet das "element" mit Abmessungen, Farbe, Rändern und Positionierung.

3. GSAP-Animation:

    o **gsap.to(".element", ...)**: Wählt das "element" für die Animation aus.

    o **duration: 1**: Legt die Dauer der Animation auf 1 Sekunde fest.

    o **css: { ... }**: Animiert CSS-Eigenschaften direkt:

        ▪ **opacity: 0**: Lässt das Element ausblenden, bis es transparent ist.

        ▪ **x: 100**: Bewegt das Element 100 Pixel nach rechts.

Wichtige Punkte:

- Das Element wird gleichzeitig ausgeblendet und sich während 1 Sekunde nach rechts bewegen.

- Die Verwendung von **css** innerhalb eines GSAP-Tweens ermöglicht es dir, mehrere CSS-Eigenschaften mit Leichtigkeit zu animieren.

- Dies zeigt die Flexibilität von GSAP beim Animieren sowohl von benutzerdefinierten Eigenschaften als auch von CSS-Eigenschaften.

4.1.8. EasePack

Eine umfassende Sammlung von Easing-Funktionen, die eine breite Palette von Optionen bieten, damit Animationen im Laufe der Zeit gleichmäßig fortschreiten. Diese Funktionen bieten verschiedene Möglichkeiten, natürlichere und dynamischere Bewegungen in Animationen zu erreichen, einschließlich Sprungeffekten, elastischen Bewegungen oder sanften Übergängen.

Durch die Nutzung dieser Easing-Funktionen kannst du einen Hauch von Realismus hinzufügen und die visuelle Attraktivität deiner Animationen verbessern, wodurch sie ansprechender und fesselnder für dein Publikum werden. Egal, ob du eine interaktive Website, eine mobile Anwendung oder eine Multimedia-Präsentation erstellst, die Integration dieser Easing-Funktionen kann die Benutzererfahrung erheblich verbessern und deine Animationen zum Leben erwecken.

Warum solltest du dich also mit einfachen linearen Animationen zufrieden geben, wenn du deine kreative Vision mit einer vielfältigen Auswahl an Easing-Funktionen zur Verfügung voll ausschöpfen kannst?

Beispiel:

```
gsap.to(".element", {duration: 2, x: 100, ease: "elastic.out"});
```

Dieser Code animiert ein Element nach rechts unter Verwendung eines elastischen Easing-Effekts.

Verwendung in einem HTML-Projekt:

```html
<!DOCTYPE html>
<html>
<head>
  <title>GSAP Easing Animation</title>
  <script
src="<https://cdnjs.cloudflare.com/ajax/libs/gsap/3.10.3/gsap.min.js>"></script>
  <style>
    .element {
      width: 100px;
      height: 100px;
      background-color: red;
      border-radius: 50%;
      margin: 50px auto;
      position: relative; /* Enable positioning for animation */
    }
  </style>
</head>
<body>

  <div class="element"></div>

  <script>
    gsap.to(".element", {
      duration: 2,
      x: 100,
      ease: "elastic.out"
    });
  </script>

</body>
</html>
```

Erklärung:

1. HTML-Struktur:

    o   Ein **div** mit der Klasse "element" wird erstellt, um animiert zu werden.

2. CSS-Gestaltung:

    o   Gestaltet das "element" als roten Kreis mit Rändern und Positionierung.

3. GSAP-Animation:

    o   **gsap.to(".element", ...)**: Zielt auf das "element" für die Animation ab.

    o   **duration: 2**: Legt die Dauer der Animation auf 2 Sekunden fest.

    o   **x: 100**: Bewegt das Element 100 Pixel nach rechts.

    o   **ease: "elastic.out"**: Wendet einen elastischen Easing-Effekt an, der eine federnde Bewegung erzeugt.

Wichtige Punkte:

- Das Element wird sich nach rechts mit einem visuell ansprechenden Sprungeffekt am Ende bewegen, aufgrund des elastischen Easings "elastic.out".

- Easing-Funktionen steuern die Änderungsrate in einer Animation und verleihen ihr Leben und Charakter.

- GSAP bietet eine breite Vielfalt an Easing-Funktionen, um verschiedene Animationsstile zu erstellen.

4.1.9. ScrollToPlugin

Die Funktion für sanftes Scrollen, die eine sehr gefragte Funktionalität ist, ermöglicht es Benutzern, flüssige und visuell fesselnde Animationen zu erleben, wenn sie zu verschiedenen Abschnitten einer Webseite oder einem bestimmten Element scrollen.

Durch die Integration dieser Funktion haben Benutzer die Möglichkeit, ihr Scroll-Erlebnis anzupassen, indem sie die Scroll-Geschwindigkeit anpassen und aus einer breiten Palette von Easing-Optionen wählen, wodurch eine wirklich bezaubernde und immersive Scroll-Reise gewährleistet wird.

Darüber hinaus erweist sich diese bemerkenswerte Funktion als außerordentlich wertvoll im Kontext von einseitigen Websites, da sie die Implementierung von sanften Scroll-Effekten erleichtert. Diese Effekte verleihen nicht nur dem Gesamtdesign der Website einen Hauch von Raffinesse und Eleganz, sondern erzeugen auch durch Scrollen ausgelöste Animationen, die Benutzer aktiv einbinden, während sie durch den Inhalt navigieren.

Außerdem verbessert die Funktion für sanftes Scrollen die Benutzerfreundlichkeit von Navigationsmenüs erheblich, indem sie nahtlos einen sanften Scroll-Effekt integriert, was die Navigationserfahrung intuitiver, flüssiger und benutzerfreundlicher macht.

Beispiel:

```javascript
gsap.to(window, {duration: 2, scrollTo: {y: "#section2"}, ease: "power2.inOut"});
```

Dieser Code scrollt sanft das Fenster zum Element mit der ID **#section2**.

Anwendungsfälle in einem HTML-Projekt:

```html
<!DOCTYPE html>
<html>
<head>
    <title>GSAP ScrollTo Example</title>
    <script
src="<https://cdnjs.cloudflare.com/ajax/libs/gsap/3.10.3/gsap.min.js>"></script>
    <script
src="<https://cdnjs.cloudflare.com/ajax/libs/gsap/3.10.3/ScrollToPlugin.min.js>"></s
cript>
```

```html
    <style>
        section {
            height: 100vh;
            display: flex;
            justify-content: center;
            align-items: center;
            font-size: 30px;
            border-bottom: 1px solid #000;
        }
    </style>
</head>
<body>

    <section id="section1">Section 1</section>
    <section id="section2">Section 2</section>
    <section id="section3">Section 3</section>

    <script>
        // Trigger the animation on window load, or you can bind it to some other
event
        window.onload = function() {
            gsap.to(window, {
                duration: 2,
                scrollTo: { y: "#section2" },
                ease: "power2.inOut"
            });
        };
    </script>

</body>
</html>
```

Erklärung:

- HTML-Struktur:

    o Erstellt eine grundlegende Struktur mit einem **head** und einem **body**.

    o Enthält drei Abschnitte (**section1**, **section2** und **section3**), die jeweils die gesamte Höhe des Fensters einnehmen.

- CSS:

    o Gestaltet die Abschnitte mit einem Design in voller Höhe, zentriertem Inhalt, großer Schriftgröße und einem unteren Rand.

GSAP und ScrollTo:

- Script-Importe:

    o Lädt die GSAP-Bibliothek (GreenSock Animation Platform) für Animationen.

- o Lädt das ScrollTo-Plugin für sanfte Scroll-Funktionalität.

- Scroll-Animation:

  - o **window.onload = function() { ... }**: Führt den Animationscode aus, wenn das Fenster geladen wird.

  - o **gsap.to(window, ...)**: Verwendet GSAP, um die Scroll-Position des Fensters zu animieren.

    - **duration: 2**: Legt die Dauer der Animation auf 2 Sekunden fest.

    - **scrollTo: { y: "#section2" }**: Scrollt zum Element mit der ID "section2".

    - **ease: "power2.inOut"**: Wendet eine sanfte Beschleunigungs- und Verlangsamungsfunktion für einen dynamischen Scroll-Effekt an.

Wichtige Punkte:

- Beim Laden der Seite scrollt der Code die Seite sanft zu Abschnitt 2 über einen Zeitraum von 2 Sekunden.

- Das ScrollToPlugin-Plugin ermöglicht es GSAP, das Scroll-Verhalten zu animieren.

- Die Beschleunigungs- und Verlangsamungsfunktion "power2.inOut" erzeugt eine dynamische und visuell ansprechende Scroll-Erfahrung.

- Jeder Abschnitt nimmt die gesamte Höhe des Fensters ein und erzeugt einen Vollbild-Scroll-Effekt.

- Die CSS-Stile gewährleisten visuelle Konsistenz und eine klare Trennung zwischen den Abschnitten.

4.1.10. AttrPlugin

Diese Bibliothek ist speziell dafür konzipiert, Eigenschaften und Attribute zu animieren, die nicht mit CSS zusammenhängen. Sie ist besonders nützlich für die Erstellung von Animationen im SVG-Format und bietet eine breite Palette von Möglichkeiten zum Animieren verschiedener Eigenschaften. Ob Sie die Strichbreite, die Farbe oder sogar die Morphologie komplexer Formen animieren – diese Bibliothek deckt alles ab.

Eine der Hauptanwendungen dieser Bibliothek besteht darin, Eigenschaften in SVG zu animieren, was dynamische und visuell ansprechende Animationen ermöglicht. Sie können die Strichbreite leicht animieren, um Effekte wie pulsierende Linien zu erzeugen oder die Dicke eines Strichs schrittweise zu ändern.

Darüber hinaus ermöglicht Ihnen diese Bibliothek, Farben zu animieren und bietet die Möglichkeit, sanft zwischen verschiedenen Farben zu wechseln oder auffällige Farbeffekte zu erzeugen. Außerdem können Sie die Fähigkeiten dieser Bibliothek nutzen, um Morphologie-

Animationen komplexer Formen zu erreichen und Ihre SVG-Grafiken mit sanften und fließenden Übergängen zwischen verschiedenen Formen zum Leben zu erwecken.

Beispiel:

```
gsap.to(".mySVG", {duration: 1, attr: {width: 200, height: 200}});
```

Dieser Code ändert die Breiten- und Höhenattribute eines SVG-Elements.

Anwendungsfall in einem HTML-Projekt:

```html
<!DOCTYPE html>
<html>
<head>
    <title>GSAP SVG Attribute Animation</title>
    <script
src="<https://cdnjs.cloudflare.com/ajax/libs/gsap/3.10.3/gsap.min.js>"></script>
    <style>
        .mySVG {
            display: block;
            margin: auto; /* Center the SVG */
            border: 1px solid black; /* Just to see the edges clearly */
        }
    </style>
</head>
<body>

    <svg class="mySVG" width="100" height="100" viewBox="0 0 100 100">
        <circle cx="50" cy="50" r="40" stroke="green" stroke-width="4" fill="yellow"
/>
    </svg>

    <script>
        gsap.to(".mySVG", {
            duration: 1,
            attr: { width: 200, height: 200 }
        });
    </script>

</body>
</html>
```

Erklärung:

- HTML-Struktur:

    - Erstellt eine grundlegende HTML-Struktur mit einem **head**, **body** und einem SVG-Element.

- o Das SVG hat eine Klasse "mySVG", eine anfängliche Breite und Höhe von 100 Einheiten und eine viewBox zur Definition des zeichenbaren Bereichs.

- o Enthält einen Kreis mit einem grünen Strich, einer gelben Füllung und einem Radius von 40 Einheiten.

- CSS:

- o Gestaltet die Klasse "mySVG" um:

  - Als Block-Level-Element anzuzeigen.

  - Das SVG innerhalb seines übergeordneten Containers zu zentrieren.

  - Einen sichtbaren Rand hinzuzufügen (zur besseren Klarheit).

Animation mit GSAP:

- Script-Import:

  - o Lädt die GSAP-Bibliothek (GreenSock Animation Platform) für Animationen.

- SVG-Attribut-Animation:

  - o **gsap.to(".mySVG", ...)**: Zielt auf das "mySVG"-Element für die Animation.

    - **duration: 1**: Legt die Dauer der Animation auf 1 Sekunde fest.

    - **attr: { width: 200, height: 200 }**: Animiert die Attribute **width** und **height** des SVG auf 200 Einheiten.

Wichtige Punkte:

- Der Code zeigt ein zentriertes SVG mit einem gelben Kreis und einem grünen Rand.

- Beim Laden animiert GSAP die Breite und Höhe des SVG, um seine Größe über 1 Sekunde zu verdoppeln.

- Der Kreis innerhalb des SVG wird sanft wachsen, während die Abmessungen des SVG zunehmen.

- Dies demonstriert, wie GSAP SVG-Attribute direkt für dynamische Effekte animieren kann.

4.1.11. ModifiersPlugin

Diese Bibliothek bietet eine breite Palette von Möglichkeiten zur Modifikation von Tween-Werten während der Animation, was Möglichkeiten eröffnet, einzigartige und benutzerdefinierte Effekte zu erstellen.

Eine der Hauptfunktionen ist die Fähigkeit, Snapping-Effekte zu erzeugen, bei denen Werte schnell auf bestimmte Positionen springen können. Dies kann nützlich sein, um auffällige und dynamische Animationen zu erstellen. Eine weitere nützliche Funktion ist die Möglichkeit, Werte zu wiederholen, was kontinuierliche Schleifenanimationen oder -muster ermöglicht. Dies kann deinen Animationen ein Gefühl von Kontinuität und Rhythmus verleihen.

Darüber hinaus ermöglicht dir diese Bibliothek, Bewegungen innerhalb spezifischer Parameter einzuschränken, was dir eine präzise Kontrolle darüber gibt, wie sich deine Animationen verhalten. Dies kann besonders nützlich sein, wenn du den Bereich oder die Richtung der Bewegung begrenzen möchtest. Zusammenfassend ermöglicht diese Bibliothek nicht nur die Modifikation von Tween-Werten während der Animation, sondern bietet auch verschiedene Werkzeuge zur Verbesserung der visuellen Wirkung und Kontrolle deiner Animationen.

Beispiel:

```
gsap.to(".element", {duration: 2, x: 500, modifiers: {x: gsap.utils.unitize(x =>
Math.round(x))}});
```

Dieser Code bewegt ein Element nach rechts und rundet die x-Position auf das nächste Pixel.

Anwendungsfall in einem HTML-Projekt:

```
<!DOCTYPE html>
<html>
<head>
  <title>GSAP Snapping Animation</title>
  <script
src="<https://cdnjs.cloudflare.com/ajax/libs/gsap/3.10.3/gsap.min.js>"></script>
  <style>
    .element {
      width: 50px;
      height: 50px;
      background-color: blue;
      border-radius: 50%;
      position: absolute;
      top: 50%;
      left: 50%;
      transform: translate(-50%, -50%); /* Center the element */
    }
  </style>
</head>
<body>

  <div class="element"></div>

  <script>
    gsap.to(".element", {
      duration: 2,
      x: 500,
      modifiers: {
        x: gsap.utils.unitize(x => Math.round(x))
      }
```

```
    });
  </script>

</body>
</html>
```

Erklärung:

1. HTML-Struktur:

    o   Es wird ein **div**-Element mit der Klasse "element" erstellt und als blauer Kreis gestaltet, der in der Mitte des Bildschirms positioniert ist.

2. GSAP-Animation:

    o   **gsap.to(".element", ...)**: Zielt auf das "element" für die Animation.

    o   **duration: 2**: Legt die Dauer der Animation auf 2 Sekunden fest.

    o   **x: 500**: Animiert die **x**-Position des Elements auf 500 Pixel.

    o   **modifiers: { ... }**: Wendet einen Modifikator auf die **x**-Eigenschaft zum Runden an:

        ▪   **x: gsap.utils.unitize(x => Math.round(x))**: Rundet den **x**-Wert auf die nächste ganze Zahl während jedes Frames der Animation, wodurch ein Snapping-Effekt entsteht.

Wichtige Punkte:

-   Der Kreis wird sanft nach rechts animiert, aber seine Position wird nur in ganzzahligen Pixelschritten aktualisiert, wodurch eine markante Snapping-Bewegung entsteht.

-   Dies zeigt, wie GSAP-Modifikatoren das Animationsverhalten für einzigartige Effekte anpassen können.

-   DIe Funktion **gsap.utils.unitize** gewährleistet die ordnungsgemäße Handhabung von Einheiten für browserübergreifende Kompatibilität und Szenarien.

4.1.12. RoundPropsPlugin

Die in dieser Funktion verfügbare **round**-Funktion ist ein leistungsstarkes Werkzeug, das Ihnen die Möglichkeit bietet, numerische Werte während der Animation auf die nächste ganze Zahl zu runden. Diese Funktionalität bietet eine Vielzahl von Vorteilen und macht Ihre Animationen vielseitiger und präziser. Durch die Verwendung der **round**-Funktion können Sie pixelgenaue Präzision in Ihren Animationen erreichen und sicherstellen, dass sie scharf und sauber sind. Dies ist besonders nützlich bei der Arbeit mit komplexen Layouts oder komplexen Benutzeroberflächen, bei denen Präzision von größter Bedeutung ist.

Darüber hinaus ist Pixel-Snapping eine entscheidende Technik, um das gewünschte Maß an Klarheit und Präzision in Ihren Animationen aufrechtzuerhalten, insbesondere beim Animieren von Text oder UI-Elementen. Durch die Anwendung von Pixel-Snapping können Sie jegliche Unschärfe oder Verzerrung vermeiden, die während des Animationsprozesses auftreten kann, was zu einem visuell ansprechenden und professionellen Endprodukt führt.

Zusammenfassend ist die **round**-Funktion eine wesentliche Eigenschaft, die die Qualität Ihrer Animationen verbessert, indem sie pixelgenaue Präzision bietet. In Kombination mit Pixel-Snapping-Techniken können Sie ein Maß an Klarheit und Schärfe erreichen, das das gesamte visuelle Erlebnis für Ihre Benutzer verbessert.

Beispiel:

```
gsap.to(".element", {duration: 2, x: 100.5, roundProps: "x"});
```

Dieser Code animiert ein Element nach rechts und rundet die x-Position.

Anwendungsfall in einem HTML-Projekt:

```html
<!DOCTYPE html>
<html>
<head>
  <title>GSAP Rounding Animation</title>
  <script
src="<https://cdnjs.cloudflare.com/ajax/libs/gsap/3.11.0/gsap.min.js>"></script>
  <style>
    .element {
      width: 50px;
      height: 50px;
      background-color: blue;
      border-radius: 50%;
      position: absolute;
      top: 50%;
      left: 50%;
      transform: translate(-50%, -50%); /* Center the element */
    }
  </style>
</head>
<body>

  <div class="element"></div>

  <script>
    gsap.to(".element", {
      duration: 2,
      x: 100.5,
      roundProps: "x"
    });
  </script>
```

```
</body>
</html>
```

Erklärung:

1. HTML-Struktur:

    o   Es wird ein **div**-Element mit der Klasse "element" erstellt und als blauer Kreis gestaltet, der in der Mitte des Bildschirms positioniert ist.

2. GSAP-Animation:

    o   **gsap.to(".element", ...)**: Zielt auf das "element" für die Animation.

    o   **duration: 2**: Legt die Dauer der Animation auf 2 Sekunden fest.

    o   **x: 100.5**: Animiert die **x**-Position des Elements auf 100,5 Pixel.

    o   **roundProps: "x"**: Rundet die **x**-Eigenschaft während der Animation automatisch auf die nächste ganze Zahl.

Wichtige Punkte:

- Der Kreis wird sanft nach rechts animiert, aber seine Endposition wird 101 Pixel betragen (aufgerundet von 100,5).

- Die **roundProps**-Eigenschaft bietet eine bequeme Möglichkeit, bestimmte Eigenschaften während der Animation zu runden.

- Dies zeigt, wie GSAP präzise Animationen mit kontrolliertem Rundungsverhalten erstellen kann.

4.1.13. CustomEase

Dieses Tool bietet Benutzern eine breite Palette von Möglichkeiten, indem es ihnen ermöglicht, benutzerdefinierte Easing-Funktionen über eine benutzerfreundliche grafische Oberfläche zu erstellen. Durch die Verwendung dieses Tools können Benutzer ihrer Kreativität freien Lauf lassen und einzigartige Easing-Effekte für ihre Animationen entwerfen.

Diese benutzerdefinierten Easing-Funktionen fügen sich nahtlos in die Animationen ein und verleihen jeder Animation eine unverwechselbare Note. Mit Hilfe dieses Tools können Benutzer die Einschränkungen der Standard-Easing-Optionen überwinden und sich auf eine grenzenlose Erkundung begeben, um ihre eigenen Easing-Kurven für ihre Animationsprojekte zu gestalten. Die Freiheit, mit Easing-Kurven zu experimentieren und zu innovieren, ermöglicht es Benutzern, Animationen zu erstellen, die wirklich herausstechen und ihr Publikum fesseln.

Beispiel:

```
gsap.registerPlugin(CustomEase);
```

```
CustomEase.create("custom",   "M0,0   C0.128,0.572   0.237,1.001   0.5,1   0.763,0.999
0.847,0.572 1,0");
gsap.to(".element", {duration: 3, x: 300, ease: "custom"});
```

Dieser Code animiert ein Element unter Verwendung einer benutzerdefinierten Easing-Kurve.

Anwendungsfall in einem HTML-Projekt:

```html
<!DOCTYPE html>
<html>
<head>
  <title>GSAP Custom Ease Animation</title>
  <script
src="<https://cdnjs.cloudflare.com/ajax/libs/gsap/3.10.3/gsap.min.js>"></script>
  <script
src="<https://cdnjs.cloudflare.com/ajax/libs/gsap/3.10.3/CustomEase.min.js>"></scrip
t>
  <style>
    .element {
      width: 50px;
      height: 50px;
      background-color: blue;
      border-radius: 50%;
      position: absolute;
      top: 50%;
      left: 50%;
      transform: translate(-50%, -50%); /* Center the element */
    }
  </style>
</head>
<body>

  <div class="element"></div>

  <script>
    gsap.registerPlugin(CustomEase);

    CustomEase.create("custom",   "M0,0   C0.128,0.572   0.237,1.001   0.5,1   0.763,0.999
0.847,0.572 1,0");

    gsap.to(".element", {
      duration: 3,
      x: 300,
      ease: "custom"
    });
  </script>

</body>
</html>
```

Erklärung:

1. CustomEase-Plugin:

    o   **gsap.registerPlugin(CustomEase);**: Lädt das CustomEase-Plugin und ermöglicht benutzerdefinierte Easing-Kurven.

2. Erstellung einer benutzerdefinierten Easing-Kurve:

    o   **CustomEase.create("custom", "M0,0 C0.128,0.572 … 1,0");**: Definiert eine benutzerdefinierte Easing-Kurve namens "custom" unter Verwendung eines kubischen Bézier-Pfades. Dieser Pfad bestimmt die Geschwindigkeitsänderungen während der Animation.

3. GSAP-Animation:

    o   **gsap.to(".element", ...)**: Zielt auf das "element" für die Animation.

    o   **duration: 3**: Legt die Dauer der Animation auf 3 Sekunden fest.

    o   **x: 300**: Animiert die **x**-Position des Elements auf 300 Pixel.

    o   **ease: "custom"**: Wendet die zuvor erstellte benutzerdefinierte Easing-Kurve an und formt das Timing und die Anmutung der Animation.

Wichtige Punkte:

*   Der Kreis wird sich mit einer einzigartigen Bewegung nach rechts bewegen, die durch die benutzerdefinierte Easing-Kurve definiert wird.

*   Die Form der Kurve beeinflusst die Beschleunigungs- und Verzögerungsmuster.

*   Das benutzerdefinierte Easing ermöglicht es, das Timing der Animation für spezifische kreative Effekte fein abzustimmen.

4.1.14 Kombination von Plugins für verbesserte Effekte

Du hast die unglaubliche Fähigkeit, eine breite Palette von GSAP-Plugins zu kombinieren, von denen jedes seine eigenen einzigartigen Merkmale und Fähigkeiten besitzt, um wirklich außergewöhnliche und beeindruckende Animationen zu erstellen. Indem du die Kraft dieser Plugins nutzt, kannst du ein neues Level an Kreativität und Ausdruckskraft in deinen Animationen freischalten.

Zum Beispiel ist eine solche Kombination die nahtlose Integration von ScrollTrigger und MorphSVG. Mit diesem dynamischen Duo zur Verfügung kannst du mühelos faszinierende Formtransformationen erstellen, die sich sanft wandeln und entwickeln, während der Benutzer durch deine Webseite scrollt. Dieser fesselnde Effekt wird mit Sicherheit einen bleibenden Eindruck bei deinem Publikum hinterlassen und die allgemeine visuelle Attraktivität deiner Website steigern.

Aber das ist noch nicht alles! Eine weitere leistungsstarke Kombination ist die raffinierte Verbindung von Draggable und PhysicsPropsPlugin. Indem du die interaktive Natur von Draggable und die realistischen Physiksimulationen nutzt, die PhysicsPropsPlugin bietet, kannst du eine wahrhaft immersive und ansprechende Erfahrung für deine Benutzer schaffen. Stell dir vor, du könntest Elemente auf deiner Webseite ziehen und ablegen, wie im wirklichen Leben, und beobachten, wie sie anmutig den Gesetzen der Physik folgen und ein Gefühl von Realismus und Interaktivität erzeugen, das dein Publikum in Erstaunen versetzen wird.

Beschränke dich also nicht auf ein einziges Plugin, wenn du die Möglichkeit hast, die enormen Möglichkeiten der Kombination mehrerer GSAP-Plugins zu erkunden. Mit deiner Kreativität und der Vielseitigkeit dieser Plugins sind dir keine Grenzen gesetzt, wenn es darum geht, Animationen zu erstellen, die dein Publikum fesseln, inspirieren und beeindrucken werden.

4.1.15 Leistung und Best Practices

Balanciere Kreativität und Leistung

Wenn du Plugins verwendest, um die kreativen Aspekte deiner Website oder Anwendung zu verbessern, ist es entscheidend, die potenziellen Auswirkungen auf die Leistung zu berücksichtigen, insbesondere beim Umgang mit komplexen Animationen oder beim Ansprechen von Geräten mit begrenzter Verarbeitungskapazität.

Die richtige Balance zwischen dem Ausloten der Grenzen deiner Kreativität und der Aufrechterhaltung optimaler Leistungsniveaus für alle Benutzer, insbesondere diejenigen mit weniger leistungsstarken Geräten, zu finden, ist von größter Bedeutung.

Teste auf verschiedenen Browsern und Geräten

Um ein reibungsloses Benutzererlebnis zu gewährleisten, ist es unerlässlich, deine Animationen gründlich auf verschiedenen Browsern und Geräten zu testen. Dies beinhaltet umfassende Tests auf verschiedenen Plattformen, um Konsistenz zu garantieren.

Denke daran, dass bestimmte Effekte mehr Ressourcen erfordern können, daher ist es wichtig, sie entsprechend zu optimieren. Durch umfangreiche Tests und Optimierungen kannst du sicherstellen, dass deine Animationen auf jedem Browser oder Gerät einwandfrei funktionieren und den Benutzern ein außergewöhnliches Erlebnis bieten.

Bleibe innerhalb der Grenzen der Benutzererfahrung

Wenn es darum geht, Animationen in deine Website oder Anwendung zu integrieren, ist es entscheidend, stets die Prinzipien einer guten Benutzererfahrung im Auge zu behalten. Animationen sollten nicht nur visuell ansprechend sein, sondern sich auch nahtlos einfügen, um die Benutzerfreundlichkeit deiner Website oder Anwendung zu verbessern.

Indem du die Benutzererfahrung priorisierst, kannst du sicherstellen, dass deine Animationen eine bedeutende Rolle in der gesamten Benutzerreise spielen und die Benutzer während ihrer Interaktion mit deiner Plattform effektiv fesseln und einbinden.

4.1.16 Praktische Tipps zur Maximierung der Plugin-Nutzung

1. **Berücksichtige die verschiedenen verfügbaren Plugins**: Es gibt verschiedene verfügbare Plugins, die jeweils für einen bestimmten Zweck entwickelt wurden. Nimm dir Zeit, die Optionen zu erkunden und zu bewerten, um diejenige zu finden, die am besten mit den Anforderungen deines Animationsprojekts übereinstimmt. Durch sorgfältige Auswahl des geeigneten Plugins kannst du sicherstellen, dass dein Projekt mit den notwendigen Werkzeugen ausgestattet ist, um die gewünschten Ergebnisse zu erzielen.

2. **Verbessere die Leistung**: Während es wichtig ist, Plugins für ihre beeindruckenden Fähigkeiten zu nutzen, ist es ebenso wichtig, Vorsicht walten zu lassen und ihre umsichtige Verwendung zu gewährleisten. Dies gilt insbesondere bei der Berücksichtigung der Auswirkungen auf die Leistung, vor allem auf mobilen Geräten. Durch sorgfältige Auswahl und Implementierung von Plugins können Entwickler ein Gleichgewicht zwischen Funktionalität und Leistungsoptimierung finden und letztendlich eine reibungslose Benutzererfahrung auf verschiedenen Plattformen und Geräten bieten.

3. **Bleibe auf dem neuesten Stand**: Es ist wichtig, informiert und auf dem Laufenden über alle Updates oder Änderungen an GSAP und seinen Plugins zu bleiben. Dies liegt daran, dass diese Updates oft neue und aufregende Funktionen sowie Verbesserungen mit sich bringen, die deine allgemeine Erfahrung und Produktivität mit GSAP verbessern können.

4. **Begrüße Experimentieren und Lernen**: Um die Verwendung dieser Plugins wirklich zu meistern, wird dringend empfohlen, sich aktiv an praktischem Experimentieren zu beteiligen. Dies beinhaltet nicht nur das Testen verschiedener Konfigurationen, sondern auch das sorgfältige Beobachten und Analysieren, wie sie deine Animationen beeinflussen. Indem du furchtlos Versuch und Irrtum umarmst, öffnest du dich für wertvolle Lernmöglichkeiten, die deine Fähigkeit zur Nutzung dieser Plugins enorm verbessern können.

5. **Erkunde zusätzliche Ressourcen**: Erweitere dein Wissen und verbessere deine Lernerfahrung, indem du in eine breite Palette von Online-Tutorials, Foren und anderen Ressourcen eintauchst, die speziell für deine Interessen an GSAP und seinen Plugins entwickelt wurden. Durch die Nutzung dieser wertvollen Ressourcen kannst du nicht nur ein tieferes Verständnis von GSAP erlangen, sondern auch Inspiration finden und innovative Techniken entdecken, um deine Animationsprojekte weiter zu verbessern. Nutze die Gelegenheit, die lebendige Community von GSAP-Enthusiasten und -Experten zu erkunden und dich mit ihr zu beschäftigen, da sie während deiner Reise unschätzbare Anleitung und Unterstützung bieten können. Denke daran, der Weg zur Meisterschaft ist mit kontinuierlichem Lernen und Erkunden gepflastert.

Zusammengefasst

Die umfangreiche Sammlung von GSAP-Plugins bietet eine breite Palette kreativer Möglichkeiten und gibt dir die Gelegenheit, die Grenzen der Webanimation zu erkunden und auf neue Höhen zu treiben. Durch ein tiefes Verständnis und geschickte Anwendung dieser Plugins kannst du das Potenzial erschließen, Animationen zu erstellen, die dein Publikum fesseln und eintauchen lassen und einen bleibenden Eindruck hinterlassen.

Es ist wichtig zu beachten, dass die wahre Kraft dieser Werkzeuge in ihrer Fähigkeit liegt, das Storytelling zu verbessern und das allgemeine Benutzererlebnis zu erheben. Durch die Nutzung der einzigartigen Merkmale und Fähigkeiten von GSAP und seinen Plugins kannst du deinen digitalen Projekten eine unverwechselbare und unvergessliche Dimension verleihen.

Scheue dich nicht, dich in unbekannte Gebiete zu wagen, kontinuierlich zu experimentieren und dich in die enormen Möglichkeiten zu vertiefen, die GSAP zu bieten hat. Durch diese kontinuierliche Erkundung wirst du zweifellos weiterhin deine Fähigkeiten verfeinern und dein volles Potenzial als hochqualifizierter und einfallsreicher Animator freisetzen.

4.2 SVG mit GSAP animieren

SVGs, oder Skalierbare Vektorgrafiken, sind äußerst vielseitig und bieten zahlreiche Vorteile für das Webdesign. Einer ihrer Hauptvorteile ist die Fähigkeit, gestochen scharfe und hochwertige Grafiken zu erzeugen, die auf jede Größe skaliert werden können, ohne Details zu opfern. Dies macht sie besonders geeignet für die Erstellung komplexer und detaillierter Animationen, die die visuelle Attraktivität einer Website wirklich verbessern können.

Im nächsten Abschnitt werden wir uns eingehend mit den Feinheiten der Verwendung von GSAP, der GreenSock Animation Platform, zur Animation von SVGs befassen. Indem wir die Kraft von GSAP nutzen, werden wir in der Lage sein, statische Bilder in dynamische und interaktive Elemente zu verwandeln, die die Benutzer sicherlich fesseln und einbinden werden. Dies eröffnet eine neue Welt von Möglichkeiten für die Erstellung visuell beeindruckender Webdesigns, die einen bleibenden Eindruck hinterlassen.

Mit GSAP zur Verfügung haben wir die Werkzeuge, um unseren Webdesigns Leben einzuhauchen und immersive Erfahrungen zu schaffen, die über das Gewöhnliche hinausgehen. Durch die Einbindung interaktiver SVG-Animationen können wir einzigartige und fesselnde Interaktionen bieten, die unsere Websites aus der Masse herausstechen lassen. Also mach dich bereit, die aufregende Welt der SVG-Animation mit GSAP zu erkunden und deine Webdesign-Fähigkeiten auf neue Höhen zu führen!

4.2.1 Die Kraft der SVG-Animation

Das Animieren von SVG mit GSAP bietet eine breite Palette von Möglichkeiten für die Webentwicklung. Durch die Einbindung von GSAP kannst du die charakteristischen Eigenschaften von SVGs nutzen, die sie von traditionellen Bitmap-Grafiken unterscheiden. Im

Gegensatz zu statischen Bildern sind SVGs in XML definiert, was die individuelle Ansteuerung und separate Animation jedes Elements innerhalb einer SVG-Datei ermöglicht.

Dieses hohe Maß an Kontrolle ermöglicht es dir, komplexe und fesselnde Animationen zu erstellen, die das Potenzial besitzen, die visuelle Attraktivität und Interaktivität deiner Webprojekte erheblich zu verbessern. Mit GSAP hast du die Fähigkeit, deine Designs zum Leben zu erwecken und sie in wahrhaft dynamische, ansprechende und unvergessliche Erfahrungen für dein Publikum zu verwandeln.

4.2.2 Grundlegende SVG-Animation mit GSAP

Um zu beginnen, werfen wir einen genaueren Blick auf ein einfaches und unkompliziertes Beispiel, das den Prozess der Animation eines SVG-Elements demonstriert. Durch die Untersuchung dieses Beispiels können wir ein besseres Verständnis der grundlegenden Prinzipien hinter der Animation von SVG-Elementen erlangen und wie sie in verschiedenen Szenarien angewendet werden können, um die visuelle Attraktivität und Interaktivität einer Webseite oder Anwendung zu verbessern.

Beispiel 1: Bewegen eines SVG-Kreises

HTML:

```html
<svg width="100" height="100">
    <circle id="circle" cx="50" cy="50" r="40" fill="blue" />
</svg>
```

JavaScript:

```javascript
gsap.to("#circle", {duration: 2, cx: 80, fill: "red"});
```

In diesem Beispiel animieren wir den Kreis im SVG, sodass er sich nach rechts bewegt (durch Ändern des **cx**-Attributs) und seine Farbe in Rot ändert.

Integrierter Code der HTML-Seite:

```html
<!DOCTYPE html>
<html>
<head>
  <title>GSAP SVG Animation</title>
  <script
src="<https://cdnjs.cloudflare.com/ajax/libs/gsap/3.10.3/gsap.min.js>"></script>
</head>
<body>

  <svg width="100" height="100">
    <circle id="circle" cx="50" cy="50" r="40" fill="blue" />
  </svg>
```

```
<script>
  gsap.to("#circle", {
    duration: 2,
    cx: 80,
    fill: "red"
  });
</script>

</body>
</html>
```

Erklärung:

1. HTML-Struktur:

    o   Es wird ein SVG-Element mit einer Breite von 100 und einer Höhe von 100 erstellt.

    o   Innerhalb des SVG wird ein Kreis mit der ID "circle" definiert, der zunächst bei (50, 50) zentriert ist, einen Radius von 40 hat und blau gefüllt ist.

2. GSAP-Animation:

    o   **gsap.to("#circle", ...)**: Zielt auf das Kreiselement mit der ID "circle" für die Animation ab.

    o   **duration: 2**: Legt die Dauer der Animation auf 2 Sekunden fest.

    o   **cx: 80**: Animiert die **x**-Koordinate des Kreismittelpunkts auf 80, wodurch er nach rechts verschoben wird.

    o   **fill: "red"**: Animiert die Füllfarbe des Kreises zu Rot und erzeugt eine visuelle Transformation.

Kernpunkte:

- Der Kreis wird sich sanft nach rechts bewegen und seine Farbe von Blau zu Rot ändern, und zwar über einen Zeitraum von 2 Sekunden.

- Dies zeigt, wie GSAP sowohl Attribute als auch Stile von SVG-Elementen animieren kann, was dynamische und ansprechende visuelle Effekte innerhalb von SVG-Grafiken ermöglicht.

Beispiel 2: SVG-Kreise animieren

Ziel: Eine einfache Animation erstellen, bei der sich mehrere SVG-Kreise nacheinander ausdehnen und ihre Farbe ändern.

HTML:

```
<svg width="200" height="200">
```

```
  <circle cx="50" cy="50" r="20" fill="blue" class="circle"/>
  <circle cx="150" cy="50" r="20" fill="green" class="circle"/>
  <circle cx="50" cy="150" r="20" fill="red" class="circle"/>
  <circle cx="150" cy="150" r="20" fill="yellow" class="circle"/>
</svg>
```

JavaScript:

```
gsap.to(".circle", {
  duration: 1,
  r: 30,
  fill: "purple",
  stagger: 0.2
});
```

In diesem Beispiel expandiert jeder Kreis und ändert seine Farbe zu Lila auf gestaffelte Weise, wodurch eine einfache, aber effektive Animationssequenz entsteht.

Integrierter Code der HTML-Seite:

```
<!DOCTYPE html>
<html>
<head>
  <title>GSAP SVG Animation with Stagger</title>
  <script
src="<https://cdnjs.cloudflare.com/ajax/libs/gsap/3.10.3/gsap.min.js>"></script>
</head>
<body>

  <svg width="200" height="200">
    <circle cx="50" cy="50" r="20" fill="blue" class="circle" />
    <circle cx="150" cy="50" r="20" fill="green" class="circle" />
    <circle cx="50" cy="150" r="20" fill="red" class="circle" />
    <circle cx="150" cy="150" r="20" fill="yellow" class="circle" />
  </svg>

  <script>
    gsap.to(".circle", {
      duration: 1,
      r: 30,
      fill: "purple",
      stagger: 0.2
    });
  </script>

</body>
</html>
```

Erklärung:

1. HTML-Struktur:

    o Es wird ein SVG-Element mit einer Breite von 200 und einer Höhe von 200 erstellt.

    o Vier Kreise werden innerhalb des SVG definiert, jeder mit unterschiedlichen Positionen und Farben, und alle werden der Klasse "circle" zugewiesen, um ausgewählt zu werden.

2. GSAP-Animation:

    o **gsap.to(".circle", ...)**: Wählt alle Elemente mit der Klasse "circle" für die Animation aus.

    o **duration: 1**: Legt die Basisdauer der Animation auf 1 Sekunde fest.

    o **r: 30**: Animiert den Radius jedes Kreises auf 30 und macht sie größer.

    o **fill: "purple"**: Animiert die Füllfarbe jedes Kreises zu Lila.

    o **stagger: 0.2**: Staffelt den Beginn jeder Animation um 0,2 Sekunden und erzeugt einen sequenziellen Effekt.

Kernpunkte:

- Die Kreise werden nacheinander größer und ändern ihre Farbe zu Lila, mit einer leichten Verzögerung zwischen jedem einzelnen.

- Die **stagger**-Eigenschaft führt einen visuellen Rhythmus ein und lenkt die Aufmerksamkeit auf jeden Kreis einzeln.

- Dies zeigt, wie GSAP mehrere Elemente mit Staffelung für dynamische und ansprechende visuelle Sequenzen animieren kann.

4.2.3 Fortgeschrittene SVG-Pfad-Animation

Einer der leistungsstärksten und faszinierendsten Aspekte der SVG-Animation mit GSAP ist die bemerkenswerte Fähigkeit, fesselnde und visuell beeindruckende Animationen durch das Animieren von Pfadformen zu erstellen. Diese unglaubliche Funktion ermöglicht es Designern und Entwicklern, ihre Designs mit flüssiger und dynamischer Bewegung zum Leben zu erwecken und ihren Projekten ein neues Maß an Engagement und Interaktivität zu verleihen.

Durch das nahtlose Animieren von Pfadformen befähigt GSAP Benutzer, statische Grafiken mühelos in dynamische und fesselnde visuelle Darstellungen zu verwandeln, die die Aufmerksamkeit und Vorstellungskraft der Betrachter fesseln. Ob es sich um die Animation einer einfachen Linie oder einer komplexen Form handelt, die Möglichkeiten sind endlos und die Ergebnisse sind wirklich beeindruckend.

Mit GSAP wird die Welt der SVG-Animation zu einem Spielplatz der Kreativität und Innovation, auf dem Künstler und Entwickler die Grenzen des Möglichen verschieben und wirklich außergewöhnliche Erlebnisse für ihr Publikum schaffen können.

Beispiel 1: Morphing eines SVG-Pfads

Nehmen wir an, du hast zwei SVG-Pfadformen und möchtest die eine in die andere umwandeln:

HTML:

```
<svg width="200" height="200">
    <path id="path1" d="M10 80 Q 95 10 180 80 T 350 80" stroke="blue"
fill="transparent"/>
    <path id="path2" d="M10 180 Q 95 110 180 180 T 350 180" stroke="red"
fill="transparent" visibility="hidden"/>
</svg>
```

JavaScript:

```
gsap.registerPlugin(MorphSVGPlugin);

gsap.to("#path1", {duration: 3, morphSVG: "#path2"});
```

Dieses Beispiel wird einen sanften Übergang von der Form von **path1** zur Form von **path2** durchführen.

Integrierter Code der HTML-Seite:

```
<!DOCTYPE html>
<html>
<head>
  <title>GSAP SVG Morphing Animation</title>
  <script
src="<https://cdnjs.cloudflare.com/ajax/libs/gsap/3.10.3/gsap.min.js>"></script>
  <script
src="<https://cdnjs.cloudflare.com/ajax/libs/gsap/3.10.3/MorphSVGPlugin.min.js>"></s
cript>
</head>
<body>

  <svg width="200" height="200">
    <path id="path1" d="M10 80 Q 95 10 180 80 T 350 80" stroke="blue"
fill="transparent" />
    <path id="path2" d="M10 180 Q 95 110 180 180 T 350 180" stroke="red"
fill="transparent" visibility="hidden" />
  </svg>

  <script>
    gsap.registerPlugin(MorphSVGPlugin);
```

```
  gsap.to("#path1", {
    duration: 3,
    morphSVG: "#path2"
  });
</script>

</body>
</html>
```

Erklärung:

1. HTML-Struktur:

    o   Es wird ein SVG-Element mit einer Breite von 200 und einer Höhe von 200 erstellt.

    o   Zwei Pfadelemente werden innerhalb des SVG definiert:

        ▪   **path1**: Anfänglich sichtbar mit einem blauen Strich, der die Ausgangsform darstellt.

        ▪   **path2**: Verborgen mit einem roten Strich, der die Zielform für die Transformation darstellt.

2. Laden des MorphSVGPlugin:

    o   **gsap.registerPlugin(MorphSVGPlugin);**: Lädt das MorphSVGPlugin und ermöglicht SVG-Pfad-Morphing-Funktionen.

3. GSAP-Animation:

    o   **gsap.to("#path1", ...)**: Zielt auf das Element "path1" für die Animation ab.

    o   **duration: 3**: Legt die Dauer der Animation auf 3 Sekunden fest.

    o   **morphSVG: "#path2"**: Animiert das Element "path1", um sich in die Form von "path2" zu verwandeln und seine Pfaddaten sanft zu transformieren.

Kernpunkte:

*   Der blaue Pfad wird sich nahtlos in die Form des roten Pfades über 3 Sekunden verwandeln und dabei die beiden Formen visuell verschmelzen.

*   Das MorphSVGPlugin übernimmt die komplexen Pfaddaten-Berechnungen für einen sanften und organischen Morphing-Effekt.

*   Dies zeigt, wie GSAP mit dem MorphSVGPlugin visuell fesselnde Morphing-Animationen für SVG-Pfade erstellen kann.

Beispiel 2: Animation komplexer Pfade

Ziel: Einen SVG-Pfad animieren, um das Zeichnen und Morphing in eine andere Form zu simulieren.

HTML:

```html
<svg viewBox="0 0 100 100">
  <path   id="startPath"   d="M10,50   Q50,-10   90,50   T170,110"   stroke="black"
fill="transparent"/>
  <path id="endPath" d="M10,90 Q50,10 90,90 T170,90" stroke="black" fill="transparent"
visibility="hidden"/>
</svg>
```

JavaScript:

```javascript
gsap.registerPlugin(MorphSVGPlugin);

const tl = gsap.timeline();

tl.to("#startPath", {
  duration: 2,
  stroke: "blue",
  strokeWidth: 2,
  morphSVG: "#endPath"
})
.to("#startPath", {
  duration: 1,
  strokeDasharray: 400,
  strokeDashoffset: -400
});
```

Diese fortgeschrittene Animation verwandelt zunächst **startPath** in die Form von **endPath**, während gleichzeitig die Farbe und die Breite des Strichs geändert werden. Anschließend wird ein „Zeichen"-Effekt durch das Animieren von **strokeDasharray** und **strokeDashoffset** erzeugt.

Integrierter Code der HTML-Seite:

```html
<!DOCTYPE html>
<html>
<head>
  <title>GSAP SVG Morphing and Dashed Stroke</title>
  <script
src="https://cdnjs.cloudflare.com/ajax/libs/gsap/3.10.3/gsap.min.js"></script>
  <script
src="https://cdnjs.cloudflare.com/ajax/libs/gsap/3.10.3/MorphSVGPlugin.min.js"></s
cript>
</head>
<body>
```

```html
<svg viewBox="0 0 100 100">
  <path   id="startPath"   d="M10,50   Q50,-10   90,50   T170,110"   stroke="black"
fill="transparent" />
  <path   id="endPath"   d="M10,90   Q50,10   90,90   T170,90"   stroke="black"
fill="transparent" visibility="hidden" />
</svg>

<script>
  gsap.registerPlugin(MorphSVGPlugin);

  const tl = gsap.timeline();

  tl.to("#startPath", {
    duration: 2,
    stroke: "blue",
    strokeWidth: 2,
    morphSVG: "#endPath"
  })
  .to("#startPath", {
    duration: 1,
    strokeDasharray: 400,
    strokeDashoffset: -400
  });
</script>

</body>
</html>
```

Erklärung:

1. HTML-Struktur:

    o   Ein SVG-Element wird mit einem viewBox-Attribut definiert, um sein
        Koordinatensystem festzulegen.

    o   Zwei Pfadelemente werden erstellt: **startPath** (sichtbar, schwarz) und
        endPath (verborgen, schwarz).

2. Laden des Plugins:

    o   **gsap.registerPlugin(MorphSVGPlugin);**: Lädt das MorphSVGPlugin für die
        Morphologie von Pfaden.

3. GSAP-Timeline:

    o   **const tl = gsap.timeline();**: Erstellt eine GSAP-Timeline zur Sequenzierung der
        Animationen.

4. Morphologie-Animation:

    o   **tl.to("#startPath", ...)**: Zielt auf **startPath** für die Animation ab.

- **duration: 2**: Legt die Dauer der Animation auf 2 Sekunden fest.

- **stroke: "blue"**: Ändert die Strichfarbe zu Blau.

- **strokeWidth: 2**: Passt die Strichbreite auf 2 an.

- **morphSVG: "#endPath"**: Verwandelt **startPath** in die Form von **endPath**.

5. Strichmuster-Animation:

   o **tl.to("#startPath", ...)**: Zielt erneut auf **startPath** für eine zweite Animation ab.

      - **duration: 1**: Legt die Dauer der Animation auf 1 Sekunde fest.

      - **strokeDasharray: 400**: Erstellt ein gestricheltes Strichmuster mit einer Gesamtlänge von 400 Einheiten.

      - **strokeDashoffset: -400**: Versetzt das gestrichelte Muster, um den Strich anfänglich zu verbergen.

Kernpunkte:

- Der Pfad verwandelt sich von seiner Ausgangsform in die gewünschte Form, während gleichzeitig die Farbe und Breite des Strichs geändert werden.

- Nach der Morphologie wird der Strich gestrichelt und wird animiert, um sich zu enthüllen, wodurch ein zeichnungsähnlicher Effekt entsteht.

- Die Timeline sequenziert effektiv mehrere Animationen am selben Element für eine kohärente visuelle Erfahrung.

4.2.4 Animieren von Strichen und Füllungen von SVGs

Das Animieren von Strich und Füllung von SVGs kann visuell beeindruckende Effekte erzeugen. Durch die dynamische Änderung der Strich- und Füllungseigenschaften können SVG-Animationen statischen Bildern Leben und Bewegung verleihen. Dies wird durch die Manipulation der Farben, der Dicke und des Musters von Strich und Füllung erreicht, wodurch eine fesselnde visuelle Darstellung entsteht.

Darüber hinaus verbessern SVG-Animationen nicht nur die visuelle Anziehungskraft, sondern fügen dem Design auch ein Gefühl von Dynamik und Interaktivität hinzu. Dieses interaktive Element ermöglicht es den Benutzern, mit dem Kunstwerk zu interagieren und bietet eine fesselnde und immersive Erfahrung. Außerdem kann die Verwendung sorgfältig ausgearbeiteter Animationen in SVGs effektiv die Aufmerksamkeit des Betrachters auf sich ziehen, einen bleibenden Eindruck hinterlassen und die Gesamterfahrung ansprechender, angenehmer und einprägsamer machen.

Beispiel 1: Animation von Strichen und Füllungen

Das HTML bleibt dasselbe wie im vorherigen Beispiel.

JavaScript:

```javascript
gsap.to("#circle", {
  duration: 2,
  stroke: "green",
  strokeWidth: 5,
  fill: "yellow"
});
```

Dieser Code ändert die Strichfarbe, die Strichbreite und die Füllfarbe des Kreises.

Anwendungsfall in einem HTML-Projekt:

```html
<!DOCTYPE html>
<html>
<head>
  <title>GSAP SVG Circle Animation</title>
  <script
src="<https://cdnjs.cloudflare.com/ajax/libs/gsap/3.10.3/gsap.min.js>"></script>
</head>
<body>

  <svg width="200" height="200">
    <circle id="circle" cx="100" cy="100" r="50" fill="blue" stroke="black" stroke-
width="2" />
  </svg>

  <script>
    gsap.to("#circle", {
      duration: 2,
      stroke: "green",
      strokeWidth: 5,
      fill: "yellow"
    });
  </script>

</body>
</html>
```

Erklärung:

1. HTML-Struktur:

    o   Ein SVG-Element mit einer Breite von 200 und einer Höhe von 200 wird erstellt.

    o   Der Code geht davon aus, dass bereits ein Kreis mit der ID „circle" innerhalb
        des SVG vorhanden ist, der seine Ausgangsposition, Größe, Strich und Füllung
        definiert.

2. Animation mit GSAP:

  - **gsap.to("#circle", ...)**: Zielt auf das Element „circle" für die Animation ab.

  - **duration: 2**: Legt die Dauer der Animation auf 2 Sekunden fest.

  - **stroke: "green"**: Animiert die Strichfarbe zu Grün.

  - **strokeWidth: 5**: Animiert die Strichbreite auf 5.

  - **fill: "yellow"**: Animiert die Füllfarbe zu Gelb.

Kernpunkte:

- Der Strich des Kreises wird sanft zu Grün wechseln und sich auf eine Breite von 5 verbreitern, während seine Füllung zu Gelb übergeht, wodurch ein visuell ansprechender Effekt entsteht.

- Dies zeigt, wie GSAP mehrere Attribute von SVG-Elementen gleichzeitig für umfassende visuelle Änderungen animieren kann.

- Es ist wichtig sicherzustellen, dass das Kreiselement mit der ID „circle" im SVG vorhanden ist, bevor dieser Code ausgeführt wird.

Beispiel 2: Animation der Strichbreiten- und Farbänderung

Ziel: Eine Animation erstellen, bei der sich die Breite und Farbe des Strichs eines SVG-Pfades im Laufe der Zeit ändern.

HTML:

```
<svg width="200" height="200">
  <path  id="pathStroke"  d="M20,100  Q100,20  180,100  T300,100"  stroke="black"
fill="none" stroke-width="2"/>
</svg>
```

JavaScript:

```
gsap.to("#pathStroke", {
  duration: 2,
  stroke: "orange",
  strokeWidth: 5,
  ease: "power1.inOut"
});
```

Diese Animation geht sanft zum Strich in Orange über und erhöht die Strichdicke, wodurch dem Pfad ein dynamischer visueller Effekt hinzugefügt wird.

Integrierter HTML-Code:

```html
<!DOCTYPE html>
<html>
<head>
  <title>GSAP SVG Path Animation</title>
  <script
src="<https://cdnjs.cloudflare.com/ajax/libs/gsap/3.10.3/gsap.min.js>"></script>
</head>
<body>

  <svg width="200" height="200">
    <path  id="pathStroke"  d="M20,100  Q100,20  180,100  T300,100"  stroke="black"
fill="none" stroke-width="2" />
  </svg>

  <script>
    gsap.to("#pathStroke", {
      duration: 2,
      stroke: "orange",
      strokeWidth: 5,
      ease: "power1.inOut"
    });
  </script>

</body>
</html>
```

Erklärung:

1. HTML-Struktur:

    o   Es wird ein SVG-Element mit einer Breite von 200 und einer Höhe von 200
        erstellt.

    o   Ein Pfad mit der ID "pathStroke" wird innerhalb des SVG definiert, der
        anfänglich schwarz ist, keine Füllung hat und eine Strichbreite von 2 aufweist.

2. Animation mit GSAP:

    o   **gsap.to("#pathStroke", ...)**: Zielt auf das Element "pathStroke" für die
        Animation ab.

    o   **duration: 2**: Legt die Dauer der Animation auf 2 Sekunden fest.

    o   **stroke: "orange"**: Animiert die Strichfarbe zu Orange.

    o   **strokeWidth: 5**: Animiert die Strichbreite auf 5 und macht ihn dadurch dicker.

    o   **ease: "power1.inOut"**: Wendet eine "power1.inOut"-Ease-Funktion für eine
        dynamischere Bewegung an, mit sanfter Beschleunigung und Verzögerung am
        Anfang und Ende.

Kernpunkte:

- Der Strich des Pfades wechselt sanft zu Orange und verbreitert sich innerhalb von 2 Sekunden auf eine Breite von 5, mit einem visuell ansprechenden Beschleunigungs- und Verzögerungsmuster.

- Die **ease**-Eigenschaft zeigt, wie GSAP das Timing und das Gefühl von Animationen für ausdrucksstärkere Effekte steuern kann.

Beispiel 3: Animation von Verlaufsfüllungen in SVG

Ziel: Die Verlaufsfüllung einer SVG-Form animieren.

HTML:

```html
<svg width="200" height="200">
  <defs>
    <linearGradient id="grad1" x1="0%" y1="0%" x2="100%" y2="0%">
      <stop offset="0%" style="stop-color:rgb(255,255,0); stop-opacity:1" />
      <stop offset="100%" style="stop-color:rgb(255,0,0); stop-opacity:1" />
    </linearGradient>
  </defs>
  <ellipse cx="100" cy="100" rx="85" ry="55" fill="url(#grad1)" />
</svg>
```

JavaScript:

```javascript
gsap.to("stop", {
  duration: 2,
  attr: {offset: "50%"},
  stagger: 0.1
});
```

In diesem Beispiel werden die Stopps im linearen SVG-Verlauf animiert, wodurch ein Farbwechseleffekt innerhalb der Form entsteht.

In die HTML-Seite integrierter Code:

```html
<!DOCTYPE html>
<html>
<head>
  <title>GSAP SVG Gradient Animation</title>
  <script
src="https://cdnjs.cloudflare.com/ajax/libs/gsap/3.10.3/gsap.min.js"></script>
</head>
<body>

  <svg width="200" height="200">
    <defs>
      <linearGradient id="grad1" x1="0%" y1="0%" x2="100%" y2="0%">
```

```html
      <stop offset="0%" style="stop-color:rgb(255,255,0); stop-opacity:1" />
      <stop offset="100%" style="stop-color:rgb(255,0,0); stop-opacity:1" />
    </linearGradient>
  </defs>
  <ellipse cx="100" cy="100" rx="85" ry="55" fill="url(#grad1)" />
</svg>

<script>
  gsap.to("stop", {
    duration: 2,
    attr: { offset: "50%" },
    stagger: 0.1
  });
</script>

</body>
</html>
```

Erklärung:

1. HTML-Struktur:

    o   Es wird ein SVG-Element mit einer Breite von 200 und einer Höhe von 200 erstellt.

    o   Ein linearer Verlauf mit der ID "grad1" wird innerhalb des SVG definiert, der von Gelb zu Rot verläuft.

    o   Eine Ellipse wird erstellt, die den Verlauf "grad1" als Füllung verwendet.

2. GSAP-Animation:

    o   **gsap.to("stop", ...)**: Zielt auf alle Elemente mit dem Tag-Namen "stop" (die Verlaufsstopps) für die Animation ab.

    o   **duration: 2**: Legt die Basisdauer der Animation auf 2 Sekunden fest.

    o   **attr: { offset: "50%" }**: Animiert das **offset**-Attribut jedes Stopps auf 50% und verschiebt sie zur Mitte des Verlaufs.

    o   **stagger: 0.1**: Versetzt den Beginn der Animation jedes Stopps um 0,1 Sekunden und erzeugt einen sequenziellen Effekt.

Kernpunkte:

*   Die Verlaufsstopps verschieben sich allmählich über 2 Sekunden zur Mitte des Verlaufs und erzeugen eine visuelle Farbmischung innerhalb der Ellipse.

*   Die Versetzung erzeugt einen subtilen wellenähnlichen Übergang, der das visuelle Interesse steigert.

- Dies zeigt, wie GSAP Attribute von SVG-Elementen, einschließlich Verlaufsstopps, für dynamische und ansprechende visuelle Effekte animieren kann.

4.2.5 Interaktive SVG-Animation

Interaktive SVG-Animationen sind ein leistungsstarkes Werkzeug, das die Nutzereinbindung erheblich verbessern kann. Sie fügen einer Website oder Anwendung dynamische und visuell ansprechende Elemente hinzu, die die Aufmerksamkeit der Nutzer fesseln und ihre Erfahrung interaktiver und angenehmer gestalten.

Diese Animationen können auf vielfältige Weise eingesetzt werden, wie zum Beispiel bei der Erstellung animierter Tutorials oder interaktiver Datenvisualisierungen, die es den Nutzern ermöglichen, aktiv teilzunehmen und auf ansprechende Weise zu lernen. Sie unterhalten die Nutzer nicht nur, sondern erleichtern auch ein besseres Verständnis der präsentierten Inhalte.

Durch die Integration interaktiver SVG-Animationen in Websites und Anwendungen ist es möglich, eine immersivere und fesselndere Benutzererfahrung zu schaffen. Nutzer werden dazu ermutigt, auf bedeutsame Weise mit dem Inhalt zu erkunden und zu interagieren, was zu einem tieferen Maß an Einbindung führt. Dieser interaktive Ansatz fördert die Neugier der Nutzer und ermutigt sie, mehr Zeit auf der Plattform zu verbringen, was letztendlich zu einer positiveren und befriedigenderen Benutzererfahrung führt.

Beispiel 1: Hover-Effekt auf SVG-Element

HTML:

```html
<svg width="100" height="100">
    <rect id="rectangle" x="10" y="10" width="80" height="80" fill="blue"/>
</svg>
```

JavaScript:

```javascript
document.getElementById("rectangle").addEventListener("mouseover", () => {
  gsap.to("#rectangle", {duration: 1, fill: "purple"});
});

document.getElementById("rectangle").addEventListener("mouseout", () => {
  gsap.to("#rectangle", {duration: 1, fill: "blue"});
});
```

Bei dieser interaktiven Animation wechselt das Rechteck die Farbe, wenn man mit der Maus darüber fährt.

Integrierter HTML-Seitencode:

```html
<!DOCTYPE html>
<html>
<head>
```

```html
  <title>GSAP SVG Hover Animation</title>
  <script
src="<https://cdnjs.cloudflare.com/ajax/libs/gsap/3.10.3/gsap.min.js>"></script>
</head>
<body>

  <svg width="100" height="100">
    <rect id="rectangle" x="10" y="10" width="80" height="80" fill="blue" />
  </svg>

  <script>
    const rectangle = document.getElementById("rectangle");

    rectangle.addEventListener("mouseover", () => {
      gsap.to("#rectangle", { duration: 1, fill: "purple" });
    });

    rectangle.addEventListener("mouseout", () => {
      gsap.to("#rectangle", { duration: 1, fill: "blue" });
    });
  </script>

</body>
</html>
```

Erklärung:

1. HTML-Struktur:

    o   Es wird ein SVG-Element mit einer Breite von 100 und einer Höhe von 100 erstellt.

    o   Ein blaues Rechteck mit der ID "rectangle" wird innerhalb des SVG definiert.

2. Event Listeners:

    o   **rectangle.addEventListener("mouseover", ...)**: Fügt einen "mouseover"-Event-Listener zum Rechteck hinzu.

        ▪   Wenn die Maus über das Rechteck fährt, löst dies eine GSAP-Animation aus, die die Füllfarbe über 1 Sekunde auf Lila ändert.

    o   **rectangle.addEventListener("mouseout", ...)**: Fügt einen "mouseout"-Event-Listener zum Rechteck hinzu.

        ▪   Wenn die Maus das Rechteck verlässt, löst dies eine weitere GSAP-Animation aus, die die Füllfarbe über 1 Sekunde zurück auf Blau ändert.

Kernpunkte:

- Das Rechteck wechselt sanft zwischen den Farben Blau und Lila basierend auf der Benutzerinteraktion und erzeugt einen visuell ansprechenden Hover-Effekt.

- Die Fähigkeit von GSAP, SVG-Elemente zu animieren und sich in JavaScript-Events zu integrieren, ermöglicht dynamische und responsive Animationen.

- Dies zeigt, wie GSAP verwendet werden kann, um interaktive SVG-Animationen zu erstellen, die die Benutzererfahrungen verbessern.

Beispiel 2: Hover-Effekt auf einem SVG-Element

Ziel: Die Darstellung eines SVG-Elements ändern, wenn der Benutzer mit der Maus darüber fährt.

HTML:

```html
<svg width="200" height="200">
  <circle id="hoverCircle" cx="100" cy="100" r="40" fill="blue"/>
</svg>
```

JavaScript:

```javascript
document.getElementById("hoverCircle").addEventListener("mouseover", () => {
  gsap.to("#hoverCircle", {duration: 0.5, fill: "green", r: 50});
});

document.getElementById("hoverCircle").addEventListener("mouseout", () => {
  gsap.to("#hoverCircle", {duration: 0.5, fill: "blue", r: 40});
});
```

Diese interaktive Animation vergrößert den Kreis und ändert seine Farbe auf Grün, wenn man mit der Maus darüber fährt, und kehrt den Effekt um, wenn die Maus den Bereich verlässt.

Integrierter HTML-Code:

```html
<!DOCTYPE html>
<html>
<head>
  <title>GSAP SVG Hover Animation</title>
  <script
src="<https://cdnjs.cloudflare.com/ajax/libs/gsap/3.10.3/gsap.min.js>"></script>
</head>
<body>

  <svg width="200" height="200">
    <circle id="hoverCircle" cx="100" cy="100" r="40" fill="blue" />
  </svg>

  <script>
    const hoverCircle = document.getElementById("hoverCircle");
```

```javascript
  hoverCircle.addEventListener("mouseover", () => {
    gsap.to("#hoverCircle", { duration: 0.5, fill: "green", r: 50 });
  });

  hoverCircle.addEventListener("mouseout", () => {
    gsap.to("#hoverCircle", { duration: 0.5, fill: "blue", r: 40 });
  });
  </script>

</body>
</html>
```

Erklärung:

1. HTML-Struktur:

   o Es wird ein SVG-Element mit einer Breite von 200 und einer Höhe von 200 erstellt.

   o Ein blauer Kreis mit der ID "hoverCircle" wird innerhalb des SVG definiert.

2. Event Listeners:

   o **hoverCircle.addEventListener("mouseover", ...)**: Fügt einen "mouseover"-Event-Listener zum Kreis hinzu.

      ▪ Wenn die Maus über den Kreis fährt, löst dies eine GSAP-Animation aus, die:

         ▪ Die Füllfarbe über 0,5 Sekunden auf Grün ändert.

         ▪ Den Radius auf 50 erhöht und ihn dadurch größer macht.

   o **hoverCircle.addEventListener("mouseout", ...)**: Fügt einen "mouseout"-Event-Listener zum Kreis hinzu.

      ▪ Wenn die Maus den Kreis verlässt, löst dies eine weitere GSAP-Animation aus, die:

         ▪ Die Füllfarbe über 0,5 Sekunden zurück auf Blau ändert.

         ▪ Den Radius auf 40 verringert und seine ursprüngliche Größe wiederherstellt.

Kernpunkte:

- Der Kreis wechselt sanft zwischen den Farben Blau und Grün und wächst beim Überfahren mit der Maus leicht an, wodurch ein visuell ansprechender Interaktionseffekt entsteht.

- Die Fähigkeit von GSAP, SVG-Elemente zu animieren und sich in JavaScript-Events zu integrieren, ermöglicht dynamische und responsive Animationen.

- Dies zeigt, wie GSAP verwendet werden kann, um interaktive SVG-Animationen zu erstellen, die die Benutzererfahrungen verbessern und visuelles Feedback bieten.

Beispiel 3: Interaktion beim Klicken auf ein SVG

Ziel: Eine Animationssequenz auf einem SVG-Element auslösen, wenn darauf geklickt wird.

HTML:

```html
<svg width="200" height="200">
  <rect id="clickRect" x="50" y="50" width="100" height="100" fill="purple"/>
</svg>
```

JavaScript:

```javascript
document.getElementById("clickRect").addEventListener("click", () => {
  gsap.to("#clickRect", {duration: 1, rotation: 45, scale: 1.5});
});
```

In diesem Beispiel bewirkt ein Klick auf das Rechteck, dass es rotiert und sich vergrößert, wodurch ein dynamischer interaktiver Effekt entsteht.

Integrierter HTML-Seitencode:

```html
<!DOCTYPE html>
<html>
<head>
  <title>GSAP SVG Click Animation</title>
  <script
src="<https://cdnjs.cloudflare.com/ajax/libs/gsap/3.10.3/gsap.min.js>"></script>
</head>
<body>

  <svg width="200" height="200">
    <rect id="clickRect" x="50" y="50" width="100" height="100" fill="purple" />
  </svg>

  <script>
    const clickRect = document.getElementById("clickRect");

    clickRect.addEventListener("click", () => {
      gsap.to("#clickRect", { duration: 1, rotation: 45, scale: 1.5 });
    });
  </script>

</body>
</html>
```

Erklärung:

1. HTML-Struktur:

   o Es wird ein SVG-Element mit einer Breite von 200 und einer Höhe von 200 erstellt.

   o Innerhalb des SVG wird ein lila Rechteck mit der ID "clickRect" definiert.

2. Event-Listener:

   o **clickRect.addEventListener("click", ...)**: Fügt dem Rechteck einen Click-Event-Listener hinzu.

      ▪ Wenn auf das Rechteck geklickt wird, löst dies eine GSAP-Animation aus, die:

         ▪ Das Rechteck in 1 Sekunde um 45 Grad dreht.

         ▪ Das Rechteck in 1 Sekunde auf das 1,5-fache seiner ursprünglichen Größe skaliert.

Kernpunkte:

- Das Rechteck dreht sich und vergrößert sich sanft beim Klicken, wodurch eine dynamische visuelle Reaktion auf die Benutzerinteraktion entsteht.

- Die Fähigkeit von GSAP, SVG-Elemente zu animieren und sich in JavaScript-Events zu integrieren, ermöglicht interaktive und ansprechende Animationen.

- Dies zeigt, wie GSAP verwendet werden kann, um Animationen zu erstellen, die auf Benutzeraktionen reagieren und so das visuelle Feedback und die Benutzererfahrung verbessern.

4.2.6 Zusätzliche Überlegungen zur SVG-Animation mit GSAP

Optimierung von SVG für die Animation

SVG-Code bereinigen: Bevor ein SVG animiert wird, wird dringend empfohlen, den Code zu bereinigen. Dieser Prozess beinhaltet die Verwendung von Tools wie SVGO, um SVG-Dateien zu optimieren, indem unnötige Daten entfernt und das SVG für die Animation handhabbarer gemacht wird. Auf diese Weise kann eine flüssigere und effizientere Animationserfahrung gewährleistet werden.

Neben der Bereinigung des Codes gibt es weitere Schritte, die unternommen werden können, um die Animation eines SVG zu verbessern. Einer dieser Schritte ist die Optimierung des SVG für verschiedene Bildschirmgrößen und Auflösungen. Dies kann durch die Verwendung von Media Queries und responsiven Designtechniken erreicht werden, um sicherzustellen, dass das SVG auf jedem Gerät großartig aussieht.

Eine weitere Möglichkeit, die Animation ansprechender zu gestalten, besteht darin, interaktive Elemente zum SVG hinzuzufügen. Dies kann Hover-Effekte, Klick-Events und sogar durch Benutzerinteraktionen ausgelöste Animationen umfassen. Durch die Integration von Interaktivität kann ein dynamisches und immersives Erlebnis für die Benutzer geschaffen werden.

Erwäge außerdem, zusätzliche visuelle Effekte hinzuzufügen, um die Animation visuell ansprechender zu gestalten. Dies kann durch die Verwendung von Verläufen, Schatten und anderen grafischen Verbesserungen erreicht werden. Experimentiere mit verschiedenen Effekten, um diejenigen zu finden, die dein SVG am besten ergänzen und seine Gesamtästhetik verbessern.

Vergiss schließlich nicht, dein animiertes SVG in verschiedenen Browsern und auf verschiedenen Geräten zu testen, um Kompatibilität und optimale Leistung sicherzustellen. Dies hilft dir, Probleme oder Inkonsistenzen zu identifizieren und die notwendigen Anpassungen vorzunehmen, um deinen Benutzern die bestmögliche Erfahrung zu bieten.

Durch die Bereinigung des SVG-Codes, die Optimierung für verschiedene Bildschirmgrößen, das Hinzufügen interaktiver Elemente, die Integration visueller Effekte und das Testen der Kompatibilität kannst du die Animation deines SVG auf ein höheres Niveau heben und eine fesselndere und angenehmere Erfahrung für dein Publikum schaffen.

SVG-Struktur verstehen: Um ein SVG effektiv zu animieren, ist es entscheidend, ein umfassendes Verständnis seiner Struktur zu haben. Nimm dir die notwendige Zeit, um dich vollständig mit den verschiedenen Elementen und Attributen vertraut zu machen, aus denen das SVG besteht.

Durch den Erwerb dieses tiefgreifenden Wissens wirst du in der Lage sein, die spezifischen Teile des SVG zu identifizieren und anzusteuern, die eine Animation erfordern, was zu hochpräzisen und wirkungsvollen Animationen führt.

Darüber hinaus gewinnst du durch das Verständnis der SVG-Struktur wertvolle Einblicke in die zugrunde liegenden Designprinzipien und Techniken, die bei ihrer Erstellung verwendet wurden, was es dir ermöglicht, noch innovativere und visuell beeindruckendere Animationen zu erstellen.

Ebenen und Komplexität

Überlagerung von Elementen: Komplexe SVG-Animationen beinhalten oft die Überlagerung mehrerer Elemente. Diese Überlagerungstechnik verbessert die visuelle Komplexität und Tiefe der Animationen, was zu einem ansprechenderen und visuell angenehmeren Erlebnis für die Betrachter führt.

Durch die strategische Steuerung der Animationssequenz dieser Ebenen ermöglicht dir GSAP, Animationen zu erstellen, die nicht nur visuell beeindruckend sind, sondern auch ein Gefühl von Reichhaltigkeit und Raffinesse vermitteln. Mit GSAP hast du die Freiheit, deine Animationen mit einer komplexen Überlagerung zum Leben zu erwecken und deinem Design Tiefe und Faszination zu verleihen.

Verwaltung der Komplexität: Bei der Arbeit mit SVGs ist es entscheidend, das Maß an Komplexität sorgfältig zu handhaben. Es ist wichtig zu beachten, dass SVGs mit einer großen Anzahl von Elementen Herausforderungen für die Erzielung flüssiger Animationen darstellen können, insbesondere auf Geräten mit begrenzter Verarbeitungsleistung.

Daher ist es notwendig, die Komplexität deiner SVGs zu optimieren, um eine optimale Leistung auf verschiedenen Plattformen und Geräten sicherzustellen. Durch die Reduzierung der Anzahl der Elemente oder die Vereinfachung der Struktur deiner SVGs kannst du die Effizienz der Animationen verbessern und das allgemeine Benutzererlebnis steigern.

Kombination von GSAP mit CSS für SVGs

Hybride Animationen: Die Kombination der Kraft von GSAP mit CSS kann deine SVG-Animationen auf die nächste Ebene heben. Mit CSS kannst du problemlos fließende Übergänge und fesselnde Scroll-Effekte erstellen. Durch die Integration von GSAP erhältst du jedoch Zugang zu einer breiten Palette fortgeschrittener Funktionen, die es dir ermöglichen, komplexe und interaktive Animationen zu erstellen, die deine SVGs wirklich zum Leben erwecken. Durch die Synchronisierung dieser beiden robusten Tools eröffnest du endlose Möglichkeiten für Kreativität und Interaktivität in deinen Animationen.

Darüber hinaus ermöglicht dir die Kombination von GSAP und CSS, die Flexibilität von CSS nahtlos mit den umfangreichen Fähigkeiten von GSAP zu verschmelzen. Das bedeutet, dass du Animationen erstellen kannst, die nicht nur visuell beeindruckend, sondern auch hochgradig funktional und anpassbar sind. Egal, ob du einzelne SVG-Elemente animieren oder komplexe mehrstufige Animationen erstellen möchtest, die Kombination von GSAP und CSS gibt dir die Flexibilität und Kraft, die gewünschten Effekte zu erzielen.

Außerdem ermöglicht dir die gemeinsame Verwendung von GSAP und CSS, die Stärken jedes Tools zu nutzen. CSS glänzt bei der Handhabung einfacher Animationen und Übergänge, während GSAP bei komplexeren und fortgeschritteneren Animationen brilliert. Durch die gegenseitige Ergänzung der Stärken kannst du Animationen erstellen, die sowohl visuell beeindruckend als auch technisch robust sind.

Responsive SVG-Animationen: Es ist entscheidend sicherzustellen, dass deine SVG-Animationen responsiv sind und sich gut an verschiedene Bildschirmgrößen und Auflösungen anpassen. Eine effektive Möglichkeit, GSAP-Animationen responsiv zu gestalten, besteht darin, relative Einheiten wie Prozentsätze oder Viewport-Einheiten zu verwenden.

Dadurch kannst du gewährleisten, dass deine Animationen korrekt skalieren und ihre visuelle Attraktivität auf verschiedenen Geräten beibehalten. Zusätzlich ist es wichtig, die Responsivität deiner SVG-Elemente und ihre Positionierung zu berücksichtigen, um ein optimales Benutzererlebnis zu gewährleisten.

SVG-Textanimation

Textanimation: SVG-Textelemente können auf verschiedene Arten mit GSAP animiert werden. Diese leistungsstarke Bibliothek ermöglicht es dir, fesselnde typografische Effekte zu erstellen, die dein Publikum mit Sicherheit beeindrucken werden.

Mit GSAP hast du die Flexibilität, nicht nur die Position des Textes (Koordinaten **x** und **y**) zu animieren, sondern auch sein Aussehen durch die Animation von Eigenschaften wie **fill** und **stroke**. Durch die Nutzung der Animationsfähigkeiten von GSAP kannst du deinem SVG-Text Leben einhauchen und eine zusätzliche Ebene von Dynamik und visueller Attraktivität zu deinen Designs hinzufügen.

Praktische Beispiele und Anwendungsfälle

Interaktive Datenvisualisierung: Nutze die Kraft der interaktiven Datenvisualisierung, um das Benutzererlebnis zu verbessern. Durch die Integration interaktiver Elemente wie Tooltips, Filter und Drill-down-Funktionen kannst du den Benutzern eine immersivere und informativere Erkundung der Daten ermöglichen. Stell dir vor, mit dem Cursor über Datenpunkte zu fahren, um zusätzliche Details aufzudecken, oder mühelos zwischen verschiedenen Datensätzen zu wechseln, um Trends und Muster zu vergleichen.

Mit der Fähigkeit, SVG-Grafiken oder Diagramme als Reaktion auf Benutzerinteraktionen oder Datenänderungen zu animieren, kannst du dynamische und ansprechende Visualisierungen erstellen, die nicht nur dein Publikum fesseln, sondern ihnen auch ermöglichen, bedeutungsvolle Informationen in den Daten zu erkunden und zu entdecken.

Icon-Übergänge: Steigere die Qualität deiner Benutzeroberflächen durch die Integration faszinierend Icon-Übergänge. Durch die Verwendung dieser Funktion hast du die Möglichkeit, fließende und visuell fesselnde Transformationen zu erstellen, bei denen sich ein Icon elegant in ein anderes verwandelt, basierend auf der Benutzerinteraktion.

Durch das Hinzufügen dieser Funktion zu deinem Design wird nicht nur ein Gefühl von Raffinesse vermittelt, sondern auch das Gesamterlebnis und die Benutzerfreundlichkeit deiner Oberflächen erheblich verbessert.

Storytelling und Illustrationen: Hebe die Storytelling-Fähigkeiten deiner Website auf die nächste Ebene, indem du animierte SVG-Illustrationen integrierst. Durch die Verwendung dynamischer und interaktiver Elemente kannst du ein immersives Erlebnis schaffen, das Benutzer fesselt und sie durch eine faszinierende Reise führt.

Diese animierten Elemente verbessern nicht nur die visuelle Attraktivität deiner Website, sondern tragen auch zu einem ansprechenderen und einprägsameren Benutzererlebnis bei. Mit der Kraft animierter SVG-Illustrationen kannst du deine Botschaft effektiv vermitteln und einen bleibenden Eindruck bei deinem Publikum hinterlassen.

Zusammenfassend

Die Animation von SVG mit GSAP ist eine unglaublich lohnende und befriedigende Aufgabe, die über ein einfaches Unterfangen hinausgeht. Sie erfordert eine einzigartige Kombination aus angeborenem künstlerischem Talent und tiefgreifendem technischem Wissen. Dieser innovative Ansatz erweckt nicht nur deine Webinhalte zum Leben, sondern eröffnet auch endlose Möglichkeiten zur Erstellung faszinierender, interaktiver und visuell atemberaubender Animationen.

Durch die gründliche Berücksichtigung der diskutierten Punkte und die kontinuierliche Erkundung einer Vielzahl verschiedener Techniken und Stile hast du die Kraft, sorgfältig ausgearbeitete SVG-Animationen zu erstellen, die dein geschätztes Publikum fesseln und begeistern und somit das Gesamtbenutzererlebnis deiner geschätzten Webprojekte verbessern.

Das Finden der perfekten Balance zwischen deinen grenzenlosen kreativen Ideen und den wesentlichen Aspekten von Leistung und Benutzerfreundlichkeit ist von größter Bedeutung. Dies stellt sicher, dass deine sorgfältig ausgearbeiteten Animationen den inneren Wert und die tiefgreifende Wirkung deiner beeindruckenden Designs wirklich verbessern.

4.3 Responsive Animationen

Willkommen zu einem unglaublich wichtigen und höchst bedeutsamen Thema, das große Relevanz in der sich ständig verändernden Welt der Webanimationen hat: die Kunst, responsive Animationen zu erstellen. In dieser modernen Ära, in der wir mit einer Fülle verschiedener Bildschirmgrößen und einer Vielfalt unterschiedlicher Geräte konfrontiert sind, ist es zunehmend entscheidend geworden, sicherzustellen, dass sich unsere Animationen mit maximaler Anmut und Flüssigkeit über alle Plattformen hinweg anpassen.

Während wir uns auf diese spannende und aufschlussreiche Reise begeben, werden wir die verschiedenen Strategien und Techniken zur Erstellung responsiver Animationen mit GSAP eingehend erkunden. Durch den Einsatz dieser wertvollen Werkzeuge und Methoden kannst du gewährleisten, dass dein animierter Inhalt ein unvergleichliches und wahrhaft immersives Erlebnis bietet, das die Aufmerksamkeit und Faszination deines Publikums einfängt, unabhängig davon, welches Gerät es verwendet.

Im Verlauf dieser umfassenden Erkundung werden wir in die Feinheiten und Nuancen jedes Schritts eintauchen, der bei der Erstellung responsiver Animationen involviert ist, und dir ein ganzheitliches Verständnis des gesamten Prozesses vermitteln. Darüber hinaus werden wir auch die Bedeutung der Benutzererfahrung diskutieren und wie die Integration responsiver Animationen die allgemeine Interaktion mit deiner Website oder Anwendung erheblich verbessern kann.

Am Ende dieser aufregenden Reise wirst du einen Schatz an Wissen und ein breites Spektrum an Fähigkeiten besitzen, die dich befähigen, visuell beeindruckende und perfekt responsive Animationen zu erstellen, die dein Publikum fesseln und einbinden. Mach dich bereit und begib dich auf dieses transformative Abenteuer, das deinen Ansatz für Webanimationen revolutionieren wird!

4.3.1 Responsive Animationen verstehen

Responsive Animationen bieten eine unglaubliche Vielseitigkeit und Anpassungsfähigkeit. Diese Animationen sind sorgfältig ausgearbeitet, um sich dynamisch anzupassen und an eine breite Palette von Bildschirmgrößen, Ausrichtungen und sogar Umgebungsbedingungen anzupassen, wodurch ein außergewöhnliches und personalisiertes Seherlebnis für die Benutzer gewährleistet wird.

Darüber hinaus erhältst du mit Hilfe der robusten GSAP-Bibliothek Zugang zu einer umfassenden Suite von Werkzeugen und Funktionalitäten, die es dir ermöglichen, mühelos beeindruckende Animationen zu erstellen, die nahtlos über zahlreiche Plattformen hinweg übertragen werden.

Ob auf Desktop-Computern, Tablets oder mobilen Geräten – GSAP ermöglicht es dir, dein Publikum mit deinen Animationen selbstbewusst zu fesseln und einzubinden, unabhängig von dem spezifischen Gerät, das sie verwenden. Darüber hinaus machen die Flexibilität und Benutzerfreundlichkeit von GSAP es zu einem unschätzbaren Werkzeug für Animatoren, die fesselnde Erlebnisse über verschiedene Geräte und Plattformen hinweg bieten möchten.

4.3.2 Grundlegende Techniken für responsive Animationen

1. **Relative Einheiten verwenden**: Anstelle fester Pixelwerte verwende relative Einheiten wie Prozentsätze, **vw** (Viewport-Breite) oder **vh** (Viewport-Höhe) in deinen Animationen. Dieser Ansatz stellt sicher, dass die Animationen entsprechend der Bildschirmgröße skalieren.

Beispiel:

```
gsap.to(".box", {duration: 2, x: "50vw", y: "50vh"});
```

Dies bewegt das Element in die Mitte des Viewports, unabhängig von der Bildschirmgröße.

Anwendungsfall in einem HTML-Projekt:

```html
<!DOCTYPE html>
<html>
<head>
  <title>GSAP Box Animation</title>
  <script
src="<https://cdnjs.cloudflare.com/ajax/libs/gsap/3.10.3/gsap.min.js>"></script>
</head>
<body>

  <div class="box" style="width: 100px; height: 100px; background-color: blue;
position: absolute;"></div>
  <script>
    gsap.to(".box", {
      duration: 2,
```

```
    x: "50vw",
    y: "50vh"
  });
  </script>

</body>
</html>
```

Erklärung:

1. HTML-Struktur:

   o Es wird ein Box-Element mit blauem Hintergrund erstellt und mittels CSS absolut positioniert.

   o Die Box hat die Klasse "box", die das Ziel der GSAP-Animation ist.

   o Du kannst weitere Boxen mit derselben Klasse hinzufügen, um sie gemeinsam zu animieren.

2. GSAP-Animation:

   o **gsap.to(".box", ...)**: Zielt auf alle Elemente mit der Klasse "box" für die Animation ab.

   o **duration: 2**: Legt die Dauer der Animation auf 2 Sekunden fest.

   o **x: "50vw"**: Animiert die horizontale Position (x-Koordinate) der Boxen auf 50vw (50% der Viewport-Breite) und zentriert sie horizontal.

   o **y: "50vh"**: Animiert die vertikale Position (y-Koordinate) der Boxen auf 50vh (50% der Viewport-Höhe) und zentriert sie vertikal.

Wichtige Punkte:

- Alle Boxen mit der Klasse "box" bewegen sich während 2 Sekunden sanft zur Mitte des Viewports und erzeugen einen visuell ansprechenden Effekt.

- Die Fähigkeit von GSAP, mehrere Elemente mithilfe von Klassen zu animieren, macht es effizient für die Animation von Gruppen ähnlicher Elemente.

- Die Verwendung von Viewport-Einheiten (vw und vh) stellt sicher, dass sich die Animation an verschiedene Bildschirmgrößen anpasst und dabei den Zentrierungseffekt beibehält.

1. **Media Queries und GSAP**: Kombiniere CSS Media Queries mit GSAP, um Animationen je nach Bildschirmgröße anzupassen.

CSS:

```css
@media (max-width: 768px) {
```

```css
.box { transform: scale(0.5); }
}
```

JavaScript:

```javascript
if (window.matchMedia("(max-width: 768px)").matches) {
  gsap.to(".box", {duration: 2, x: 100});
} else {
  gsap.to(".box", {duration: 2, x: 200});
}
```

Dieser Code passt die Animationsdistanz entsprechend der Bildschirmbreite an.

Integrierter HTML-Code:

```html
<!DOCTYPE html>
<html>
<head>
  <title>GSAP Responsive Animation</title>
  <script
src="<https://cdnjs.cloudflare.com/ajax/libs/gsap/3.10.3/gsap.min.js>"></script>
  <style>
    .box {
      width: 100px;
      height: 100px;
      background-color: blue;
      position: absolute;
    }

    @media (max-width: 768px) {
      .box {
        transform: scale(0.5);
      }
    }
  </style>
</head>
<body>

  <div class="box"></div>

  <script>
    function handleResize() {
      if (window.matchMedia("(max-width: 768px)").matches) {
        gsap.to(".box", { duration: 2, x: 100 });
      } else {
        gsap.to(".box", { duration: 2, x: 200 });
      }
    }

    handleResize(); // Initial animation setup
```

```
  window.addEventListener("resize", handleResize); // Handle window resizing
</script>

</body>
</html>
```

Erklärung:

1. HTML-Struktur:

    o   Es wird ein Box-Element mit blauem Hintergrund erstellt und mittels CSS absolut positioniert.

    o   Die Box hat die Klasse "box", die sowohl Ziel der CSS-Media-Query als auch der GSAP-Animation ist.

2. CSS-Media-Query:

    o   **@media (max-width: 768px)**: Zielt auf Bildschirme mit einer Breite von 768px oder weniger ab.

    o   **.box { transform: scale(0.5); }**: Skaliert die Box auf 50% ihrer ursprünglichen Größe auf kleineren Bildschirmen.

3. JavaScript und GSAP:

    o   Funktion **handleResize()**:

        ▪   Überprüft die aktuelle Bildschirmbreite mittels **window.matchMedia()**.

        ▪   Wenn die Breite 768px oder weniger beträgt, wird die horizontale Position der Box auf 100px animiert.

        ▪   Andernfalls wird die horizontale Position der Box auf 200px animiert.

    o   **handleResize()** wird zunächst für die anfängliche Animationseinrichtung aufgerufen.

    o   Ein Event-Listener wird dem **resize**-Ereignis des Fensters hinzugefügt, um **handleResize()** jedes Mal aufzurufen, wenn die Größe des Fensters geändert wird, wodurch die Animation entsprechend angepasst wird.

Wichtige Punkte:

•   Die Animation passt sich an verschiedene Bildschirmgrößen an und schafft ein responsives Erlebnis.

•   Die Box wird auf kleineren Bildschirmen skaliert und bewegt sich je nach Bildschirmbreite an eine andere Position.

- Der Code hebt die Fähigkeit von GSAP hervor, Animationen zu erstellen, die auf Media Queries und sich ändernde Bildschirmbedingungen reagieren, wodurch die visuelle Konsistenz und Benutzererfahrung auf verschiedenen Geräten verbessert wird.

4.3.3 Fortgeschrittene Techniken für responsive Animationen

1. **Dynamische Berechnungen**: Verwende JavaScript, um Werte dynamisch basierend auf der Bildschirmgröße oder anderen Faktoren zu berechnen.

Beispiel:

```javascript
let width = window.innerWidth / 2;
gsap.to(".box", {duration: 2, x: width});
```

Anwendungsfall in einem HTML-Projekt:

```html
<!DOCTYPE html>
<html>
<head>
  <title>GSAP Centering Animation</title>
  <script
src="<https://cdnjs.cloudflare.com/ajax/libs/gsap/3.10.3/gsap.min.js>"></script>
</head>
<body>

  <div class="box" style="width: 100px; height: 100px; background-color: blue;
position: absolute;"></div>

  <script>
    let width = window.innerWidth / 2;
    gsap.to(".box", {
      duration: 2,
      x: width
    });

    window.addEventListener("resize", () => {
      width = window.innerWidth / 2;
      gsap.to(".box", { x: width });
    });
  </script>

</body>
</html>
```

Erklärung:

1. HTML-Struktur:

- o Es wird ein Box-Element mit blauem Hintergrund erstellt und mittels CSS absolut positioniert.

- o Die Box hat die Klasse "box", die das Ziel der GSAP-Animation ist.

2. JavaScript und GSAP:

- o **let width = window.innerWidth / 2**: Berechnet die Hälfte der Viewport-Breite und speichert sie in der Variable **width**.

- o **gsap.to(".box", …)**: Animiert die Box zum berechneten Wert von **width** über 2 Sekunden und zentriert sie damit effektiv horizontal.

- o **window.addEventListener("resize", …)**: Hört auf Fenstergrößenänderungs-Ereignisse und:

  - ▪ Berechnet die Variable **width** basierend auf der neuen Viewport-Breite neu.

  - ▪ Aktualisiert die Position der Box mittels GSAP und hält sie beim Ändern der Fenstergröße zentriert.

Wichtige Punkte:

- Die Box bewegt sich sanft zur horizontalen Mitte des Viewports über 2 Sekunden.

- Die Animation bleibt auch beim Ändern der Fenstergröße zentriert und bietet ein responsives Erlebnis.

- Dieser Code zeigt, wie GSAP Elemente basierend auf den Viewport-Dimensionen animieren und Animationen dynamisch als Reaktion auf Bildschirmänderungen anpassen kann.

1. **Responsive Timelines**: Erstelle verschiedene GSAP-Timelines für unterschiedliche Bildschirmgrößen und wechsle zwischen ihnen basierend auf Media Queries.

Beispiel:

```javascript
let desktopTimeline = gsap.timeline();
let mobileTimeline = gsap.timeline();

// Define desktopTimeline and mobileTimeline animations

if (window.matchMedia("(max-width: 768px)").matches) {
  mobileTimeline.play();
} else {
  desktopTimeline.play();
}
```

Anwendungsfall in einem HTML-Projekt:

```html
<!DOCTYPE html>
<html>
<head>
  <title>GSAP Responsive Timelines</title>
  <script
src="<https://cdnjs.cloudflare.com/ajax/libs/gsap/3.10.3/gsap.min.js>"></script>
</head>
<body>

  <div class="box" style="width: 100px; height: 100px; background-color: blue;
position: absolute;"></div>

  <script>
    let desktopTimeline = gsap.timeline();
    let mobileTimeline = gsap.timeline();

    // Define desktopTimeline animations
    desktopTimeline.to(".box", { duration: 2, x: 200 });
    desktopTimeline.to(".box", { duration: 2, y: 150, delay: 1 });

    // Define mobileTimeline animations
    mobileTimeline.to(".box", { duration: 2, x: 100 });
    mobileTimeline.to(".box", { duration: 2, y: 50, delay: 1 });

    function handleResize() {
      if (window.matchMedia("(max-width: 768px)").matches) {
        mobileTimeline.play();
        desktopTimeline.pause();
      } else {
        desktopTimeline.play();
        mobileTimeline.pause();
      }
    }

    handleResize(); // Initial setup
    window.addEventListener("resize", handleResize); // Handle window resizing
  </script>

</body>
</html>
```

Erklärung:

1. Erstellung von Timelines:

    - **desktopTimeline = gsap.timeline();**: Erstellt eine Timeline für Desktop-Animationen.

    - **mobileTimeline = gsap.timeline();**: Erstellt eine Timeline für Mobile-Animationen.

2. Definition der Animation:

- **desktopTimeline.to(...)**: Definiert spezifische Animationen innerhalb der Desktop-Timeline und bewegt die Box zu (200, 150) über 4 Sekunden.

- **mobileTimeline.to(...)**: Definiert spezifische Animationen innerhalb der Mobile-Timeline und bewegt die Box zu (100, 50) über 4 Sekunden.

3. Responsive Handhabung:

- Funktion **handleResize()**:

    - Überprüft die Bildschirmbreite mittels **window.matchMedia()**.

    - Wenn die Breite 768 Pixel oder weniger beträgt, wird die Mobile-Timeline abgespielt und die Desktop-Timeline pausiert.

    - Andernfalls wird die Desktop-Timeline abgespielt und die Mobile-Timeline pausiert.

- **handleResize()** wird zunächst für die Einrichtung aufgerufen und bei Fenstergrößenänderungs-Ereignissen.

Wichtige Punkte:

- Die separaten Timelines verwalten Desktop- und Mobile-Animationen und gewährleisten unterschiedliche Effekte für verschiedene Bildschirmgrößen.

- Der Code demonstriert, wie GSAP-Timelines strukturierte Animationen mit mehreren Schritten erstellen und deren Wiedergabe entsprechend den Bildschirmbedingungen steuern können.

- Die Animation passt sich an verschiedene Ansichten an und schafft eine responsive und personalisierte Benutzererfahrung.

4.3.4 Tipps für responsive Animationen

Tests auf verschiedenen Geräten: Es ist absolut entscheidend, dass Designer und Entwickler ihre Animationen konsistent und gründlich auf einer breiten Palette von Geräten und Bildschirmgrößen testen. Durch umfangreiche Tests kannst du sicherstellen, dass deine Animationen nicht nur einwandfrei funktionieren, sondern auch ein flüssiges und angenehmes Benutzererlebnis bieten.

Dieser Prozess ermöglicht es dir, potenzielle Kompatibilitätsprobleme zu identifizieren und die notwendigen Anpassungen oder Optimierungen vorzunehmen, um sicherzustellen, dass deine Animationen auf allen Geräten perfekt funktionieren, einschließlich Smartphones, Tablets und Desktop-Computern. Indem du Zeit und Mühe in diesen entscheidenden Schritt investierst, kannst du selbstbewusst Animationen liefern, die die Erwartungen der Nutzer übertreffen und ein wirklich immersives und fesselndes digitales Erlebnis bieten.

Performance-Optimierung: Neben dem gründlichen Testen deiner Animationen ist es wichtig, sich auf die Optimierung ihrer Performance zu konzentrieren, insbesondere auf mobilen Geräten. Ein effektiver Ansatz besteht darin, komplexe Animationen zu vereinfachen oder alternative Techniken zu erkunden, die auf kleineren Bildschirmen weniger ressourcenintensiv sind.

Durch die Umsetzung dieser Strategien kannst du die allgemeine Reaktionsfähigkeit verbessern und die Ladezeit deiner Website reduzieren, was zu einer besseren Benutzererfahrung für deine Besucher führt.

Balance zwischen Ästhetik und Funktionalität: Beim Design von Animationen ist es entscheidend, sowohl Ästhetik als auch Funktionalität zu berücksichtigen. Während es wesentlich ist, visuell ansprechende und fesselnde Animationen zu erstellen, ist es ebenso wichtig sicherzustellen, dass sie einem Zweck dienen und zur gesamten Benutzererfahrung beitragen.

Durch das Finden einer Balance zwischen Ästhetik und Funktionalität kannst du Animationen erstellen, die nicht nur Nutzer fesseln, sondern auch die Benutzerfreundlichkeit und Performance der Website verbessern. Es ist wichtig, den optimalen Punkt zu finden, an dem Animationen der User Journey einen Mehrwert verleihen, ohne die Website zu überladen oder Performance-Probleme zu verursachen. Durch sorgfältige Berücksichtigung der Auswirkungen jeder Animation auf die Benutzererfahrung kannst du eine nahtlose und angenehme Reise für die Besucher deiner Website schaffen.

Zusammenfassend

Responsive Animationen spielen eine entscheidende Rolle im zeitgenössischen Webdesign, da sie die Zugänglichkeit und Interaktivität deiner Inhalte auf verschiedenen Geräten gewährleisten. Durch die Nutzung der leistungsstarken Funktionen von GSAP und die Einbeziehung der Prinzipien des responsiven Webdesigns kannst du Animationen entwickeln, die das Publikum nicht nur visuell fesseln, sondern auch einem praktischen und inklusiven Zweck dienen.

Es ist wichtig zu beachten, dass das ultimative Ziel darin besteht, Animationen zu erstellen, die die Benutzererfahrung verbessern und sich nahtlos an die spezifische Umgebung des Nutzers anpassen. Erkunde und experimentiere kontinuierlich mit verschiedenen responsiven Techniken, und du wirst zweifellos deine Fähigkeiten in der faszinierenden Welt der responsiven Webanimation verfeinern.

Praktische Übungen für Kapitel 4

Herzlichen Glückwunsch zum Abschluss von Kapitel 4! Um dein Verständnis der besprochenen fortgeschrittenen Animationstechniken zu festigen, findest du hier einige praktische Übungen. Diese werden dich herausfordern, die erlernten Fähigkeiten in realen Szenarien anzuwenden.

Nachdem du jede Übung versucht hast, überprüfe die bereitgestellten Lösungen, um deinen Ansatz zu vergleichen.

Übung 1: Eine Animation mit ScrollTrigger erstellen

Implementiere eine Animation, bei der Elemente einblenden und sich nach oben bewegen, während du die Seite nach unten scrollst.

Lösung:

HTML:

```
<div class="box"></div>
<div class="box"></div>
<div class="box"></div>
```

CSS:

```
.box {
    opacity: 0;
    transform: translateY(100px);
    margin: 50px;
    height: 100px;
    background-color: blue;
}
```

JavaScript:

```
gsap.registerPlugin(ScrollTrigger);

gsap.utils.toArray(".box").forEach(box => {
  gsap.to(box, {
    scrollTrigger: box,
    opacity: 1,
    translateY: 0,
    duration: 1
  });
});
```

Übung 2: SVG-Pfad-Morphing mit GSAP

Erstelle eine Animation, bei der sich ein SVG-Pfad sanft in einen anderen verwandelt.

Lösung:

HTML:

```
<svg width="200" height="200">
  <path id="startPath" d="M10 80 Q 95 10 180 80 T 350 80" stroke="blue"
fill="transparent"/>
```

```html
<path id="endPath" d="M10 180 Q 95 110 180 180 T 350 180" stroke="red"
fill="transparent" visibility="hidden"/>
</svg>
```

JavaScript:

```javascript
gsap.registerPlugin(MorphSVGPlugin);

gsap.to("#startPath", {
  duration: 2,
  morphSVG: "#endPath"
});
```

Übung 3: Responsive Animation basierend auf der Bildschirmbreite

Entwerfe eine Animation, bei der sich die Bewegungsdistanz eines Elements je nach Bildschirmbreite ändert.

Lösung:

JavaScript:

```javascript
let distance = window.innerWidth < 768 ? "50px" : "100px";
gsap.to(".box", {duration: 2, x: distance});
```

Übung 4: Interaktive Hover-Animation auf SVG

Erstelle einen interaktiven Hover-Effekt auf einem SVG-Element, bei dem es sich vergrößert, wenn die Maus darüber bewegt wird, und zu seiner ursprünglichen Größe zurückkehrt, wenn die Maus entfernt wird.

Lösung:

HTML:

```html
<svg width="100" height="100">
  <circle id="circle" cx="50" cy="50" r="40" fill="blue" />
</svg>
```

JavaScript:

```javascript
document.getElementById("circle").addEventListener("mouseover", () => {
  gsap.to("#circle", {duration: 0.5, scale: 1.2});
});

document.getElementById("circle").addEventListener("mouseout", () => {
  gsap.to("#circle", {duration: 0.5, scale: 1});
});
```

Diese Übungen sind darauf ausgelegt, dir zu helfen, deine Fähigkeiten in fortgeschrittenen GSAP-Animationen zu üben und zu verfeinern, einschließlich responsivem Design, SVG-Morphing und interaktiven Animationen. Durch die Arbeit an diesen Herausforderungen wirst du ein tieferes Verständnis dafür erlangen, wie du GSAP in verschiedenen Szenarien anwenden kannst, wodurch du deine Fähigkeit verbesserst, anspruchsvolle und fesselnde Webanimationen zu erstellen. Experimentiere weiterhin mit verschiedenen Techniken, und du wirst weiter wachsen als erfahrener Webanimator.

Zusammenfassung von Kapitel 4

Beim Abschluss von Kapitel 4, „Fortgeschrittene Animationstechniken", reflektieren wir über die Reise durch einige der anspruchsvollsten Aspekte von GSAP. Dieses Kapitel war eine Erkundung in den Bereichen der Kreativität und technischen Kompetenz, die dir die Werkzeuge und das Wissen vermittelt hat, um deine Webanimationen auf ein professionelles Niveau zu heben. Es ist ein Kapitel, in dem Konzepte zu praktischen Anwendungen werden und Ideen sich in interaktive und fesselnde Erlebnisse verwandeln.

Die GSAP-Plugins meistern

Wir begannen das Kapitel mit einem Eintauchen in die Welt der GSAP-Plugins, die die Möglichkeiten unserer Animationen über die grundlegenden Funktionalitäten hinaus erweitern. Vom dynamischen ScrollTrigger, der scroll-basierte Animationen ermöglicht, bis zum vielseitigen Draggable für interaktive Elemente bietet jedes Plugin einzigartige Möglichkeiten zur Verbesserung deiner Webprojekte. Das MorphSVG-Plugin transformiert SVG-Pfade und fügt deinen Animationen eine Ebene der Raffinesse hinzu, während andere wie Physics2DPlugin, TextPlugin und SplitText spezifische Funktionalitäten hinzufügen, die verschiedenen Animationsanforderungen gerecht werden. Wir haben erkundet, wie diese Plugins nahtlos in deine Animationen integriert werden können und Türen zu neuen kreativen Möglichkeiten öffnen.

SVG mit GSAP animieren

Unsere Erkundung führte uns tiefer in die Details der SVG-Animation mit GSAP. SVGs sind mit ihrer Skalierbarkeit und Flexibilität perfekt für hochwertige Animationen. Wir haben gesehen, wie GSAP SVG-Elemente zum Leben erwecken kann, sie bewegen, morphen und interagieren lässt. Von einfachen Bewegungen von Formen über die Leinwand bis zum Morphing komplexer Pfade ermöglicht dir GSAP, detaillierte und komplizierte SVG-Animationen zu erstellen. Diese Animationen sind nicht nur visuell ansprechend; sie können die Benutzeroberfläche und das Erlebnis erheblich verbessern.

Responsive Animationen für alle Geräte

In der heutigen Multi-Geräte-Welt ist Responsivität im Webdesign unverzichtbar, und dies erstreckt sich auch auf Animationen. Wir haben uns mit den Techniken befasst, um responsive Animationen zu erstellen, die sich an verschiedene Bildschirmgrößen und Ausrichtungen anpassen. Durch die Verwendung relativer Einheiten, Medienabfragen und der responsiven Fähigkeiten von GSAP haben wir gelernt, wie wir sicherstellen können, dass unsere Animationen auf allen Geräten großartig aussehen und reibungslos funktionieren. Dieser Abschnitt unterstrich die Bedeutung, verschiedene Benutzerumgebungen beim Design von Animationen zu berücksichtigen und Barrierefreiheit und Konsistenz in der Benutzererfahrung zu gewährleisten.

Praktische Übungen und Anwendungen in der realen Welt

Die praktischen Übungen boten die Gelegenheit, diese fortgeschrittenen Techniken in realen Szenarien anzuwenden. Von der Erstellung scroll-basierter Animationen über das Morphing von SVG-Pfaden bis hin zu responsiven Designs und interaktiven SVG-Elementen – diese Übungen wurden entwickelt, um dein Verständnis herauszufordern und zum Experimentieren anzuregen.

Fazit

Zusammenfassend hat dich Kapitel 4 mit einem Arsenal fortgeschrittener Techniken und Werkzeuge ausgestattet, um professionelle, fesselnde und responsive Webanimationen zu erstellen. Das hier erworbene Wissen geht nicht nur darum, komplexe Animationen auszuführen, sondern Kreativität und Interaktivität in deine Webprojekte einzuweben. Während du fortschreitest, denke daran, dass der Schlüssel zu erfolgreichen Animationen in der Balance zwischen ästhetischer Anziehungskraft, Funktionalität und Benutzererfahrung liegt. Mit diesen fortgeschrittenen Techniken in deinem Repertoire bist du nun bestens vorbereitet, die Grenzen dessen zu verschieben, was du mit Webanimationen unter Verwendung von GSAP erreichen kannst. Erkunde weiter, experimentiere weiter und vor allem – animiere weiter!

Quiz zu Teil II

Ausgezeichnete Arbeit beim Abschließen von Teil II: "Grundlegende GSAP-Techniken"! Diese Prüfung ist darauf ausgelegt, Ihr Verständnis und Ihre Erinnerung an die in den Kapiteln 3 und 4 behandelten fortgeschrittenen Konzepte und Techniken zu bewerten. Versuchen Sie, diese Fragen zu beantworten, bevor Sie die Lösungen überprüfen. Es ist eine fantastische Möglichkeit, das Gelernte zu festigen und sicherzustellen, dass Sie bereit sind, zu komplexeren Themen überzugehen.

Frage 1:

Beschreiben Sie den Unterschied zwischen den Methoden **gsap.to()**, **gsap.from()** und **gsap.fromTo()** in GSAP.

Frage 2:

Erklären Sie das Konzept einer GSAP-Timeline und ihre Bedeutung bei der Erstellung komplexer Animationen.

Frage 3:

Wie verbessert das ScrollTrigger-Plugin Webanimationen, und können Sie ein einfaches Beispiel für seine Verwendung geben?

Frage 4:

Was ist der Zweck des MorphSVG-Plugins, und wie transformiert es SVG-Animationen?

Frage 5:

Diskutieren Sie die Bedeutung responsiver Animationen und geben Sie ein Beispiel dafür, wie man eine einfache responsive Animation mit GSAP erstellt.

Frage 6:

Wie kann das Draggable-Plugin in GSAP-Animationen verwendet werden, und welche Art von Benutzerinteraktionen unterstützt es?

Frage 7:

Was sind die Vorteile der Verwendung von SVGs für Webanimationen, und wie verbessert GSAP diese Animationen?

Frage 8:

Beschreiben Sie den Prozess und die Vorteile der Animation von SVG-Konturen und -Füllungen mit GSAP.

Frage 9:

Wie können GSAP-Plugins kombiniert werden, um fortgeschrittenere und interaktive Animationen zu erstellen?

Frage 10:

Welche bewährten Praktiken sollten bei der Erstellung von Animationen für verschiedene Geräte und Bildschirmgrößen berücksichtigt werden?

Prüfungslösungen

Antwort 1:

gsap.to() animiert Eigenschaften von ihrem aktuellen Zustand zu neuen Werten, **gsap.from()** animiert von bestimmten Werten zum aktuellen Zustand, und **gsap.fromTo()** animiert von angegebenen Anfangswerten zu angegebenen Endwerten.

Antwort 2:

Eine GSAP-Timeline ist ein Controller für mehrere Tweens, der es Ihnen ermöglicht, mehrere Animationen als zusammenhängende Einheit zu sequenzieren und zu steuern. Sie ist bedeutend für die Koordinierung komplexer Animationen und die Synchronisierung mehrerer Elemente.

Antwort 3:

ScrollTrigger verbessert Webanimationen, indem es Animationen basierend auf der Scroll-Position auslöst. Zum Beispiel die Animation eines Elements, das beim Scrollen in den Sichtbereich der Seite erscheint.

Antwort 4:

Das MorphSVG-Plugin ermöglicht die nahtlose Transformation einer SVG-Form oder eines Pfades in eine andere und verbessert dadurch erheblich die visuelle Attraktivität und Dynamik von SVG-Animationen.

Antwort 5:

Responsive Animationen passen sich an verschiedene Bildschirmgrößen und Ausrichtungen an. Zum Beispiel durch die Verwendung von Viewport-Einheiten (**vw**, **vh**) in GSAP-Tweens, um sicherzustellen, dass Elemente proportional zur Bildschirmgröße animiert werden.

Antwort 6:

Draggable ermöglicht es Elementen, sich interaktiv mit Maus- oder Touch-Gesten zu bewegen, und unterstützt Benutzerinteraktionen wie Ziehen, Wischen und Werfen.

Antwort 7:

SVGs sind skalierbar und hochwertig für jede Bildschirmgröße, und GSAP verbessert diese Animationen, indem es präzise Kontrolle über SVG-Eigenschaften bietet und komplexe Effekte wie Morphing und Konturenanimation ermöglicht.

Antwort 8:

Die Animation von SVG-Konturen und -Füllungen umfasst das Ändern von Eigenschaften wie **stroke-width**, **stroke-color** oder **fill**. Dies kann dynamische visuelle Effekte erzeugen, wie das Zeichnen oder Füllen eines SVG-Elements.

Antwort 9:

GSAP-Plugins können kombiniert werden, um komplexere Animationen zu erstellen, wie die Verwendung von ScrollTrigger mit MorphSVG für scroll-basierte Formveränderungen oder Draggable mit PhysicsPropsPlugin für interaktive physikbasierte Bewegungen.

Antwort 10:

Bewährte Praktiken umfassen die Verwendung relativer Einheiten für Größen und Positionen, das Testen von Animationen auf verschiedenen Geräten, die Optimierung der Leistung und die Berücksichtigung der Benutzererfahrung auf allen Geräten.

Gut gemacht beim Abschließen dieser Prüfung! Es ist ein entscheidender Schritt, um Ihr Verständnis der grundlegenden GSAP-Techniken und fortgeschrittenen Funktionalitäten zu festigen. Während Sie fortfahren, werden Sie auf dieser Grundlage aufbauen und Ihre Fähigkeiten und Kreativität in der Webanimation verbessern.

Teil III: Verbesserung und Optimierung von Animationen

Kapitel 5: Leistungsoptimierung in GSAPEinführung in das Kapitel

Willkommen zu Teil III: "Verbesserung und Optimierung von Animationen", und insbesondere zu Kapitel 5, "Leistungsoptimierung in GSAP". In diesem Kapitel werden wir uns eingehend mit dem Thema der Leistungsoptimierung von Animationen in GSAP befassen. Unser Hauptziel ist es, die Effizienz und Flüssigkeit von Animationen auf allen Geräten zu verbessern und so ein makelloses Benutzererlebnis zu gewährleisten.

Mit dem Fortschritt der Technologie greifen Benutzer auf einer breiten Palette von Geräten auf Inhalte zu, von denen jedes über seine eigene Rechenleistung verfügt. Es ist unerlässlich, Animationen zu erstellen, die nicht nur optisch ansprechend aussehen, sondern auch auf diesen verschiedenen Geräten gut funktionieren. Dieses Kapitel wird Ihnen wertvolle Strategien und Best Practices zur Verfügung stellen, um sowohl ästhetische Attraktivität als auch technische Leistung in Ihren GSAP-Animationen zu erreichen.

Im Verlauf dieses Kapitels werden wir verschiedene Techniken zur Optimierung der Leistung Ihrer Animationen erkunden. Wir werden Möglichkeiten diskutieren, die visuelle Attraktivität von Animationen mit ihrer technischen Effizienz in Einklang zu bringen und sicherzustellen, dass sie sowohl auf High-End-Desktop-Computern als auch auf Mobiltelefonen mit begrenzten Verarbeitungsmöglichkeiten reibungslos und effizient ablaufen. Am Ende dieses Kapitels werden Sie ein solides Verständnis dafür haben, wie man visuell beeindruckende und effiziente Animationen in GSAP erstellt.

5.1 Best Practices für die Leistung

Effiziente GSAP-Animationen sind der Grundstein für ein flüssiges und ansprechendes Web-Erlebnis. Indem Sie diese Best Practices befolgen, können Sie nicht nur die Leistung Ihrer Animationen verbessern, sondern auch ein einprägsameres und visuell ansprechenderes Benutzererlebnis schaffen.

Ein wichtiger Aspekt, den es zu berücksichtigen gilt, ist die Optimierung der Verwendung der GSAP-Animationsmethoden. Anstatt jedes Element einzeln zu animieren, können Sie verwandte Elemente gruppieren und als Ganzes animieren. Dies reduziert die Anzahl der Animationsaufrufe und verbessert die Gesamtleistung.

Ein weiterer Tipp ist die Verwendung der integrierten Easing-Funktionen von GSAP. Diese Funktionen ermöglichen es Ihnen, die Beschleunigung und Verlangsamung Ihrer Animationen anzupassen und Ihrem Webdesign mehr Tiefe und Persönlichkeit zu verleihen.

Darüber hinaus ist es entscheidend, auf das Timing und die Sequenzierung Ihrer Animationen zu achten. Durch sorgfältige Planung der Reihenfolge und Dauer Ihrer animierten Elemente können Sie ein kohärenteres und ausgefeilteres Benutzererlebnis schaffen. Erwägen Sie außerdem die Verwendung der Timeline-Funktion von GSAP zur Orchestrierung komplexer Animationen. Timelines ermöglichen es Ihnen, mehrere Animationen zu steuern und zu synchronisieren, was Ihnen mehr Kontrolle über das Timing und die Koordination verschiedener Elemente auf Ihrer Webseite gibt.

Denken Sie immer daran, Ihre GSAP-Animationen auf verschiedenen Geräten und Browsern zu testen und zu optimieren. Was auf einer Plattform gut funktioniert, funktioniert möglicherweise auf einer anderen nicht so gut, daher ist es wichtig, ein konsistentes und qualitativ hochwertiges Erlebnis für alle Benutzer zu gewährleisten.

Durch die Umsetzung dieser Best Practices können Sie Ihre GSAP-Animationen auf die nächste Stufe heben und ein wirklich immersives und visuell beeindruckendes Web-Erlebnis schaffen.

5.1.1 Verständnis der Auswirkungen von Animationen auf die Leistung

Minimierung von Layout-Reflows und Repaints

Animationen können Layout-Reflows und Repaints auslösen, die ressourcenintensive Operationen sind und die Leistung Ihrer Website oder Anwendung beeinträchtigen können. Um die Auswirkungen auf die Leistung zu minimieren, wird empfohlen, sich auf die Animation von Eigenschaften zu konzentrieren, die keine Reflows verursachen, wie z. B. das Ändern der Deckkraft oder das Anwenden von Transformationen auf Elemente.

Indem Sie die Animation von Eigenschaften vermeiden, die Reflows erfordern, können Sie flüssigere Animationen und ein besseres Benutzererlebnis sicherstellen. Erwägen Sie außerdem die Verwendung hardwarebeschleunigter Animationen, wann immer möglich, da diese die Leistung weiter optimieren können, indem das Rendering auf die GPU verlagert wird.

Die Umsetzung dieser Schritte wird dazu beitragen, Ihre Animationen zu optimieren und die Gesamtleistung Ihrer Website oder Anwendung zu verbessern.

Beispiel: Optimierung mit Transformationen und Deckkraft

HTML:

```html
<div class="animatedElement"></div>
```

CSS:

```css
.animatedElement {
    width: 100px;
```

```css
    height: 100px;
    background-color: blue;
    transform: translate3d(0, 0, 0); /* Initial transform property */
}
```

JavaScript:

```javascript
gsap.to(".animatedElement", {duration: 2, opacity: 0.5, x: 100});
```

In diesem Beispiel werden die Deckkraft und die Position des Elements (unter Verwendung der Eigenschaft **transform**) animiert, die leistungseffiziente Transformationen darstellen. Die Verwendung von **translate3d** im CSS hilft dabei, die Hardwarebeschleunigung zu nutzen, was flüssigere Animationen ermöglicht.

In die Seite integrierter HTML-Code:

```html
<!DOCTYPE html>
<html>
<head>
  <title>GSAP Animation</title>
  <script
src="<https://cdnjs.cloudflare.com/ajax/libs/gsap/3.10.3/gsap.min.js>"></script>
  <style>
    .animatedElement {
      width: 100px;
      height: 100px;
      background-color: blue;
      transform: translate3d(0, 0, 0); /* Initial transform property */
    }
  </style>
</head>
<body>

  <div class="animatedElement"></div>

  <script>
    gsap.to(".animatedElement", {
      duration: 2,
      opacity: 0.5,
      x: 100
    });
  </script>

</body>
</html>
```

Erklärung:

1. HTML-Struktur:

   o Es wird ein blaues Quadrat mit der Klasse "animatedElement" erstellt.

2. CSS-Stile:

   o Die Abmessungen des Quadrats, die Hintergrundfarbe und die anfängliche Transform-Eigenschaft werden mit CSS festgelegt.

3. GSAP-Animation:

   o **gsap.to(".animatedElement", ...)**: Zielt auf das Quadrat mit der Klasse "animatedElement" für die Animation ab.

   o **duration: 2**: Legt die Dauer der Animation auf 2 Sekunden fest.

   o **opacity: 0.5**: Animiert die Deckkraft des Quadrats auf 50%, wodurch es halbtransparent wird.

   o **x: 100**: Animiert die horizontale Position des Quadrats (x-Koordinate) um 100 Pixel nach rechts.

Wichtige Punkte:

- Das Quadrat wird beim Laden der Seite sanft auf 50% Deckkraft ausgeblendet und sich über 2 Sekunden 100 Pixel nach rechts bewegen.

- Die Einbeziehung von **translate3d(0, 0, 0)** im CSS gewährleistet hardwarebeschleunigte flüssige Animationen für eine bessere Leistung.

- Dieser Code demonstriert, wie GSAP mehrere Eigenschaften (Deckkraft und Position) gleichzeitig animieren kann, um visuell ansprechende Effekte zu erstellen.

5.1.2 Nutzung der Hardwarebeschleunigung

Aktivierung der GPU für bessere Leistung

Um eine optimale Leistung der Animationen zu erreichen, insbesondere auf mobilen Geräten, wird dringend empfohlen, die Eigenschaft **transform** zu verwenden. Diese Eigenschaft ermöglicht es Ihnen, die Hardwarebeschleunigung zu nutzen, was die Glätte und Flüssigkeit Ihrer Animationen erheblich verbessern kann.

Um dies umzusetzen, können Sie Techniken wie das Verschieben eines Elements mit **translate3d** oder das Skalieren mit **scale3d** einsetzen. Durch die Integration dieser Techniken in Ihre Animationen können Sie ein visuell angenehmeres und ansprechenderes Erlebnis für Ihre Benutzer erreichen.

5.1.3 Reduzierung der Anzahl aktiver Animationen

Vereinfachung und Kombination von Animationen

Zu viele gleichzeitig aktive Animationen können Ressourcen beeinträchtigen, was zu Leistungsproblemen führt. Es ist entscheidend, die Auswirkungen der Animationskomplexität auf die Systemleistung zu berücksichtigen. Um dies zu mindern, wird dringend empfohlen, Animationen zu vereinfachen, indem Sie sie wann immer möglich kombinieren und unnötige Kompliziertheit eliminieren.

Durch die Nutzung der leistungsstarken Timeline-Funktionen von GSAP können Sie Animationen effektiv sequenzieren, ihre Effizienz optimieren und ein reibungsloses und angenehmes Benutzererlebnis gewährleisten. Dieser Ansatz verbessert nicht nur die Leistung, sondern ermöglicht auch eine größere Kontrolle und Anpassung des Animationsflusses.

Daher ist es unerlässlich, Optimierung und Einfachheit bei der Implementierung von Animationen zu priorisieren, um optimale Leistung und Benutzerzufriedenheit zu gewährleisten.

Beispiel: Effiziente Sequenzierung

JavaScript:

```javascript
let tl = gsap.timeline();
tl.to(".element1", {opacity: 1, duration: 1})
  .to(".element2", {x: 100, duration: 1}, "-=0.5"); // Overlaps with the first
animation
```

Diese Timeline überlagert die Animationen für zwei Elemente, wodurch die Gesamtzeit der Animation und die Komplexität reduziert werden.

Anwendungsfall in einem HTML-Projekt:

```html
<!DOCTYPE html>
<html>
<head>
  <title>GSAP Timeline Animation</title>
  <script
src="<https://cdnjs.cloudflare.com/ajax/libs/gsap/3.10.3/gsap.min.js>"></script>
  <style>
    .element1, .element2 {
      width: 100px;
      height: 100px;
      background-color: blue;
      opacity: 0; /* Initially hidden */
      position: absolute;
    }

    .element2 {
      left: 100px; /* Initial offset */
    }
  </style>
</head>
```

```html
<body>

  <div class="element1"></div>
  <div class="element2"></div>

  <script>
    let tl = gsap.timeline();
    tl.to(".element1", { opacity: 1, duration: 1 })
      .to(".element2", { x: 100, duration: 1 }, "-=0.5"); // Overlaps with the first
animation
  </script>

</body>
</html>
```

Erklärung:

1. HTML-Struktur:

    o   Es werden zwei blaue Quadrate mit den Klassen "element1" und "element2"
        erstellt.

    o   Beide Quadrate sind anfänglich mit einer Deckkraft von 0 ausgeblendet und
        absolut positioniert.

    o   Das zweite Quadrat ist mit CSS nach rechts versetzt.

2. GSAP-Timeline-Animation:

    o   **let tl = gsap.timeline();**: Erstellt eine Timeline zur Sequenzierung von
        Animationen.

    o   **tl.to(".element1", ...)**: Animiert das erste Quadrat:

        ▪   Lässt es mit voller Deckkraft über 1 Sekunde erscheinen.

    o   **.to(".element2", ...)**: Animiert das zweite Quadrat:

        ▪   Bewegt es 100 Pixel nach rechts über 1 Sekunde.

        ▪   Beginnt 0,5 Sekunden nach der ersten Animation und erzeugt eine
            Überlappung.

Wichtige Punkte:

*   Das erste Quadrat erscheint allmählich, und in der Mitte seines Erscheinens beginnt
    das zweite Quadrat, sich nach rechts zu bewegen.

*   Die Timeline erstellt eine visuell ansprechende Sequenz von Animationen.

- Die Syntax **"-=0.5"** zeigt, wie GSAP das Timing und die Überlappung von Animationen innerhalb einer Timeline steuern kann, was kreative und dynamische Effekte ermöglicht.

5.1.4 Balance zwischen Qualität und Leistung von Animationen

Kritische Animationen priorisieren

Bei der Betrachtung der Benutzererfahrung ist es wichtig, den Schlüsselanimationen Aufmerksamkeit zu schenken, die diese verbessern. Diese Animationen spielen eine entscheidende Rolle dabei, die Aufmerksamkeit des Benutzers zu fesseln und eine ansprechende Benutzeroberfläche zu schaffen. Es ist jedoch auch notwendig, die allgemeine Systemleistung zu berücksichtigen.

Beispielsweise wird empfohlen, Animationen zu priorisieren, die für die Benutzerinteraktion wesentlich sind. Diese Animationen sollten sorgfältig evaluiert werden, um ihre Auswirkungen auf die Benutzererfahrung zu bestimmen. Andererseits können nicht wesentliche Animationen vereinfacht oder sogar entfernt werden, wenn sie nicht wesentlich zur allgemeinen Benutzererfahrung beitragen.

Durch das Finden der richtigen Balance zwischen wesentlichen und nicht wesentlichen Animationen können wir sicherstellen, dass die Benutzerinteraktion mit der Oberfläche sowohl visuell ansprechend als auch effizient ist. Dieser Ansatz ermöglicht es uns, eine reibungslose Benutzererfahrung zu schaffen und gleichzeitig eine optimale Systemleistung aufrechtzuerhalten.

5.1.5 Verwendung der Leistungswerkzeuge von GSAP

Überwachung mit den Entwicklungswerkzeugen von GSAP

Um die bestmögliche Leistung Ihrer Animationen zu gewährleisten, wird empfohlen, eine Vielzahl nützlicher Werkzeuge zu nutzen, die auf dem Markt verfügbar sind. Eines dieser Werkzeuge sind die Entwicklungswerkzeuge von GSAP, die ein umfassendes Set an Funktionen bieten, um die Leistung Ihrer Animationen genau zu überwachen und zu analysieren.

Durch die Verwendung dieses Werkzeugs können Sie wertvolle Einblicke in das Verhalten Ihrer Animationen gewinnen, potenzielle Engpässe oder Verbesserungsbereiche identifizieren und notwendige Anpassungen vornehmen, um deren Effektivität und Gesamtqualität zu verbessern. Mit den Entwicklungswerkzeugen von GSAP haben Sie die Möglichkeit, Ihre Animationen zu optimieren und eine außergewöhnliche Benutzererfahrung zu bieten.

Vielen Dank für Ihr Feedback! Um Abschnitt 5.1 über "Best Practices für die Leistung" bei GSAP-Animationen weiter zu bereichern, lassen Sie uns tiefer in einige weitere Bereiche eintauchen, die dazu beitragen können, optimiertere und leistungsfähigere Animationen zu erstellen.

5.1.6   Zusätzliche Strategien zur Leistungsoptimierung

1. Optimierung der Startzeitpunkte von Animationen

Gestaffelte Animationen: Um die Leistung zu optimieren und die Verarbeitungslast zu verteilen, wird dringend empfohlen, die Startzeitpunkte von Animationen zu staffeln, anstatt sie alle gleichzeitig zu starten.

Diese Technik ermöglicht es dem System, jede Animation effizienter zu verarbeiten, was zu einer deutlich flüssigeren und reaktionsschnelleren Benutzererfahrung führt. Durch das Staffeln der Animationen geben Sie dem System die Fähigkeit, Ressourcen effektiver zuzuweisen und sicherzustellen, dass jede Animation die benötigte Verarbeitungsleistung erhält, um eine visuell beeindruckende und unterbrechungsfreie Erfahrung für den Benutzer zu bieten.

Darüber hinaus hilft die Staffelung von Animationen auch dabei, mögliche Leistungsengpässe zu vermeiden, die auftreten können, wenn alle Animationen gleichzeitig beginnen, da das System Schwierigkeiten haben kann, sie simultan zu verarbeiten. Durch die Implementierung der Praxis der gestaffelten Animationen können Sie daher die Gesamtleistung und Reaktionsfähigkeit Ihrer Anwendung verbessern und den Benutzern ein immersives und angenehmes Erlebnis bieten, das Ihr Produkt von der Konkurrenz abhebt.

Beispiel:

```javascript
gsap.to(".elements", {opacity: 1, stagger: 0.1});
```

Dies staffelt die Animation mehrerer Elemente und reduziert die anfängliche Rendering-Last.

Anwendungsfall in einem HTML-Projekt:

```html
<!DOCTYPE html>
<html>
<head>
  <title>GSAP Staggered Animation</title>
  <script
src="<https://cdnjs.cloudflare.com/ajax/libs/gsap/3.10.3/gsap.min.js>"></script>
  <style>
    .elements div {
      width: 50px;
      height: 50px;
      background-color: blue;
      opacity: 0; /* Initially hidden */
      margin: 10px;
      display: inline-block;
    }
  </style>
</head>
<body>

  <div class="elements">
    <div></div>
    <div></div>
    <div></div>
    <div></div>
```

```
  </div>

  <script>
    gsap.to(".elements div", { opacity: 1, stagger: 0.1 });
  </script>

</body>
</html>
```

Erklärung:

1. HTML-Struktur:

    o   Ein Container mit der Klasse "elements" enthält vier blaue Quadrate.

    o   Die Quadrate sind anfänglich mit einer Deckkraft von 0 verborgen und werden mittels CSS inline angeordnet.

2. Gestaffelte Animation von GSAP:

    o   **gsap.to(".elements div", ...)**: Zielt auf alle Quadrate innerhalb des Containers "elements" für die Animation ab.

    o   **opacity: 1**: Animiert die Deckkraft jedes Quadrats auf 1 (vollständig sichtbar).

    o   **stagger: 0.1**: Staffelt die Animation jedes Quadrats um 0,1 Sekunden und erzeugt einen sequenziellen Erscheinungseffekt.

Wichtige Punkte:

*   Die Quadrate werden nacheinander erscheinen, wobei jedes 0,1 Sekunden nach dem vorherigen beginnt.

*   Die Eigenschaft **stagger** ermöglicht es, mit GSAP mühelos sanfte und sequenzierte Animationen zu erstellen.

*   Dieser Code demonstriert, wie GSAP mehrere Elemente mit einer natürlichen Verzögerung animieren kann, wodurch visuelles Interesse hinzugefügt und das Benutzererlebnis verbessert wird.

2. Bewusstsein für die Komplexität der Animation

Animationen mit komplexen Pfaden begrenzen: Um die Leistung zu optimieren und ein flüssiges Benutzererlebnis zu gewährleisten, wird empfohlen, die Verwendung von Animationen zu vermeiden, die komplexe SVG-Pfade oder häufige Eigenschaftsänderungen beinhalten.

Diese Art von Animationen neigt dazu, eine erhebliche Menge an Systemressourcen zu verbrauchen und kann sich negativ auf die Gesamtleistung der Anwendung auswirken. Daher ist es ratsam, ihre Verwendung zu begrenzen oder eine Vereinfachung der Pfade in Betracht zu ziehen, um deren Auswirkungen auf das System zu reduzieren. Auf diese Weise können Sie sicherstellen, dass Ihre Anwendung effizient läuft und ein reibungsloses Benutzererlebnis bietet.

Benutzerpräferenzen zur Reduzierung von Bewegung berücksichtigen: Beim Entwerfen von Benutzeroberflächen ist es entscheidend, die Präferenzen der Benutzer zur Reduzierung von Bewegung zu berücksichtigen, die in den Einstellungen ihres Betriebssystems festgelegt werden können. Indem Sie diese Präferenzen anerkennen und respektieren, können Sie die Barrierefreiheit erheblich verbessern und die Benutzerzufriedenheit steigern.

Ein effektiver Ansatz besteht darin, Animationen basierend auf den Präferenzen der Benutzer zur Bewegungsreduzierung zu vereinfachen oder zu deaktivieren. Diese durchdachte Überlegung kann dazu beitragen, ein inklusiveres und benutzerfreundlicheres Erlebnis zu schaffen und sicherzustellen, dass alle bequem mit Ihrer Benutzeroberfläche interagieren können.

3. Effizienter Einsatz von Easing-Funktionen

Easing-Berechnungen: Wenn es um Easing-Funktionen geht, ist es entscheidend, die Rechenlast zu berücksichtigen, die sie einführen können. Es wird dringend empfohlen, weniger komplexe Easing-Funktionen für Elemente zu verwenden, die nicht als zentraler Fokus der Animation dienen. Dieser strategische Ansatz gewährleistet den reibungslosen und effizienten Betrieb Ihrer Anwendung, was zu einem verbesserten Benutzererlebnis und einer Optimierung der Gesamtleistung führt.

4. Animation großer Hintergründe

Parallaxeneffekte: Bei der Einbindung von Parallaxen-Scrolleffekten in Ihr Design ist es entscheidend, diese effizient zu programmieren. Durch die Optimierung der Leistung großer bewegter Hintergründe können Sie ein flüssiges Scrollen gewährleisten und jegliche negative Auswirkungen auf die Gesamtleistung Ihrer Website oder Anwendung vermeiden.

Dies beinhaltet die sorgfältige Verwaltung der Größe und Komplexität der verwendeten Bilder sowie die Implementierung von Techniken wie Lazy Loading zur Verbesserung der Ladezeiten. Erwägen Sie außerdem die Verwendung von CSS-Animationen oder JavaScript-Bibliotheken, um fortgeschrittenere Parallaxeneffekte zu erstellen, die das Benutzerengagement verbessern und ein Gefühl von Tiefe in Ihrem Design erzeugen. Denken Sie daran, Ihre Parallaxeneffekte auf verschiedenen Geräten und Bildschirmgrößen zu testen, um ein konsistentes und angenehmes Benutzererlebnis zu gewährleisten.

Insgesamt können Sie durch Liebe zum Detail und die Implementierung bewährter Praktiken beeindruckende Parallaxen-Scrolleffekte erstellen, die Ihr Publikum fesseln und die visuelle Attraktivität Ihres Designs steigern.

5. Bedingte Animation für verschiedene Geräte

Animationen für mobile Geräte anpassen: Wenn es um mobile Geräte geht, ist es entscheidend, die Notwendigkeit zu berücksichtigen, Animationen anzupassen. Mobile Benutzer haben unterschiedliche Anforderungen und Einschränkungen im Vergleich zu Desktop-Benutzern. Daher ist es notwendig sicherzustellen, dass die in der mobilen Version der Anwendung verwendeten Animationen speziell darauf ausgelegt sind, ihre Bedürfnisse zu erfüllen.

Eine Möglichkeit, dies zu erreichen, besteht darin, die Komplexität bestehender Animationen zu vereinfachen. Durch die Reduzierung der Anzahl beweglicher Teile oder die Verwendung weniger Frames können Animationen leichter und reaktionsfähiger werden, wodurch die Gesamtleistung der Anwendung auf mobilen Geräten verbessert wird.

Ein anderer Ansatz besteht darin, bestehende Animationen durch Alternativen zu ersetzen, die einfacher und für mobile Benutzer leichter zu verstehen sind. Anstatt beispielsweise komplexe Übergangseffekte zu verwenden, können wir uns für einfache Ein- oder Ausblendeffekte entscheiden, die nicht nur leichter wahrzunehmen sind, sondern auch weniger Rechenleistung verbrauchen.

Durch die Anpassung von Animationen für mobile Geräte können wir ein reibungsloses und optimiertes Benutzererlebnis auf einer Vielzahl mobiler Geräte gewährleisten, unabhängig von ihrer Bildschirmgröße oder Verarbeitungskapazität. Dies wird zu einer höheren Benutzerzufriedenheit und einem stärkeren Engagement mit der Anwendung beitragen, was letztendlich zu besseren Geschäftsergebnissen führt.

Beispiel:

```javascript
if (window.innerWidth < 768) {
  // Simpler animations for mobile devices
  gsap.to(".element", {duration: 1, x: 50});
} else {
  // More complex animations for larger screens
  gsap.to(".element", {duration: 2, x: 100, rotation: 360});
}
```

Anwendungsfall in einem HTML-Projekt:

```html
<!DOCTYPE html>
<html>
<head>
  <title>GSAP Responsive Animation</title>
  <script
src="<https://cdnjs.cloudflare.com/ajax/libs/gsap/3.10.3/gsap.min.js>"></script>
</head>
<body>

  <div class="element" style="width: 100px; height: 100px; background-color: blue;
position: absolute;"></div>
```

```html
<script>
  if (window.innerWidth < 768) {
    // Simpler animations for mobile devices
    gsap.to(".element", { duration: 1, x: 50 });
  } else {
    // More complex animations for larger screens
    gsap.to(".element", { duration: 2, x: 100, rotation: 360 });
  }
</script>

</body>
</html>
```

Erklärung:

1. **HTML-Struktur:**

   o   Ein blaues Quadrat mit der Klasse "element" wird erstellt und mit CSS absolut positioniert.

2. **Responsive GSAP-Animation:**

   o   **if (window.innerWidth < 768) { ... }**: Überprüft, ob die Bildschirmbreite kleiner als 768px ist (normalerweise für mobile Geräte).

   ▪   Wenn dies zutrifft, wird das Quadrat 1 Sekunde lang 50 Pixel nach rechts animiert (einfachere Animation für Mobilgeräte).

   o   **else { ... }**: Wenn die Bildschirmbreite 768px oder größer ist, wird das Quadrat animiert:

   ▪   2 Sekunden lang 100 Pixel nach rechts.

   ▪   Es wird um 360 Grad gedreht (komplexere Animation für größere Bildschirme).

Wichtige Punkte:

- Die Animation passt sich an verschiedene Bildschirmgrößen an und bietet ein personalisiertes Erlebnis.

- Auf kleineren Bildschirmen wird eine einfachere Animation verwendet, um Leistung und Benutzerfreundlichkeit zu verbessern.

- Auf größeren Bildschirmen verbessert eine komplexere Animation die visuelle Attraktivität und das Engagement.

- Dieser Code demonstriert, wie GSAP responsive Animationen erstellen kann, die die Gerätefähigkeiten und Bildschirmgrößen berücksichtigen und die Benutzererfahrung auf verschiedenen Plattformen optimieren.

6. Aufräumen und Garbage Collection

Verwaltung von GSAP-Instanzen: Es ist entscheidend, ein gut strukturiertes und effizientes System zur Verwaltung und Handhabung von GSAP-Instanzen einzurichten. Dieses System sollte nicht nur die Erstellung und den Start von Animationen umfassen, sondern auch die ordnungsgemäße Beendigung von Animationen, wenn diese nicht mehr benötigt werden.

Durch die Implementierung eines solchen Systems können wir die Ressourcennutzung effektiv optimieren, insbesondere in Fällen, in denen Animationen unsichtbar werden oder nicht mehr aktiv genutzt werden. Dieser Ansatz stellt sicher, dass unnötiger Ressourcenverbrauch vermieden wird und trägt zur allgemeinen Leistungsoptimierung bei.

Zusammenfassend

Die Leistungsoptimierung bei GSAP-Animationen ist ein heikler Balanceakt, der das Finden der perfekten Harmonie zwischen der Schaffung visuell fesselnder Effekte und der Gewährleistung einer flüssigen und inklusiven Erfahrung für Benutzer auf allen Geräten beinhaltet.

Um Ihre Animationen auf die nächste Stufe zu heben, können Sie die folgenden Strategien einbeziehen, die nicht nur ihre Effizienz verbessern, sondern auch die vielfältige Palette an Hardware-Fähigkeiten und Benutzerpräferenzen berücksichtigen. Es ist unerlässlich, Ihre Animationen in verschiedenen Umgebungen gründlich zu testen und Umsicht walten zu lassen, wenn Sie die robusten Fähigkeiten von GSAP nutzen, um optimale Leistungsergebnisse zu erzielen.

5.2 Behebung von Leistungsproblemen

In diesem entscheidenden Abschnitt von Kapitel 5 werden wir uns ausführlich mit dem Thema der Fehlerbehebung und Lösung von Leistungsproblemen befassen, die bei der Arbeit mit GSAP-Animationen auftreten können. Es ist wichtig zu beachten, dass selbst die sorgfältigst gestalteten Animationen manchmal auf unerwartete Leistungsprobleme stoßen können.

Daher ist ein umfassendes Verständnis davon, wie man diese Probleme effektiv diagnostiziert und behebt, absolut unerlässlich, um eine durchgehend flüssige und hochreaktive Benutzererfahrung zu gewährleisten. Lassen Sie uns nun eintauchen und eine breite Palette häufiger Leistungsprobleme erkunden und innovative Strategien entdecken, um jedes einzelne erfolgreich zu überwinden.

Identifizierung der Grundursachen

Leistungsprobleme bei Animationen können durch eine Vielzahl von Faktoren verursacht werden. Einige dieser Faktoren umfassen unter anderem übermäßige CPU- oder GPU-Nutzung, Speicherlecks, die zu einem erhöhten Speicherverbrauch führen, oder die ineffiziente Nutzung von GSAP-Funktionen, die zu suboptimaler Leistung führen können. Es ist entscheidend, die Grundursache dieser Leistungsprobleme präzise zu identifizieren, da dies der erste Schritt zur effektiven Fehlerbehebung und deren Lösung ist.

5.2.1 Häufige Leistungsprobleme und Lösungen

1. Übermäßige Anzahl von Animationen

Problem: Das gleichzeitige Ausführen zu vieler Animationen kann die CPU oder GPU überlasten und Verzögerungen oder Ruckeln verursachen. Dies kann sich negativ auf die Benutzererfahrung auswirken und die Anwendung langsam und nicht reaktionsfähig erscheinen lassen.

Mögliche Lösung: Um dieses Problem anzugehen und die Leistung zu verbessern, wird empfohlen, die Animationsimplementierung zu optimieren. Ein effektiver Ansatz besteht darin, die Anzahl aktiver Animationen zu reduzieren, indem nur die wichtigsten priorisiert und ausgeführt werden. Darüber hinaus kann das Zusammenfassen mehrerer Animationen in Zeitleisten dazu beitragen, den Animationsprozess zu vereinfachen und die Gesamtlast auf CPU oder GPU zu reduzieren. Eine weitere zu berücksichtigende Technik ist der gestaffelte Start, bei dem Animationen mit einer leichten Verzögerung zueinander ausgelöst werden, sodass das System sie effizienter handhaben kann.

Durch die Implementierung dieser Optimierungsstrategien kann die Anwendung flüssigere Animationen gewährleisten, das Risiko von Verzögerungen oder Ruckeln reduzieren und eine reibungslosere und angenehmere Benutzererfahrung bieten.

Beispiel:

```javascript
// Instead of individual animations for each element
gsap.to(".elements", {opacity: 1, stagger: 0.2});
```

Anwendungsfall in einem HTML-Projekt:

```html
<!DOCTYPE html>
<html>
<head>
  <title>GSAP Staggered Animation</title>
  <script
src="<https://cdnjs.cloudflare.com/ajax/libs/gsap/3.10.3/gsap.min.js>"></script>
  <style>
    .elements div {
      width: 50px;
      height: 50px;
      background-color: blue;
      opacity: 0; /* Initially hidden */
      margin: 10px;
      display: inline-block;
    }
  </style>
</head>
<body>

  <div class="elements">
```

```html
    <div></div>
    <div></div>
    <div></div>
    <div></div>
  </div>

  <script>
    gsap.to(".elements div", { opacity: 1, stagger: 0.2 });
  </script>

</body>
</html>
```

Erklärung:

1. **HTML-Struktur:**

   o   Ein Container mit der Klasse "elements" enthält vier blaue Quadrate.

   o   Die Quadrate sind anfänglich mit einer Deckkraft von 0 ausgeblendet und werden mit CSS inline angeordnet.

2. **Effiziente GSAP-Animation:**

   o   **gsap.to(".elements div", ...)**: Zielt auf alle Quadrate innerhalb des "elements"-Containers für die Animation in einer einzigen Zeile ab.

   o   **opacity: 1**: Animiert die Deckkraft jedes Quadrats auf 1 (vollständig sichtbar).

   o   **stagger: 0.2**: Versetzt die Animation jedes Quadrats um 0,2 Sekunden und erzeugt einen sequenziellen Einblendeffekt.

Wichtige Punkte:

- Eine Zeile, mehrere Animationen: Dieser Ansatz animiert effizient mehrere Elemente mit einem einzigen GSAP-Aufruf und reduziert die Codelänge und potenzielle Redundanz.

- Sequenzielles Einblenden: Die Quadrate blenden nacheinander ein, wobei jedes 0,2 Sekunden nach dem vorherigen beginnt und eine visuell ansprechende Sequenz erzeugt.

- Optimierte Leistung: Durch die Verwendung einer einzigen Animation für mehrere Elemente kann dieser Code die Leistung im Vergleich zu individuellen Animationen für jedes Element potenziell verbessern.

- Vielseitigkeit: Die Eigenschaft **stagger** kann verwendet werden, um verschiedene gestaffelte Effekte zu erzeugen, nicht nur Deckkraftänderungen, was kreative Animationssequenzen ermöglicht.

- Code-Lesbarkeit: Der Code ist prägnant und leicht verständlich, was die Wartbarkeit und Zusammenarbeit verbessert.

2. Komplexe Pfadanimationen

Problem: Das Animieren komplexer SVG-Pfade kann ressourcenintensiv sein.

Lösung: Um dieses Problem anzugehen, besteht ein möglicher Ansatz darin, die Pfade zu vereinfachen, indem die Anzahl der Ankerpunkte reduziert oder die Kurven vereinfacht werden. Dadurch kann die Komplexität der Pfade reduziert werden, was während der Animation zu einer besseren Leistung führt. Eine weitere Lösung besteht darin, die Animation in kleinere Segmente aufzuteilen, was eine flüssigere Darstellung ermöglicht und die Auswirkungen auf die Systemressourcen minimiert. Durch die Zerlegung der Animation in kleinere Teile kann das System jedes Segment effizienter handhaben, was zu einem flüssigeren und optimierten Animationserlebnis führt.

Beispiel:

```javascript
// Simplify path data or break down complex animations
gsap.to("#complexPath", {duration: 2, morphSVG: "#simplifiedPath"});
```

Anwendungsfall in einem HTML-Projekt:

```html
<!DOCTYPE html>
<html>
<head>
  <title>GSAP SVG Morph Animation</title>
  <script
src="<https://cdnjs.cloudflare.com/ajax/libs/gsap/3.10.3/gsap.min.js>"></script>
  <script
src="<https://cdnjs.cloudflare.com/ajax/libs/gsap/3.10.3/MorphSVGPlugin.min.js>"></s
cript>
</head>
<body>

  <svg width="200" height="200">
    <path id="complexPath" d="M50,50 h100 v100 h-100z" fill="blue" />
    <path id="simplifiedPath" d="M50,50 l100,100 l-100,100z" fill="none" stroke="red"
stroke-width="3" />
  </svg>

  <script>
    gsap.to("#complexPath", { duration: 2, morphSVG: "#simplifiedPath" });
  </script>

</body>
</html>
```

Erklärung:

1. **HTML-Struktur:**

   o Ein SVG-Element enthält zwei Pfade:

     ▪ **#complexPath**: Der anfängliche Pfad mit blauer Füllung (der transformiert werden soll).

     ▪ **#simplifiedPath**: Der Zielpfad mit rotem Strich (in den transformiert werden soll).

2. **SVG-Morph-Animation mit GSAP:**

   o **gsap.to("#complexPath", ...)**: Zielt auf das Element **#complexPath** für die Animation ab.

   o **duration: 2**: Legt die Dauer der Animation auf 2 Sekunden fest.

   o **morphSVG: "#simplifiedPath"**: Weist GSAP an, den Pfad **#complexPath** während der angegebenen Dauer in die Form des Pfades **#simplifiedPath** zu transformieren.

Wichtige Punkte:

- SVG-Morphing: GSAP kann mit dem MorphSVG-Plugin einen SVG-Pfad nahtlos in einen anderen transformieren und dabei dynamische und visuell ansprechende Effekte erzeugen.

- Pfadvereinfachung: Diese Technik kann verwendet werden, um komplexe Pfaddaten zu vereinfachen oder interessante Übergänge zwischen verschiedenen Formen zu erstellen.

- Aufschlüsselung von Animationen: Durch das Transformieren zwischen Pfaden können Sie komplexe Animationen in einfachere Schritte zerlegen und sie dadurch leichter handhabbar und wartbar machen.

- Plugin-Anforderung: Das MorphSVGPlugin ist für diese Funktionalität unerlässlich und muss separat eingebunden werden.

3. Hochfrequente Eigenschaftsaktualisierungen

Problem: Ein häufiges Problem, das die Leistung beeinträchtigen kann, ist, wenn Eigenschaften animiert werden, die häufige Reflows oder Repaints erfordern.

Lösung: Um die Leistung zu verbessern, wird empfohlen, die Animation von Eigenschaften zu priorisieren, die weniger Auswirkungen auf die Leistung haben, wie **transform** und **opacity**.

Beispiel:

```
// Use transform for movement instead of top/left
gsap.to(".box", {duration: 2, x: 100});
```

Anwendungsfall in einem HTML-Projekt:

```html
<!DOCTYPE html>
<html>
<head>
  <title>GSAP Transform Animation</title>
  <script
src="<https://cdnjs.cloudflare.com/ajax/libs/gsap/3.10.3/gsap.min.js>"></script>
</head>
<body>

  <div class="box" style="width: 100px; height: 100px; background-color: blue;
position: absolute; transform: translate3d(0, 0, 0);"></div>

  <script>
    gsap.to(".box", { duration: 2, x: 100 });
  </script>

</body>
</html>
```

Erklärung:

1. **HTML-Struktur:**

   o   Ein blaues Quadrat mit der Klasse "box" wird erstellt und mittels CSS absolut positioniert.

   o   Die Eigenschaft **transform: translate3d(0, 0, 0)** wird gesetzt, um flüssige hardwarebeschleunigte Animationen zu gewährleisten.

2. **GSAP-Transform-Animation:**

   o   **gsap.to(".box", ...)**: Zielt auf das Element "box" für die Animation ab.

   o   **duration: 2**: Legt die Dauer der Animation auf 2 Sekunden fest.

   o   **x: 100**: Animiert die Eigenschaft **x** der Transformation der Box auf 100 Pixel und bewegt sie effektiv 100 Pixel nach rechts.

Wichtige Punkte:

- Hardwarebeschleunigung: Die Verwendung von **translate3d(0, 0, 0)** aktiviert oft die Hardwarebeschleunigung, was zu flüssigeren und effizienteren Animationen führt.

- Bewegung durch Transformation: GSAP kann Transformationseigenschaften wie **x**, **y**, **scale**, **rotate** und andere animieren und bietet dabei mehr Flexibilität und Kontrolle als die direkte Animation von **top** und **left**.

- Flüssigere Leistung: Transformationsbasierte Animationen sind in der Regel flüssiger und effizienter als die Animation von **top** und **left**, insbesondere bei komplexen Bewegungen.

- Potenzielle Vorteile: Hardwarebeschleunigung kann die CPU-Last reduzieren, die visuelle Glätte verbessern und Ruckeln (stockende Animationen) minimieren.

4. Animationen großer Hintergründe

Problem: Das Animieren großer Hintergrundbilder oder -elemente kann langsam sein, insbesondere auf Geräten mit geringerer Leistung. Dies kann zu einer schlechten Benutzererfahrung und Frustration führen.

Tipp 1: Eine mögliche Lösung besteht darin, kleinere Bilder für die Hintergründe oder Elemente zu verwenden, die animiert werden müssen. Durch die Verwendung kleinerer Bilder wird es dem Gerät leichter fallen, diese zu rendern, was zu flüssigeren Animationen führt.

Tipp 2: Eine weitere Option ist die Optimierung der Bilddateien. Dies kann durch Reduzierung der Dateigröße erreicht werden, ohne die Bildqualität zu sehr zu beeinträchtigen. Durch die Optimierung der Bilder lädt und rendert das Gerät sie schneller, was die Gesamtleistung der Animation verbessert.

Tipp 3: Darüber hinaus könnte es sich lohnen, alternative Designansätze in Betracht zu ziehen. Anstatt große Hintergrundbilder oder -elemente zu verwenden, könnten Sie andere Designoptionen wie CSS-Effekte oder Animationen erkunden, die weniger Rechenleistung erfordern. Dies kann helfen, einen ähnlichen visuellen Effekt zu erzielen, während die Auswirkungen auf die Geräteleistung minimiert werden.

Insgesamt können Sie durch die Umsetzung dieser Tipps die Leistung von Animationen auf Geräten mit geringerer Leistung verbessern und eine flüssigere und angenehmere Benutzererfahrung bieten.

5. Ineffiziente Verwendung von Easing

Problem: Einige Easing-Funktionen sind rechenintensiver und können den Animationsprozess verlangsamen.

Lösung: Zur Leistungsoptimierung wird empfohlen, einfachere Easing-Funktionen für Elemente zu verwenden, die nicht im Hauptfokus der Animation stehen. Durch die Wahl weniger komplexer Easing-Funktionen kann die Rechenlast reduziert werden, was zu flüssigeren und schnelleren Animationen führt.

6. Speicherlecks

Problem: Ein häufiges Problem, das die langfristige Leistung einer Website beeinträchtigen kann, ist das Vorhandensein ungenutzter oder persistenter GSAP-Instanzen. Diese Instanzen können, wenn sie nicht ordnungsgemäß verwaltet werden, im Laufe der Zeit zu Speicherlecks und anderen Leistungsproblemen führen.

Lösung: Um dieses Problem anzugehen, ist es wichtig, eine ordnungsgemäße Verwaltung der GSAP-Instanzen zu implementieren. Dies kann erreicht werden, indem sichergestellt wird, dass alle Instanzen, die nicht mehr benötigt werden, entfernt oder zurückgesetzt werden. Auf diese Weise können Speicherlecks verhindert und die Gesamtleistung Ihrer Website optimiert werden.

5.2.2 Verwendung von Entwicklertools zur Diagnose

Eine Möglichkeit zur Optimierung und Verbesserung der Leistung besteht darin, die Entwicklertools des Browsers zu nutzen. Diese Tools, wie die Performance-Registerkarte von Chrome, bieten wertvolle Einblicke in die Leistung Ihrer Webanwendung. Durch die Verwendung dieser Tools können Sie Leistungsprobleme, die die Geschwindigkeit und Effizienz Ihrer Website beeinträchtigen könnten, leicht identifizieren und diagnostizieren.

Die Performance-Registerkarte in Chrome ermöglicht es Ihnen, Ihre Anwendung zu profilieren und zu visualisieren, wo Engpässe auftreten. Sie liefert detaillierte Informationen über verschiedene Metriken, einschließlich CPU-Auslastung, Speicherverbrauch und Netzwerkaktivität. Dies kann Ihnen helfen, spezifische Bereiche Ihres Codes oder Elemente Ihrer Website zu identifizieren, die Verlangsamungen verursachen.

Durch die Nutzung der Browser-Entwicklertools können Sie ein tieferes Verständnis für die Leistung Ihrer Anwendung gewinnen und fundierte Entscheidungen darüber treffen, wie Sie diese optimieren können. Ob es um die Optimierung von JavaScript-Code, die Reduzierung von Netzwerkanfragen oder die Verbesserung der Rendering-Geschwindigkeit geht, diese Tools können äußerst hilfreich sein, um Leistungsengpässe zu identifizieren und zu beheben.

Zusammenfassend lässt sich sagen: Unterschätzen Sie nicht die Kraft der Browser-Entwicklertools, wenn es um Leistungsoptimierung geht. Nutzen Sie Tools wie die Performance-Registerkarte von Chrome, um Leistungsprobleme zu profilieren und zu diagnostizieren, und verwenden Sie die gewonnenen Erkenntnisse, um Ihre Webanwendung schneller und effizienter zu machen.

Zusammenfassung

Die Behebung von Leistungsproblemen bei GSAP-Animationen erfordert eine Kombination aus sorgfältiger Analyse, Optimierungsstrategien und manchmal kreativer Problemlösung. Durch das Verständnis häufiger Leistungsfallen und deren Behebung können Sie sicherstellen, dass Ihre Animationen flüssig und effizient bleiben und die allgemeine Benutzererfahrung verbessern. Behalten Sie diese Tipps im Hinterkopf, während Sie Ihre Animationen entwickeln, und zögern Sie nicht, in Performance-Profiling-Tools einzutauchen, um ein klareres Bild davon zu erhalten, wie sich Ihre Animationen unter verschiedenen Bedingungen verhalten.

5.2.3 Zusätzliche Techniken zur Behebung von Leistungsproblemen

1. Optimierung der Ressourcennutzung

- **Große Bilddateien**: Große Bilddateien, die in Animationen verwendet werden, können einen erheblichen Einfluss auf die Leistung haben. Eine Möglichkeit, die Leistung zu verbessern, besteht darin, die Bilder zu komprimieren und zu optimieren, ohne ihre Qualität zu beeinträchtigen. Erwägen Sie außerdem die Verwendung moderner Bildformate wie WebP oder AVIF, die eine bessere Kompression und kleinere Dateigrößen bieten.

- **SVG-Optimierung**: Bei der Arbeit mit SVG-basierten Animationen ist es wichtig, Ihre SVG-Dateien zu optimieren. Dies kann durch das Entfernen unnötiger Metadaten und die Reduzierung der Komplexität, wo möglich, erreicht werden. Eine weitere Technik ist die Verwendung von SVG-Sprites, die es Ihnen ermöglichen, mehrere SVG-Symbole in einer einzigen Datei zu kombinieren, wodurch die Anzahl der HTTP-Anfragen reduziert und die Ladezeiten verbessert werden.

2. Analyse von Animationen mit Chrome DevTools

- **Analyse der Bildrate**: Ein wichtiger Aspekt der Animationsoptimierung ist die sorgfältige Analyse der Bildrate. Durch die Verwendung der Performance-Registerkarte in Chrome DevTools können Sie die Bildrate Ihrer Animationen in Echtzeit überwachen. Dies ermöglicht es Ihnen, Bildeinbrüche oder Phasen niedriger FPS (Frames per Second) zu identifizieren, die auf Leistungsprobleme hinweisen können. Durch die genaue Überwachung der Bildrate können Sie sicherstellen, dass Ihre Animationen flüssig und effizient ablaufen.

- **Speicher-Profiling**: Ein weiterer entscheidender Schritt bei der Optimierung von Animationen ist die Durchführung eines Speicher-Profilings. Dies beinhaltet die Verwendung spezialisierter Tools zur Verfolgung der Speichernutzung während der Animationen. Auf diese Weise können Sie mögliche Speicherlecks oder übermäßigen Speicherverbrauch identifizieren. Wenn Sie einen konstanten Anstieg der Speichernutzung während der Animationen bemerken, kann dies ein Zeichen für ein Problem sein, das behoben werden muss. Durch die Behebung von Speicherproblemen können Sie die Gesamtleistung und Stabilität Ihrer Animationen verbessern.

3. Reduzierung von Überlagerungen und Zeichenbereichen

- **Überlagerungen minimieren**: Überlagerung, die sich auf das wiederholte Zeichnen derselben Pixel innerhalb eines einzelnen Frames bezieht, kann die Leistung negativ beeinflussen. Um Überlagerungen zu reduzieren und Ihre Anwendung zu optimieren, können Sie Browser-Entwicklertools verwenden, um Bereiche übermäßigen Zeichnens zu identifizieren und geeignete Maßnahmen zu ergreifen. Dies kann die Vereinfachung der DOM-Struktur oder die Optimierung von Animationssequenzen umfassen, um unnötiges Pixelzeichnen zu minimieren und die allgemeine Rendering-Effizienz zu verbessern.

4. Nutzung von RequestAnimationFrame

- **Benutzerdefinierte Animationslogik**: Bei der Arbeit mit GSAP-Animationen und der Integration benutzerdefinierter JavaScript-Logik ist es wichtig, jegliche DOM-Updates mit dem Repaint-Zyklus des Browsers zu synchronisieren. Um dies zu erreichen, stellen Sie sicher, dass Sie die Methode **requestAnimationFrame** verwenden. Dies gewährleistet, dass Ihre benutzerdefinierten Animationen flüssig sind und ordnungsgemäß mit dem Rendering-Prozess des Browsers ausgerichtet sind.

5. Ausbalancierung von Animationen auf verschiedenen Geräten

- **Gerätespezifische Optimierungen**: Es ist wichtig, die spezifischen Eigenschaften und Einschränkungen verschiedener Geräte bei der Erstellung von Animationen zu berücksichtigen. Dies bedeutet, dass Sie Ihre Animationen anpassen und optimieren sollten, um sicherzustellen, dass sie auf jedem Gerät gut funktionieren. Beispielsweise wird bei mobilen Geräten empfohlen, die Komplexität oder Anzahl der Animationen zu reduzieren, um die Leistung zu verbessern und eine flüssige Benutzererfahrung zu gewährleisten. Andererseits haben Sie bei der Gestaltung von Animationen für Desktop-Computer mehr Flexibilität und können aufwendigere und detailliertere Animationen einbauen. Durch die Anpassung Ihrer Animationen an verschiedene Geräte können Sie die allgemeine Benutzererfahrung effektiv verbessern und sicherstellen, dass Ihre Animationen für jede Plattform optimiert sind.

5.2.4 Proaktive Leistungsüberprüfungen

- **Regelmäßiges Testen**: Es wird dringend empfohlen, Ihre Animationen regelmäßig auf verschiedenen Geräten und Browsern während des gesamten Entwicklungsprozesses gründlich zu testen, anstatt dies nur in den Endphasen zu tun. Durch die konsequente Anwendung dieses proaktiven Ansatzes können Sie potenzielle Leistungsprobleme, die auftreten können, frühzeitig effektiv identifizieren und beheben, wodurch eine flüssigere und reibungslosere Benutzererfahrung gewährleistet wird.

- **Benutzerfeedback**: Es ist entscheidend, aktiv nach Benutzerfeedback bezüglich der Leistung und Reaktionsfähigkeit Ihrer Animationen zu suchen und dieses zu berücksichtigen. Reale Nutzungsszenarien bringen oft Probleme ans Licht, die möglicherweise übersehen wurden oder während der Entwicklungsphase nicht offensichtlich waren. Durch sorgfältiges Zuhören und Analysieren des Benutzerfeedbacks können Sie wertvolle Erkenntnisse gewinnen, die es Ihnen ermöglichen, Ihre Animationen zu optimieren und ihre allgemeine Effektivität zu verbessern, um die Erwartungen der Benutzer zu erfüllen.

Praktische Übungen für Kapitel 5

Ausgezeichnete Arbeit beim Abschließen von Kapitel 5! Um Ihr Verständnis darüber zu vertiefen, wie man die Leistung in GSAP optimiert, finden Sie hier einige praktische Übungen. Diese Aufgaben sind darauf ausgelegt, Ihre Fähigkeit zu testen, die im Kapitel besprochenen Leistungsoptimierungsstrategien umzusetzen. Versuchen Sie, sie selbst zu lösen, und konsultieren Sie dann die bereitgestellten Lösungen, um Ihren Ansatz zu bewerten.

Übung 1: Optimierung einer überlasteten Animationssequenz

Sie haben mehrere Elemente, die gleichzeitig animiert werden, was Leistungsprobleme verursacht. Optimieren Sie diese Sequenz, um die Last zu reduzieren.

Ursprünglicher Code:

```javascript
// Assume multiple elements with class 'animatedElement'
gsap.to(".animatedElement", {duration: 2, x: 100, opacity: 1, rotation: 360});
```

Lösung:

```javascript
// Optimize by staggering the animations
gsap.to(".animatedElement", {
  duration: 2,
  x: 100,
  opacity: 1,
  rotation: 360,
  stagger: 0.1 // Stagger start times
});
```

Übung 2: Reduzierung von Layout-Reflows in der Animation

Eine Animation verursacht häufige Layout-Reflows. Ändern Sie sie so ab, dass stattdessen Transformationseigenschaften verwendet werden.

Ursprünglicher Code:

```javascript
gsap.to(".box", {duration: 2, left: "100px", top: "50px"});
```

Lösung:

```javascript
// Use transform for movement
gsap.to(".box", {
  duration: 2,
  x: 100, // Replaces left
  y: 50   // Replaces top
});
```

Übung 3: Implementierung einer speichereffizienten Animation

Sie haben eine Animation, die nach Abschluss im Speicher verbleibt. Schreiben Sie eine speichereffizientere Version.

Ursprünglicher Code:

```
let anim = gsap.to(".element", {duration: 3, x: 200});
// Assume this animation is no longer needed after completion
```

Lösung:

```
gsap.to(".element", {
  duration: 3,
  x: 200,
  onComplete: () => {
    gsap.killTweensOf(".element"); // Kill the tween to free up memory
  }
});
```

Übung 4: Erstellen eines leistungsfreundlichen Parallax-Effekts

Entwerfen Sie einen einfachen Parallax-Scroll-Effekt, der für die Leistung optimiert ist.

Lösung:

HTML:

```
<div class="parallax"></div>
```

CSS:

```
.parallax {
  height: 300px;
  background-image: url('path/to/image.jpg');
}
```

JavaScript:

```
gsap.registerPlugin(ScrollTrigger);

gsap.to(".parallax", {
  scrollTrigger: {
    trigger: ".parallax",
    scrub: true
  },
  backgroundPosition: "50% 100%",
  ease: "none"
});
```

Diese Übungen sind darauf ausgelegt, Ihnen zu helfen, Ihr Verständnis der Leistungsoptimierungstechniken in GSAP anzuwenden und zu festigen. Durch die Arbeit an diesen Herausforderungen sammeln Sie praktische Erfahrung in der Erstellung effizienter und flüssiger Animationen und stellen sicher, dass sie positiv zur Benutzererfahrung beitragen. Denken Sie daran, dass effektive Optimierung der Schlüssel zum Erfolg von Web-Animationen ist, insbesondere in einer Welt, in der Benutzer auf Inhalte auf einer Vielzahl von Geräten mit unterschiedlichen Fähigkeiten zugreifen.

Zusammenfassung von Kapitel 5

Zum Abschluss von Kapitel 5, „Leistungsoptimierung in GSAP", nehmen wir uns einen Moment Zeit, um über die wichtigsten Erkenntnisse und Strategien nachzudenken, die wir untersucht haben, um die Effizienz unserer Web-Animationen zu verbessern. Dieses Kapitel war grundlegend für das Verständnis, wie man die kreativen Bestrebungen unserer Animationen mit den praktischen Anforderungen der Leistungsoptimierung in Einklang bringt. In der Welt des Webdesigns und der Webentwicklung, wo die Benutzererfahrung von größter Bedeutung ist, ist die Fähigkeit, flüssige, reaktionsfähige und effiziente Animationen zu erstellen, von entscheidender Bedeutung.

Schwerpunkt auf Leistungsoptimierung

Wir begannen das Kapitel mit der Betonung der Bedeutung der Leistung bei Web-Animationen. In einer Zeit, in der Benutzer auf Inhalte auf einer Vielzahl von Geräten zugreifen, von denen jedes unterschiedliche Fähigkeiten und Einschränkungen aufweist, kann die Leistung von Animationen die Benutzererfahrung erheblich beeinflussen. Langsame, ruckelige oder ressourcenintensive Animationen können zu Frustration, verlängerten Ladezeiten und letztendlich zu einer verminderten Benutzererfahrung führen. Daher ist die Optimierung der Leistung von GSAP-Animationen nicht nur eine technische Anforderung; sie ist ein grundlegender Aspekt der Erstellung ansprechender und benutzerfreundlicher Web-Inhalte.

Schlüsselstrategien zur Leistungsverbesserung

Wir haben uns eingehend mit verschiedenen Strategien zur Optimierung von Animationen befasst:

1. **Minimierung von Layout-Reflows und Repaints**: Wir haben gelernt, wie bestimmte CSS-Eigenschaften wie **transform** und **opacity** für Animationen effizienter sind, da sie Reflows und Repaints minimieren, die in Bezug auf das Browser-Rendering kostspielige Operationen sind.

2. **Hardware-Beschleunigung**: Wir haben besprochen, wie die Nutzung der Hardware-Beschleunigung durch Eigenschaften wie **translate3d** Animationen flüssiger machen kann, insbesondere auf weniger leistungsfähigen Geräten.

3. **Vereinfachung von Animationen**: Das Kapitel hob die Bedeutung der Vereinfachung von Animationen hervor, indem die Anzahl gleichzeitiger Animationen reduziert, Animationen in Zeitleisten kombiniert und gestaffelte Starts verwendet werden, um die Rendering-Last zu verteilen.

4. **Responsive Animationstechniken**: Wir haben untersucht, wie man responsive Animationen erstellt, die sich an verschiedene Bildschirmgrößen und Geräte anpassen und so eine konsistente und optimale Benutzererfahrung auf allen Plattformen gewährleisten.

5. **Behebung von Leistungsproblemen**: Wir haben behandelt, wie man häufige Leistungsprobleme identifiziert und behebt, wobei Tools wie die Performance-Registerkarte von Chrome für Framerate-Analysen und Speicher-Profiling verwendet werden.

Praktische Anwendung und Übungen

Die praktischen Übungen boten die Gelegenheit, diese Optimierungstechniken in realen Szenarien anzuwenden. Von der Staffelung von Animationen zur Minimierung der Last bis zur Anpassung von Animationen basierend auf der Bildschirmgröße für Reaktionsfähigkeit verstärkten diese Übungen die Bedeutung von Leistungsüberlegungen im Animationsdesign.

Fazit

Zusammenfassend hat Sie Kapitel 5 mit dem Wissen und den Werkzeugen ausgestattet, um hochperformante Animationen mit GSAP zu erstellen. Die Fähigkeit, Animationen zu erstellen, die nicht nur visuell beeindruckend, sondern auch effizient und reaktionsfähig sind, ist ein Kennzeichen eines versierten Web-Animators. Während Sie auf Ihrer Animations-Reise voranschreiten, denken Sie daran, dass Leistungsoptimierung ein fortlaufender Prozess ist. Regelmäßige Tests, Überwachung und Anpassungen sind unerlässlich, um sicherzustellen, dass Ihre Animationen positiv zur allgemeinen Benutzererfahrung beitragen. Durch die Anwendung der in diesem Kapitel besprochenen Best Practices und Strategien sind Sie auf dem besten Weg, Animationen zu erstellen, die ebenso effizient wie fesselnd sind. Experimentieren Sie weiter, optimieren Sie weiter und verschieben Sie weiterhin die Grenzen dessen, was mit Web-Animation möglich ist.

Kapitel 6: Interaktive Webanimationen mit GSAP

Willkommen zu Kapitel 6, „Interaktive Webanimationen mit GSAP". Dieses Kapitel markiert eine spannende Phase unserer Reise, in der wir die faszinierende Welt der Animation und Benutzerinteraktion erkunden werden. Durch die Kombination der Kraft von Animation und Benutzereingaben können wir fesselnde und immersive Weberlebnisse schaffen, die über traditionelle statische Designs hinausgehen.

Interaktive Animationen spielen eine entscheidende Rolle im modernen Webdesign, indem sie passive Betrachter in aktive Teilnehmer verwandeln und das Nutzerengagement auf neue Höhen bringen. In diesem Kapitel werden wir die vielfältigen Möglichkeiten der Interaktivität unter Verwendung der leistungsstarken Funktionen von GSAP erkunden. Wir lernen, wie man Animationen erstellt, die dynamisch auf Benutzeraktionen reagieren, wie Mausbewegungen, Klicks, Scrollen und mehr.

Von einfachen Hover-Effekten, die subtile Interaktivität hinzufügen, bis hin zu komplexen Sequenzen, die durch Benutzerinteraktionen ausgelöst werden, werden wir eine breite Palette von Techniken behandeln, um Ihre Webanimationen zum Leben zu erwecken. Unser Ziel ist es nicht nur, Ihre Animationen visuell beeindruckend zu gestalten, sondern auch sicherzustellen, dass sie intuitiv und auf Benutzereingaben reagieren. Am Ende dieses Kapitels werden Sie ein solides Verständnis dafür haben, wie man interaktive und ansprechende Animationen erstellt, die einen bleibenden Eindruck bei den Besuchern Ihrer Website hinterlassen.

6.1 Erstellung interaktiver Animationen

Interaktive Animationen sind eine äußerst effektive und ansprechende Methode, um Benutzer auf einer Website zu fesseln und einzubinden. Sie bieten ein dynamisches und visuell ansprechendes Erlebnis, das über statische Inhalte hinausgeht. Durch schnelles Reagieren auf Benutzeraktionen schaffen diese interaktiven Animationen ein Gefühl des Eintauchens und machen die Website interaktiver und angenehmer zu erkunden.

Dieses verbesserte Maß an Interaktivität steigert nicht nur die allgemeine Benutzerfreundlichkeit der Website, sondern erhöht auch ihre Attraktivität, wodurch es wahrscheinlicher wird, dass Benutzer länger bleiben und mehr erkunden. Mit ihrer Fähigkeit,

Benutzerinteraktion und fesselnde Visuals nahtlos zu verbinden, sind interaktive Animationen zu einem unverzichtbaren Werkzeug für modernes Webdesign geworden.

Sie ermöglichen es Websites, sich von der Masse abzuheben und einen bleibenden Eindruck bei Besuchern zu hinterlassen, wodurch sie einprägsamer werden und wiederholte Besuche fördern. In einer Welt, in der die Aufmerksamkeitsspanne abnimmt, bieten interaktive Animationen eine Möglichkeit, die Aufmerksamkeit der Benutzer zu gewinnen und zu halten, und stellen sicher, dass sie eine positive und ansprechende Erfahrung auf der Website haben.

6.1.1 Grundlagen der interaktiven Animation mit GSAP

Verstehen von Benutzerereignissen

Interaktive Animationen sind ein beliebtes Merkmal im Webdesign. Sie verbessern das Benutzererlebnis, indem sie auf verschiedene Benutzerereignisse reagieren, wie Klicks, Mausbewegungen, Scrollen oder Ziehen. Diese Ereignisse dienen als Auslöser für die Animationen und fügen der Website eine Ebene der Interaktivität und des Engagements hinzu.

Durch die Einbindung interaktiver Animationen können Webdesigner Benutzer fesseln und ein dynamischeres und immersiveres Navigationserlebnis schaffen. Benutzer können aktiv teilnehmen und den Inhalt durch ihre Interaktionen mit den Animationen erkunden, wodurch das gesamte Weberlebnis angenehmer und einprägsamer wird.

Beispiel: Animation beim Überfahren mit der Maus

Ziel: Erstellen einer Animation, bei der sich ein Element beim Überfahren mit der Maus vergrößert und zu seiner ursprünglichen Größe zurückkehrt, wenn die Maus das Element verlässt.

HTML:

```html
<div class="hover-target">Hover over me</div>
```

CSS:

```css
.hover-target {
    width: 100px;
    height: 100px;
    background-color: blue;
    transition: transform 0.3s; /* For smoothness */
}
```

JavaScript:

```javascript
const target = document.querySelector(".hover-target");

target.addEventListener("mouseenter", () => {
  gsap.to(target, {scale: 1.5});
```

```
});

target.addEventListener("mouseleave", () => {
  gsap.to(target, {scale: 1});
});
```

In diesem Beispiel wird die **to**-Methode von GSAP verwendet, um das Element zu skalieren, wenn mit der Maus darüber gefahren wird, und es zu seiner ursprünglichen Größe zurückzubringen, wenn der Hover beendet wird.

Code der integrierten HTML-Seite:

```html
<!DOCTYPE html>
<html>
<head>
  <title>GSAP Hover Animation</title>
  <script
src="<https://cdnjs.cloudflare.com/ajax/libs/gsap/3.10.3/gsap.min.js>"></script>
</head>
<body>

  <div class="hover-target">Hover over me</div>

  <style>
    .hover-target {
      width: 100px;
      height: 100px;
      background-color: blue;
      transition: transform 0.3s; /* For smoothness */
    }
  </style>

  <script>
    const target = document.querySelector(".hover-target");

    target.addEventListener("mouseenter", () => {
      gsap.to(target, { scale: 1.5 });
    });

    target.addEventListener("mouseleave", () => {
      gsap.to(target, { scale: 1 });
    });
  </script>

</body>
</html>
```

Erklärung:

1. HTML-Struktur:

- o Es wird ein blaues Quadrat mit dem Text „Fahren Sie mit der Maus darüber" erstellt, das als Ziel des Hover-Ereignisses dient.

2. CSS-Stil:

- o Das Quadrat wird mit Abmessungen, Hintergrundfarbe und einer **transition**-Eigenschaft für sanfte Hover-Effekte gestaltet.

   - **transition: transform 0.3s**: Stellt einen sanften Übergang sicher, wenn sich die Transform-Eigenschaft des Elements ändert.

3. JavaScript und GSAP:

- o **const target = document.querySelector(".hover-target");**: Wählt das Zielelement des Hovers aus.

- o **target.addEventListener("mouseenter", ...)**: Fügt einen Event-Listener für das „mouseenter"-Ereignis hinzu.

   - **gsap.to(target, { scale: 1.5 });**: Wenn die Maus eintritt, animiert GSAP das Ziel so, dass es auf das 1,5-fache seiner ursprünglichen Größe skaliert wird.

- o **target.addEventListener("mouseleave", ...)**: Fügt einen Event-Listener für das „mouseleave"-Ereignis hinzu.

   - **gsap.to(target, { scale: 1 });**: Wenn die Maus das Element verlässt, animiert GSAP das Ziel zurück zu seiner ursprünglichen Größe.

Wichtige Punkte:

- Hover-Animation: Das Element skaliert sanft beim Überfahren mit der Maus und kehrt zu seiner ursprünglichen Größe zurück, wenn die Maus das Element verlässt, wodurch eine ansprechende visuelle Interaktion entsteht.

- GSAP für Geschmeidigkeit: GSAP verwaltet die Skalierungsanimationen und sorgt für sanfte Übergänge und konsistente Leistung in allen Browsern.

- CSS-Transition zur Verbesserung: Die CSS-**transition**-Eigenschaft fügt einen visuellen Puffer hinzu, bevor die GSAP-Animation ausgelöst wird, und verbessert die Geschmeidigkeit des Effekts noch weiter.

- Interaktives Erlebnis: Diese Kombination aus CSS und GSAP schafft eine nahtlose und visuell ansprechende Hover-Interaktion, die das Element ansprechender und dynamischer macht.

Beispiel: Klick-Interaktion

Ziel: Einen Button erstellen, der beim Klicken eine Animationssequenz auslöst.

HTML:

```html
<button class="trigger-button">Click me</button>
<div class="animated-box"></div>
```

JavaScript:

```javascript
document.querySelector(".trigger-button").addEventListener("click", () => {
  gsap.to(".animated-box", {x: 100, rotation: 360, duration: 1});
});
```

Dieser Code startet eine Animation zum Bewegen und Rotieren eines Kastens, wenn auf den Button geklickt wird.

In die Seite integrierter HTML-Code:

```html
<!DOCTYPE html>
<html>
<head>
  <title>GSAP Button-Triggered Animation</title>
  <script
src="<https://cdnjs.cloudflare.com/ajax/libs/gsap/3.10.3/gsap.min.js>"></script>
</head>
<body>

  <button class="trigger-button">Click me</button>
  <div class="animated-box" style="width: 100px; height: 100px; background-color:
blue; position: absolute; transform: translate3d(0, 0, 0);"></div>

  <script>
    document.querySelector(".trigger-button").addEventListener("click", () => {
      gsap.to(".animated-box", { x: 100, rotation: 360, duration: 1 });
    });
  </script>

</body>
</html>
```

Erklärung:

1. HTML-Struktur:

    o   Es wird ein Button mit der Klasse "trigger-button" erstellt.

    o   Es wird ein blaues Quadrat mit der Klasse "animated-box" erstellt und mit CSS absolut positioniert.

2. GSAP-Animation beim Klicken auf den Button:

    o   **document.querySelector(".trigger-button").addEventListener("click", ...)**: Fügt dem Button einen Klick-Event-Listener hinzu.

- **gsap.to(".animated-box", ...)**: Wenn auf den Button geklickt wird, animiert GSAP die "animated-box":

  - **x: 100**: Bewegt das Quadrat 100 Pixel nach rechts.

  - **rotation: 360**: Rotiert das Quadrat um 360 Grad (ein vollständiger Kreis).

  - **duration: 1**: Legt die Dauer der Animation auf 1 Sekunde fest.

Wichtige Punkte:

- Ereignisgesteuerte Animation: Die Animation beginnt nur, wenn auf den Button geklickt wird, wodurch ein interaktives Erlebnis entsteht.

- Animation mehrerer Eigenschaften: GSAP kann mehrere Eigenschaften (Position und Rotation) gleichzeitig animieren, was zu dynamischen und ansprechenden Effekten führt.

- Sanfte Bewegung und Rotation: Das Quadrat bewegt sich sanft nach rechts, während es rotiert, wodurch eine visuell ansprechende Kombination von Effekten entsteht.

- Vom Benutzer initiierte Interaktion: Das Klicken auf den Button gibt dem Benutzer die Kontrolle darüber, wann die Animation beginnt, was das Erlebnis ansprechender macht.

Beispiel: Scroll-basierte Interaktivität

Ziel: Elemente basierend auf der Scroll-Position mit dem ScrollTrigger-Plugin von GSAP animieren.

JavaScript:

```javascript
gsap.registerPlugin(ScrollTrigger);

gsap.to(".scroll-element", {
  scrollTrigger: ".scroll-element", // start the animation when ".scroll-element"
enters the viewport
  x: 100,
  duration: 1
});
```

Dieser Code startet eine Animation, die ein Element horizontal bewegt, wenn es in den Sichtbereich gelangt.

In die Seite integrierter HTML-Code:

```html
<!DOCTYPE html>
<html>
```

```html
<head>
  <title>GSAP Scroll-Triggered Animation</title>
  <script
src="<https://cdnjs.cloudflare.com/ajax/libs/gsap/3.10.3/gsap.min.js>"></script>
  <script
src="<https://cdnjs.cloudflare.com/ajax/libs/gsap/3.10.3/ScrollTrigger.min.js>"></sc
ript>
</head>
<body>

  <div class="scroll-element" style="width: 100px; height: 100px; background-color:
blue; position: absolute; top: 500px; transform: translate3d(0, 0, 0);"></div>

  <script>
    gsap.registerPlugin(ScrollTrigger);

    gsap.to(".scroll-element", {
      scrollTrigger: ".scroll-element", // Start the animation when ".scroll-element"
enters the viewport
      x: 100,
      duration: 1
    });
  </script>

</body>
</html>
```

Erklärung:

1. Laden der erforderlichen Plugins:

   o **gsap.registerPlugin(ScrollTrigger);**: Registriert das ScrollTrigger-Plugin, das scroll-basierte Animationen ermöglicht.

2. HTML-Struktur:

   o Ein blaues Quadrat mit der Klasse "scroll-element" wird erstellt und mit CSS absolut positioniert, zunächst 500px vom oberen Rand des Viewports entfernt.

3. Scroll-gesteuerte Animation:

   o **gsap.to(".scroll-element", ...)**: Verwendet GSAP, um das "scroll-element" zu animieren.

      ▪ **scrollTrigger: ".scroll-element"**: Verknüpft die Animation mit dem ScrollTrigger-Plugin und löst sie aus, wenn das Element in den Sichtbereich gelangt.

      ▪ **x: 100**: Animiert das Element, um es 100 Pixel nach rechts zu bewegen.

- **duration: 1**: Legt die Dauer der Animation auf 1 Sekunde fest.

Wichtige Punkte:

- Scroll-basierter Auslöser: Die Animation beginnt automatisch, wenn das Element in den Sichtbereich scrollt, wodurch ein dynamisches und ansprechendes Erlebnis ohne Benutzerinteraktion entsteht.

- Geschmeidiges Scrollen: Die Animation synchronisiert sich mit der Scroll-Position und gewährleistet einen sanften und immersiven Effekt, während der Benutzer die Seite nach unten scrollt.

- ScrollTrigger-Plugin: Dieses Plugin vereinfacht den Prozess der Erstellung scroll-basierter Animationen und macht sie einfacher zu implementieren und zu steuern.

- Visuell ansprechende Effekte: Scroll-gesteuerte Animationen können visuelles Interesse hinzufügen und die Erzählung verbessern, während Benutzer durch den Inhalt navigieren.

6.1.2 Fortgeschrittene Techniken für interaktive Animationen

1. Kombination von Benutzerereignissen mit GSAP-Animationen

Komplexe Ereignisbehandlung: Sie können komplexere Interaktionen erstellen, indem Sie mehrere Benutzerereignisse kombinieren. Zum Beispiel eine Animation bei einem mouseenter-Ereignis starten und sie bei mouseleave umkehren, wodurch Ebenen der Interaktivität hinzugefügt werden.

Beispiel:

```javascript
const box = document.querySelector(".interactive-box");
box.addEventListener("mouseenter", () => gsap.to(box, { scale: 1.2 }));
box.addEventListener("mouseleave", () => gsap.to(box, { scale: 1 }));
```

In die Seite integrierter HTML-Code:

```html
<!DOCTYPE html>
<html>
<head>
  <title>GSAP Hover Animation</title>
  <script
src="<https://cdnjs.cloudflare.com/ajax/libs/gsap/3.10.3/gsap.min.js>"></script>
</head>
<body>

  <div class="interactive-box" style="width: 100px; height: 100px; background-color:
blue; position: absolute; transform: translate3d(0, 0, 0);"></div>

  <script>
    const box = document.querySelector(".interactive-box");
```

```
    box.addEventListener("mouseenter", () => gsap.to(box, { scale: 1.2 }));
    box.addEventListener("mouseleave", () => gsap.to(box, { scale: 1 }));
  </script>

</body>
</html>
```

Erklärung:

1. HTML-Struktur:

    o   Es wird ein blaues Quadrat mit der Klasse "interactive-box" erstellt und mit CSS absolut positioniert.

2. Interaktive Animation:

    o   **const box = document.querySelector(".interactive-box");**: Wählt das Quadrat-Element für die Animation aus.

    o   **box.addEventListener("mouseenter", ...)**: Fügt einen Event-Listener hinzu, der ausgelöst wird, wenn die Maus in das Quadrat eintritt.

        ▪   **gsap.to(box, { scale: 1.2 })**: Wenn die Maus eintritt, animiert GSAP das Quadrat, sodass es sich auf das 1,2-fache seiner ursprünglichen Größe vergrößert.

    o   **box.addEventListener("mouseleave", ...)**: Fügt einen Event-Listener hinzu, der ausgelöst wird, wenn die Maus das Quadrat verlässt.

        ▪   **gsap.to(box, { scale: 1 })**: Wenn die Maus das Quadrat verlässt, animiert GSAP es zurück zu seiner ursprünglichen Größe.

Wichtige Punkte:

- Hover-Interaktion: Das Quadrat vergrößert sich sanft, wenn die Maus darüber schwebt, und kehrt zu seiner normalen Größe zurück, wenn die Maus es verlässt, wodurch ein dynamischer visueller Effekt entsteht.

- GSAP-Verwaltung: GSAP verwaltet die Vergrößerungsanimationen und sorgt für flüssige Übergänge und konsistente Leistung in allen Browsern.

- Benutzerengagement: Die Hover-Interaktion fügt visuelles Interesse hinzu und lädt den Benutzer ein, mit dem Element zu interagieren.

- Code-Klarheit: Der Code ist prägnant und gut strukturiert, was ihn leicht verständlich und wartbar macht.

Gestenbasierte Animationen: Bei touchfähigen Geräten sollten Sie Animationen in Betracht ziehen, die durch Gesten wie Wischen oder Zusammenziehen ausgelöst werden. Dies kann mit zusätzlichen Bibliotheken implementiert werden, die Gesten erkennen und in Verbindung mit GSAP für den Animationsteil verwendet werden.

2. ScrollTrigger mit Markern und Start-/Endpunkten

Feinabstimmung von Scroll-Animationen: Verwenden Sie die Marker und Start-/Endpunkt-Einstellungen von ScrollTrigger, um präzise Kontrolle darüber zu haben, wann Ihre Animationen in Bezug auf den Viewport beginnen und enden. Dies ist besonders nützlich für lange Scroll-Seiten, bei denen Sie möchten, dass Animationen an bestimmten Punkten ausgelöst werden.

Beispiel:

```javascript
ScrollTrigger.create({
  trigger: ".section",
  start: "top center",
  end: "bottom 80%",
  markers: true,
  onEnter: () => gsap.to(".image", { opacity: 1 })
});
```

In die Seite integrierter HTML-Code:

```html
<!DOCTYPE html>
<html>
<head>
  <title>GSAP Scroll-Triggered Image Fade-In</title>
  <script
src="<https://cdnjs.cloudflare.com/ajax/libs/gsap/3.10.3/gsap.min.js>"></script>
  <script
src="<https://cdnjs.cloudflare.com/ajax/libs/gsap/3.10.3/ScrollTrigger.min.js>"></sc
ript>
</head>
<body>

  <section class="section">
    <img class="image" src="image.jpg" alt="Image" style="opacity: 0;" />
  </section>

  <script>
    gsap.registerPlugin(ScrollTrigger);

    ScrollTrigger.create({
      trigger: ".section",
      start: "top center",
      end: "bottom 80%",
      markers: true,
      onEnter: () => gsap.to(".image", { opacity: 1 })
    });
  </script>
```

```
</body>
</html>
```

Erklärung:

1. Laden der erforderlichen Plugins:

   ○ **gsap.registerPlugin(ScrollTrigger);**: Registriert das ScrollTrigger-Plugin, das für scroll-basierte Animationen unerlässlich ist.

2. HTML-Struktur:

   ○ Ein **section**-Element mit der Klasse "section" fungiert als Auslöser für die Animation.

   ○ Ein Bild mit der Klasse "image" wird innerhalb der Sektion platziert und ist anfänglich auf **opacity: 0** (unsichtbar) gesetzt.

3. Einblenden beim Scrollen:

   ○ **ScrollTrigger.create({ ... })**: Erstellt eine ScrollTrigger-Konfiguration.

     ▪ **trigger: ".section"**: Die Animation wird ausgelöst, wenn das "section"-Element in den Sichtbereich eintritt.

     ▪ **start: "top center"**: Die Animation beginnt, wenn die obere Mitte der Sektion den Sichtbereich erreicht.

     ▪ **end: "bottom 80%"**: Die Animation endet, wenn die unteren 80% der Sektion sichtbar sind.

     ▪ **markers: true**: Zeigt visuelle Markierungen in der Scrollleiste an, die die Triggerpunkte kennzeichnen.

     ▪ **onEnter: () => gsap.to(".image", { opacity: 1 })**: Wenn der Trigger in den Sichtbereich eintritt, animiert GSAP das "Bild", sodass es mit voller Deckkraft eingeblendet wird.

Wichtige Punkte:

- Scroll-basierte Bildeinblendung: Das Bild blendet sich sanft ein, während der Benutzer nach unten scrollt und die Sektion in den Sichtbereich gelangt, wodurch ein visuell ansprechender Effekt entsteht.

- Anpassbare Triggerpunkte: Die Eigenschaften **start** und **end** ermöglichen eine Feinabstimmung, wann die Animation beginnt und endet, und bieten Kontrolle über das Einblend-Erlebnis.

- Visuelle Markierungen: Die Option **markers: true** bietet hilfreiche visuelle Hinweise in der Scrollleiste, die die Triggerpunkte markieren und bei der visuellen Kommunikation helfen.

- Geschmeidiges Scrollen: ScrollTrigger gewährleistet ein sanftes und immersives Animationserlebnis, das sich perfekt mit dem Scroll-Verhalten des Benutzers synchronisiert.

3. Interaktive Animation mit externen Daten

Dynamische Animationseigenschaften: Erstelle Animationen, die sich dynamisch basierend auf externen Datenquellen ändern, wie API-Daten oder Benutzereingaben. Dies kann ein personalisierteres und ansprechenderes Benutzererlebnis schaffen.

Beispiel:

```javascript
// Assume 'data' is fetched from an API
data.forEach(item => {
  gsap.to(`#${item.id}`, { x: item.positionX, y: item.positionY });
});
```

In die Seite integrierter HTML-Code:

```html
<!DOCTYPE html>
<html>
<head>
  <title>GSAP Data-Driven Animation</title>
  <script
src="<https://cdnjs.cloudflare.com/ajax/libs/gsap/3.10.3/gsap.min.js>"></script>
</head>
<body>

  <div id="item-1" style="width: 50px; height: 50px; background-color: blue; position:
absolute; transform: translate3d(0, 0, 0);"></div>

  <script>
    // Simulate fetching data from an API
    const data = [
      { id: "item-1", positionX: 100, positionY: 50 },
      // More items would be in the actual data
    ];

    // Create elements for each item if they don't exist yet
    data.forEach(item => {
      const element = document.getElementById(item.id);
      if (!element) {
        element = document.createElement("div");
        element.id = item.id;
        element.style.width = "50px";
        element.style.height = "50px";
```

```
        element.style.backgroundColor = "blue";
        element.style.position = "absolute";
        element.style.transform = "translate3d(0, 0, 0)";
        document.body.appendChild(element);
      }
    });

    // Animate the elements to their target positions
    data.forEach(item => {
      gsap.to(`#${item.id}`, { x: item.positionX, y: item.positionY });
    });
  </script>

</body>
</html>
```

Erklärung:

1. Simulation des Datenabrufs:

   o **const data = [...]**: Erstellt ein Array von Elementen mit ID-, positionX- und positionY-Werten, das die von einer API abgerufenen Daten simuliert.

2. Dynamische Elementerstellung:

   o **data.forEach(...)**: Iteriert durch das Daten-Array.

      ▪ **const element = document.getElementById(item.id);**: Überprüft, ob bereits ein Element mit der ID des Items existiert.

      ▪ Falls es nicht existiert, wird ein neues **div**-Element erstellt, dessen ID gesetzt, Stile angewendet und zum Dokumentkörper hinzugefügt.

3. Datenbasierte GSAP-Animation:

   o **data.forEach(item => { ... })**: Iteriert erneut durch die Daten.

      ▪ **gsap.to(#${item.id}, { x: item.positionX, y: item.positionY });**: Animiert das Element mit der entsprechenden ID zu den in positionX und positionY angegebenen Positionen unter Verwendung von GSAP.

Wichtige Aspekte:

- Dynamische Elementerstellung: Der Code behandelt sowohl existierende als auch nicht existierende Elemente und gewährleistet Flexibilität bei datenbasierten Animationen.

- GSAP-Handhabung: GSAP animiert die Elemente sanft zu ihren Zielpositionen basierend auf den abgerufenen Daten und erzeugt dynamische und ansprechende visuelle Effekte.

- Datenbasierter Ansatz: Die Animation wird durch die abgerufenen Daten angetrieben und ermöglicht anpassungsfähige und inhaltsbezogene Erlebnisse.

- Potenzial für komplexe Interaktionen: Dieser Ansatz kann erweitert werden, um komplexere Interaktionen und Animationen basierend auf verschiedenen Datenquellen zu erstellen.

6.1.3 Leistungsüberlegungen

Strategien für den Umgang mit interaktiven Animationen auf mobilen Geräten: In der heutigen digitalen Landschaft ist es von größter Bedeutung, der effizienten Verwaltung Ihrer interaktiven Animationen auf mobilen Geräten angemessene Aufmerksamkeit zu schenken.

Dies liegt hauptsächlich daran, dass mobile Geräte tendenziell strengere Leistungseinschränkungen aufweisen als ihre Desktop-Gegenstücke. Um dies zu erreichen, ist es unerlässlich, gründliche Tests durchzuführen, um die Reaktionsfähigkeit und Flüssigkeit Ihrer Animationen auf einer Vielzahl mobiler Geräte zu bewerten. Auf diese Weise können Sie ein nahtloses und angenehmes Benutzererlebnis gewährleisten und damit den Gesamterfolg Ihres digitalen Projekts verbessern.

Ausgewogenheit zwischen Ästhetik und Benutzerfreundlichkeit: Interaktive Animationen haben das Potenzial, das gesamte Benutzererlebnis erheblich zu verbessern, indem sie der Website ein dynamisches und visuell ansprechendes Element hinzufügen. Diese Animationen können die Aufmerksamkeit der Benutzer auf sich ziehen und die Website einprägsamer machen. Es ist jedoch entscheidend, ein Gleichgewicht zwischen Ästhetik und Benutzerfreundlichkeit zu finden, wenn Animationen in das Website-Design integriert werden.

Während Animationen visuell ansprechend sein sollten, dürfen sie die Benutzerfreundlichkeit der Website nicht überschatten oder beeinträchtigen. Es ist wichtig sicherzustellen, dass Animationen intuitiv sind und die Benutzerinteraktionen verbessern, anstatt sie zu erschweren. Durch das Finden dieses sensiblen Gleichgewichts können Sie eine benutzerfreundliche Website erstellen, die nicht nur ein reibungsloses Erlebnis bietet, sondern auch Benutzer mit ihren visuell beeindruckenden Animationen fesselt.

Zusammenfassend

In diesem Abschnitt haben wir den Umfang interaktiver Animationen mit GSAP erweitert, indem wir uns mit einer breiten Palette fortgeschrittener Techniken befasst und verschiedene Kombinationen von Benutzerinteraktionen und Animationen erkundet haben. Durch die Integration dieser Konzepte in Ihre Projekte können Sie ein immersiveres und fesselndes Erlebnis für den Benutzer schaffen.

Das Ziel ist es, Interaktionen zu erstellen, die sich nahtlos mit dem Inhalt vermischen, die Aufmerksamkeit der Benutzer auf sich ziehen und einen bleibenden Eindruck hinterlassen. Interaktive Animationen spielen eine entscheidende Rolle dabei, Benutzer dazu zu bewegen, sich aktiv mit Ihrer Website zu beschäftigen und sicherzustellen, dass sie ein dynamisches, reaktionsfähiges und unvergessliches Web-Erlebnis genießen.

Scheuen Sie sich nicht, mit verschiedenen Arten von Interaktionen zu experimentieren und sorgfältig zu beobachten, wie Benutzer reagieren und sich engagieren. Diese wertvollen Erkenntnisse können dann genutzt werden, um Ihre Animationen zu verfeinern und zu verbessern und sie auf die nächste Stufe der Exzellenz zu heben.

6.2 Integration mit Benutzereingaben

In diesem Abschnitt von Kapitel 6 werden wir in die faszinierende Welt der Integration von GSAP-Animationen mit Benutzereingaben eintauchen. Dieser Aspekt der interaktiven Webanimation ist wahrhaft magisch und fesselnd, da er es Animationen ermöglicht, in Echtzeit auf eine breite Palette von Benutzeraktionen zu reagieren und darauf zu antworten.

Ob es sich um einen einfachen Klick, einen Tastendruck oder sogar das Absenden eines Formulars handelt, die Benutzereingabe spielt eine unglaublich wichtige Rolle bei der Schaffung hochgradig ansprechender und immersiver Web-Erlebnisse.

Durch die nahtlose Kombination von Benutzerinteraktivität mit GSAP-Animationen können wir ein völlig neues Niveau des Engagements erschließen und hochdynamische und personalisierte Webanwendungen anbieten, die für jeden einzelnen Benutzer maßgeschneidert sind. In den folgenden Abschnitten werden wir eine Vielzahl von Techniken und Strategien erkunden, um Benutzereingaben effektiv mit GSAP-Animationen zu integrieren, was die Erstellung interaktiver und reaktionsfähiger Webanwendungen ermöglicht, die Benutzer nicht nur fesseln, sondern auch einen dauerhaften und unvergesslichen Eindruck bei ihnen hinterlassen.

6.2.1 Erfassung und Reaktion auf Benutzereingaben

Ein entscheidender Aspekt der nahtlosen Integration von Animationen mit Benutzereingaben besteht darin, Benutzeraktionen effektiv zu erfassen und darauf zu reagieren, indem Animationen schnell ausgelöst werden. Dies kann durch eine Vielzahl von Techniken erreicht werden, darunter Event-Listener, Eingabehandler und Zustandsverwaltung. Durch die Nutzung dieser Methoden können Entwickler sicherstellen, dass Animationen mühelos mit Benutzerinteraktionen harmonieren, was zu einem immersiveren und fesselnderen Benutzererlebnis führt.

Ob es sich um einen einfachen Klick auf eine Schaltfläche, eine Texteingabe oder sogar eine anspruchsvolle Spielsteuerung handelt, es ist wesentlich, dass die Animationsreaktion so gestaltet ist, dass sie sich intuitiv, unmittelbar und eng mit der Benutzereingabe verknüpft anfühlt. Dies gewährleistet ein hohes Maß an Intuitivität und Reaktionsfähigkeit und verbessert das gesamte Benutzererlebnis weiter.

Beispiel: Durch Klick auf eine Schaltfläche ausgelöste Animation

Ziel: Eine Animation erstellen, bei der sich eine Box über den Bildschirm bewegt, wenn auf eine Schaltfläche geklickt wird.

HTML:

```html
<button id="moveButton">Move the Box</button>
<div id="box" style="background-color: blue; width: 100px; height: 100px;"></div>
```

JavaScript:

```javascript
document.getElementById("moveButton").addEventListener("click", () => {
  gsap.to("#box", {duration: 1, x: 200});
});
```

In diesem Beispiel bewegt sich die Box zu einer neuen Position auf dem Bildschirm, wenn auf die Schaltfläche „Move the Box" geklickt wird.

Integrierter HTML-Code:

```html
<!DOCTYPE html>
<html>
<head>
  <title>GSAP Button-Triggered Animation</title>
  <script
src="<https://cdnjs.cloudflare.com/ajax/libs/gsap/3.10.3/gsap.min.js>"></script>
</head>
<body>

  <button id="moveButton">Move the Box</button>
  <div id="box" style="background-color: blue; width: 100px; height: 100px; position:
absolute; transform: translate3d(0, 0, 0);"></div>

  <script>
    document.getElementById("moveButton").addEventListener("click", () => {
      gsap.to("#box", { duration: 1, x: 200 });
    });
  </script>

</body>
</html>
```

Erklärung:

1. HTML-Struktur:

    o   Es wird ein Button mit der ID "moveButton" erstellt.

    o   Es wird ein blaues Quadrat mit der ID "box" erstellt und mittels CSS absolut positioniert.

2. JavaScript und GSAP:

- o **document.getElementById("moveButton").addEventListener("click", ...)**: Fügt dem Button einen Click-Event-Listener hinzu.

    - **gsap.to("#box", { duration: 1, x: 200 })**: Wenn auf den Button geklickt wird, animiert GSAP das "box"-Element:

        - **duration: 1**: Legt die Dauer der Animation auf 1 Sekunde fest.

        - **x: 200**: Bewegt die Box 200 Pixel nach rechts.

Wichtige Punkte:

- Ausgelöste Animation: Die Animation beginnt nur, wenn auf den Button geklickt wird, wodurch eine interaktive Erfahrung entsteht.

- GSAP für Geschmeidigkeit: GSAP verwaltet die Animation und gewährleistet eine flüssige Bewegung und konsistente Leistung in allen Browsern.

- Transform-Eigenschaft: Die Eigenschaft **transform: translate3d(0, 0, 0)** wird verwendet, um potenziell Hardware-Beschleunigung für geschmeidigere Animationen zu aktivieren.

- Vom Benutzer initiierte Interaktion: Der Klick auf den Button gibt dem Benutzer die Kontrolle darüber, wann die Animation beginnt, was die Erfahrung ansprechender macht.

Beispiel: Interaktion mit Formulareingabe

Ziel: Ein Element basierend auf der Texteingabe eines Benutzers animieren.

HTML:

```html
<input type="text" id="userInput" placeholder="Type something...">
<div id="responseBox" style="background-color: green; width: 100px; height:
100px;"></div>
```

JavaScript:

```javascript
document.getElementById("userInput").addEventListener("input", (e) => {
  const scaleValue = e.target.value.length; // Scale based on input length
  gsap.to("#responseBox", {scale: scaleValue / 10});
});
```

Hier vergrößert oder verkleinert sich die **responseBox** basierend auf der Länge der Texteingabe des Benutzers und erzeugt so eine dynamische Reaktion auf die Benutzeraktion.

In die Seite integrierter HTML-Code:

```html
<!DOCTYPE html>
<html>
<head>
  <title>GSAP Input-Driven Animation</title>
  <script
src="<https://cdnjs.cloudflare.com/ajax/libs/gsap/3.10.3/gsap.min.js>"></script>
</head>
<body>

  <input type="text" id="userInput" placeholder="Type something...">
  <div id="responseBox" style="background-color: green; width: 100px; height: 100px;
position: absolute; transform: translate3d(0, 0, 0);"></div>

  <script>
    document.getElementById("userInput").addEventListener("input", (e) => {
      const scaleValue = e.target.value.length; // Scale based on input length
      gsap.to("#responseBox", { scale: scaleValue / 10 });
    });
  </script>

</body>
</html>
```

Erklärung:

1. **HTML-Struktur:**

   o   Ein Eingabefeld mit der ID "userInput" wird für die Benutzereingabe erstellt.

   o   Ein grünes Quadrat mit der ID "responseBox" wird erstellt und mittels CSS absolut positioniert.

2. **Eingabegesteuerte Animation:**

   o   **document.getElementById("userInput").addEventListener("input",   ...)**: Fügt dem Eingabefeld einen "input"-Event-Listener hinzu, der ausgelöst wird, wenn Text eingegeben wird.

      ▪   **const scaleValue = e.target.value.length**: Extrahiert die aktuelle Länge des eingegebenen Textes.

      ▪   **gsap.to("#responseBox", { scale: scaleValue / 10 })**: Verwendet GSAP, um die "responseBox" zu animieren:

         ▪   **scale: scaleValue / 10**: Skaliert das Quadrat proportional zur Länge der Eingabe (geteilt durch 10 für ein visuelles Gleichgewicht).

Wichtige Punkte:

- Dynamische Skalierung: Das Quadrat vergrößert oder verkleinert sich geschmeidig, während der Benutzer tippt, wodurch eine visuelle Reaktion auf die Eingabe entsteht.

- Benutzergesteuerte Interaktion: Die Animation wird direkt durch die Benutzereingabe gesteuert, was eine ansprechendere und reaktionsfähigere Erfahrung bietet.

- GSAP-Verwaltung: GSAP gewährleistet geschmeidige Skalierungsübergänge und konsistente Leistung in allen Browsern.

- Visuelles Feedback: Die Animation bietet eine klare visuelle Darstellung der Benutzereingabe und verbessert das Feedback und die Interaktion.

6.2.2 Erweiterung der Integration mit Benutzereingaben

1. Dynamische Animation basierend auf der Mausposition

Szenario: Eine Animation erstellen, bei der ein Element dem Mauszeiger folgt und einen dynamischen und interaktiven visuellen Effekt erzeugt.

JavaScript-Beispiel:

```javascript
document.addEventListener("mousemove", (e) => {
  gsap.to("#followElement", {
    x: e.clientX,
    y: e.clientY,
    duration: 0.5,
    ease: "power3.out"
  });
});
```

Dieser Code bewegt ein Element, um dem Mauszeiger zu folgen, und schafft eine verspielte Interaktion.

Anwendungsfall in einem HTML-Projekt:

```html
<!DOCTYPE html>
<html>
<head>
  <title>GSAP Mouse-Following Animation</title>
  <script
src="<https://cdnjs.cloudflare.com/ajax/libs/gsap/3.10.3/gsap.min.js>"></script>
</head>
<body>

  <div id="followElement" style="width: 50px; height: 50px; background-color: red;
position: absolute; transform: translate3d(0, 0, 0);"></div>

  <script>
    document.addEventListener("mousemove", (e) => {
      gsap.to("#followElement", {
```

```
        x: e.clientX,
        y: e.clientY,
        duration: 0.5,
        ease: "power3.out"
    });
  });
</script>

</body>
</html>
```

Erklärung:

1. HTML-Struktur:

    o   Ein rotes Quadrat mit der ID "followElement" wird erstellt und mittels CSS absolut positioniert.

2. Maus-Folge-Animation:

    o   **document.addEventListener("mousemove", ...)**: Fügt dem gesamten Dokument einen "mousemove"-Event-Listener hinzu, der bei jeder Mausbewegung ausgelöst wird.

        ▪   **gsap.to("#followElement", { ... })**: Verwendet GSAP, um das "followElement" zu animieren:

            ▪   **x: e.clientX, y: e.clientY**: Setzt die Position des Elements auf die aktuellen Mauskoordinaten und lässt es der Maus folgen.

            ▪   **duration: 0.5**: Legt die Dauer der Animation auf 0,5 Sekunden fest und erzeugt einen sanften Bewegungseffekt.

            ▪   **ease: "power3.out"**: Verwendet die Easing-Funktion "power3.out" für eine natürlichere Verzögerungsbewegung.

Wichtige Punkte:

*   Dynamisches Maus-Tracking: Das Element folgt sanft dem Mauszeiger, während dieser sich über den Bildschirm bewegt, und erzeugt einen ansprechenden interaktiven Effekt.

*   GSAP für geschmeidige Übergänge: GSAP verwaltet die Animation und gewährleistet flüssige Bewegung und konsistente Leistung in allen Browsern.

*   Easing-Funktion: Die Easing-Funktion "power3.out" fügt eine natürliche Verzögerung zur Bewegung hinzu und lässt sie organischer wirken.

*   Immersive Erfahrung: Die Animation fördert die Benutzerinteraktion und kann die allgemeine Benutzererfahrung einer Website oder Anwendung verbessern.

2. Interaktive Schieberegler mit GSAP

Szenario: Verwendung von Eingabe-Schiebereglern zur Steuerung von Aspekten einer Animation, wie Größe, Farbe oder Position.

HTML-Beispiel:

```html
<input type="range" id="sizeSlider" min="0" max="100">
<div id="animatedElement"></div>
```

JavaScript Example:

```javascript
document.getElementById("sizeSlider").addEventListener("input", (e) => {
  gsap.to("#animatedElement", { scale: e.target.value / 100 });
});
```

Hier steuert ein Bereichsschieberegler die Skalierung eines animierten Elements.

In die Seite integrierter HTML-Code:

```html
<!DOCTYPE html>
<html>

<head>
    <title>GSAP Slider-Controlled Animation</title>
    <script
src="<https://cdnjs.cloudflare.com/ajax/libs/gsap/3.10.3/gsap.min.js>"></script>
</head>

<body>

    <input type="range" id="sizeSlider" min="0" max="100">
    <div id="animatedElement"
        style="width: 100px; height: 100px; background color: purple; position:
absolute; transform: translate3d(0, 0, 0);">
    </div>

    <script>
        const slider = document.getElementById("sizeSlider");
        const animatedElement = document.getElementById("animatedElement");

        slider.addEventListener("input", (e) => {
            gsap.to(animatedElement, { scale: e.target.value / 100 });
        });
    </script>

</body>

</html>
```

Erklärung:

1. HTML-Struktur:

    o   Ein Schieberegler mit der ID "sizeSlider" wird erstellt, der zwischen Werten von 0 bis 100 variiert.

    o   Ein violettes Quadrat mit der ID "animatedElement" wird erstellt und mittels CSS absolut positioniert.

2. JavaScript:

    o   Wir greifen auf den Schieberegler und das animierte Element über ihre IDs zu, um mehr Klarheit zu schaffen.

    o   Ein Event-Listener wird an das "input"-Event des Schiebereglers angehängt.

    o   Innerhalb des Event-Listeners verwenden wir die **to**-Funktion von GSAP, um das "animatedElement" mit den folgenden Eigenschaften zu animieren:

        ▪   **scale**: Diese Eigenschaft passt die Skalierung des Elements proportional zum Wert des Schiebereglers an, geteilt durch 100 für ein visuelles Gleichgewicht.

        ▪   Wir entfernen die Referenz zum Ziel (**e.target.value**) aufgrund des direkten Zugriffs auf das Schieberegler-Element mittels **slider.value**.

Wichtige Punkte:

*   Interaktive Skalierung: Das Element vergrößert oder verkleinert sich geschmeidig, während der Benutzer mit dem Schieberegler interagiert, wodurch eine dynamische visuelle Reaktion entsteht.

*   Benutzergesteuertes Steuerelement: Die Animation wird direkt durch die Benutzereingabe am Schieberegler gesteuert und bietet ein Gefühl von Kontrolle und interaktiver Personalisierung.

*   GSAP-Geschmeidigkeit: GSAP verwaltet die Skalierungsübergänge und gewährleistet eine flüssige Animation und konsistente Leistung in allen Browsern.

*   Direkter Elementzugriff: Die direkte Verwendung von **slider.value** bietet eine bessere Wartbarkeit und Lesbarkeit des Codes.

*   Visuelles Feedback: Die Animation bietet unmittelbares visuelles Feedback zu den Aktionen des Benutzers und verbessert die interaktive Erfahrung.

3. Durch Formularübermittlung ausgelöste Animation

Szenario: Eine Animationssequenz auslösen, wenn ein Benutzer ein Formular übermittelt, wie z. B. eine Bestätigungsnachricht oder einen visuellen Effekt.

JavaScript-Beispiel:

```javascript
document.getElementById("myForm").addEventListener("submit", (e) => {
  e.preventDefault(); // Prevent form submission
  gsap.to("#confirmationMessage", { opacity: 1, y: -20 });
});
```

Dieser Code animiert eine Bestätigungsnachricht, wenn ein Formular übermittelt wird.

Anwendungsfall in einem HTML-Projekt:

```html
<!DOCTYPE html>
<html>
<head>
  <title>GSAP Slider-Controlled Animation</title>
  <script
src="<https://cdnjs.cloudflare.com/ajax/libs/gsap/3.10.3/gsap.min.js>"></script>
</head>
<body>

  <input type="range" id="sizeSlider" min="0" max="100">
  <div id="animatedElement" style="width: 100px; height: 100px; background-color:
purple; position: absolute; transform: translate3d(0, 0, 0);"></div>

  <script>
    document.getElementById("sizeSlider").addEventListener("input", (e) => {
      gsap.to("#animatedElement", { scale: e.target.value / 100 });
    });
  </script>

</body>
</html>
```

Erklärung:

1. HTML-Struktur:

    o   Ein Schieberegler mit der ID "sizeSlider" wird erstellt, der von Werten 0 bis 100
        reicht.

    o   Ein violettes Quadrat mit der ID "animatedElement" wird erstellt und mittels
        CSS absolut positioniert.

2. Durch Schieberegler gesteuerte Animation:

    o   **document.getElementById("sizeSlider").addEventListener("input", ...)**:
        Fügt dem Schieberegler einen "input"-Event-Listener hinzu, der jedes Mal
        ausgelöst wird, wenn sich sein Wert ändert.

- **gsap.to("#animatedElement", { scale: e.target.value / 100 })**: Verwendet GSAP, um das "animatedElement" zu animieren:

  - **scale: e.target.value / 100**: Passt die Skalierung des Elements proportional zum Wert des Schiebereglers an, geteilt durch 100 für ein visuelles Gleichgewicht.

Wichtige Punkte:

- Interaktive Skalierung: Das Element vergrößert oder verkleinert sich geschmeidig, während der Benutzer mit dem Schieberegler interagiert, wodurch eine dynamische visuelle Reaktion entsteht.

- Benutzergesteuertes Steuerelement: Die Animation wird direkt durch die Benutzereingabe am Schieberegler gesteuert und bietet ein Gefühl von Kontrolle und interaktiver Personalisierung.

- GSAP-Geschmeidigkeit: GSAP verwaltet die Skalierungsübergänge und gewährleistet eine flüssige Animation und konsistente Leistung in allen Browsern.

- Visuelles Feedback: Die Animation bietet unmittelbares visuelles Feedback zu den Aktionen des Benutzers und verbessert die interaktive Erfahrung.

4. Integration von GSAP in interaktive Spiele

Szenario: In webbasierten Spielen verwenden Sie GSAP, um Charaktere oder Spielelemente als Reaktion auf Benutzereingaben wie Tastatureingaben oder Klicks zu animieren.

JavaScript-Beispiel:

```javascript
document.addEventListener("keydown", (e) => {
  if (e.key === "ArrowRight") {
    gsap.to("#gameCharacter", { x: "+=10" });
  }
});
```

Dies erstellt einen einfachen Spielmechanismus, bei dem sich ein Charakter nach rechts bewegt, wenn die rechte Pfeiltaste gedrückt wird.

Anwendungsfall in einem HTML-Projekt:

```html
<!DOCTYPE html>
<html>
<head>
  <title>GSAP Keyboard-Controlled Animation</title>
  <script
src="<https://cdnjs.cloudflare.com/ajax/libs/gsap/3.10.3/gsap.min.js>"></script>
</head>
<body>
```

```html
<div id="gameCharacter" style="width: 50px; height: 50px; background-color: orange;
position: absolute; transform: translate3d(0, 0, 0);"></div>

<script>
  document.addEventListener("keydown", (e) => {
    if (e.key === "ArrowRight") {
      gsap.to("#gameCharacter", { x: "+=10" });
    }
    // Add more key events for other directions as needed
  });
</script>

</body>
</html>
```

Erklärung:

1. HTML-Struktur:

    o   Ein orangefarbenes Quadrat mit der ID "gameCharacter" wird erstellt und
        mittels CSS absolut positioniert, das den Spielcharakter darstellt.

2. Tastaturgesteuerte Animation:

    o   **document.addEventListener("keydown", ...)**: Fügt dem gesamten
        Dokument einen "keydown"-Event-Listener hinzu, der jedes Mal ausgelöst
        wird, wenn eine Taste gedrückt wird.

        ▪   **if (e.key === "ArrowRight")**: Überprüft, ob die gedrückte Taste die
            rechte Pfeiltaste ist.

            ▪   **gsap.to("#gameCharacter", { x: "+=10" })**: Verwendet
                GSAP, um den "gameCharacter" zu animieren:

                ▪   **x: "+=10"**: Bewegt den Charakter 10 Pixel nach
                    rechts und erzeugt eine horizontale Bewegung.

Wichtige Punkte:

-   Interaktive Bewegung: Der Charakter bewegt sich geschmeidig als Reaktion auf die
    Tastenanschläge des Benutzers und schafft ein fesselndes interaktives Erlebnis.

-   Tastatursteuerung: Die Animation wird direkt über die Pfeiltasten der Tastatur
    gesteuert und bietet eine vertraute und intuitive Art der Interaktion.

-   Potenzial für weitere Richtungen: Der Code kann erweitert werden, um Animationen
    für andere Pfeiltasten oder zusätzliche Tastenkombinationen einzubeziehen, wodurch
    komplexere Bewegungsmuster ermöglicht werden.

- Spielähnliche Erlebnisse: Dieser Ansatz wird häufig in Spielen oder interaktiven Weberlebnissen verwendet, um eine reaktionsschnelle Charaktersteuerung zu schaffen.

6.2.3 Leistungsüberlegungen

Optimierung für hohe Interaktionsraten: In Szenarien, in denen Benutzer häufig Eingaben machen müssen, wie Mausbewegungen oder Touch-Interaktionen, ist es entscheidend, die Animationen für optimale Leistung zu optimieren.

Dies beinhaltet sicherzustellen, dass die Animationen schnell und reibungslos auf die Aktionen des Benutzers reagieren, ohne Verzögerungen oder Ruckeln. Durch die Priorisierung der Leistungsoptimierung kannst du nicht nur die allgemeine Reaktionsfähigkeit der Anwendung verbessern, sondern auch die Benutzererfahrung steigern, indem du eine immersivere und ansprechendere Umgebung schaffst.

Darüber hinaus können optimierte Animationen zu einem Gefühl von Flüssigkeit und Kontinuität beitragen und dem Benutzer das Gefühl geben, stärker verbunden und in der Kontrolle über die Anwendung zu sein. Dies wiederum kann zu höheren Ebenen der Benutzerzufriedenheit und verstärktem Nutzerengagement führen, da sie die Anwendung eher genießen und motiviert sind, über längere Zeiträume mit ihr zu interagieren.

Die Integration von Benutzereingaben mit GSAP-Animationen erhöht nicht nur die Interaktivität von Webanwendungen, sondern überbrückt auch die Kluft zwischen statischem Inhalt und dynamischen Benutzererlebnissen. Durch die kreative Anwendung dieser Techniken kannst du Weboberflächen erstellen, die nicht nur visuell ansprechend, sondern auch intuitiv, reaktionsschnell und fesselnd sind.

Denke daran, die Wirksamkeit einer interaktiven Animation liegt in ihrer Fähigkeit, die Benutzerinteraktion mit deiner Anwendung nahtlos zu ergänzen und zu verbessern. Erkunde weiterhin das enorme Potenzial von GSAP als Reaktion auf Benutzereingaben und schaffe Weberlebnisse, die sich wirklich abheben.

Praktische Übungen für Kapitel 6

Ausgezeichnete Arbeit beim Abschließen von Kapitel 6! Um deine Fähigkeiten bei der Erstellung interaktiver Webanimationen mit GSAP zu festigen, findest du hier einige praktische Übungen. Diese Aufgaben helfen dir, die Konzepte der Benutzerinteraktion und -reaktion in verschiedenen Szenarien anzuwenden. Nachdem du diese Übungen ausprobiert hast, überprüfe die bereitgestellten Lösungen, um dein Verständnis zu vergleichen und zu verbessern.

Übung 1: Klick zum Animieren

Erstelle eine Animation, bei der ein Klick auf einen Button ein Quadrat über den Bildschirm bewegt und seine Farbe ändert.

Lösung:

HTML:

```html
<button id="animateButton">Animate Box</button>
<div id="box" style="width: 100px; height: 100px; background-color: blue;"></div>
```

JavaScript:

```javascript
document.getElementById("animateButton").addEventListener("click", () => {
  gsap.to("#box", {duration: 1, x: 300, backgroundColor: "red"});
});
```

Übung 2: Hover-Effekt mit Skalierung und Rotation

Implementiere einen Hover-Effekt, bei dem ein Element sich vergrößert und rotiert, wenn die Maus darüber schwebt, und dann in seinen ursprünglichen Zustand zurückkehrt, wenn die Maus es verlässt.

Lösung:

HTML:

```html
<div id="hoverElement" style="width: 100px; height: 100px; background-color: green;"></div>
```

JavaScript:

```javascript
const hoverElement = document.getElementById("hoverElement");
hoverElement.addEventListener("mouseenter", () => {
  gsap.to(hoverElement, {scale: 1.5, rotation: 45});
});
hoverElement.addEventListener("mouseleave", () => {
  gsap.to(hoverElement, {scale: 1, rotation: 0});
});
```

Übung 3: Animation mit ScrollTrigger

Erstelle eine einfache Animation, bei der ein Element eingeblendet wird, wenn zu ihm gescrollt wird, unter Verwendung des ScrollTrigger-Plugins von GSAP.

Lösung:

HTML:

```html
<div id="scrollElement" style="opacity: 0; margin-top: 1000px; width: 100px; height:
100px; background-color: purple;"></div>
```

JavaScript:

```javascript
gsap.registerPlugin(ScrollTrigger);

gsap.to("#scrollElement", {
  scrollTrigger: "#scrollElement",
  duration: 1,
  opacity: 1
});
```

Übung 4: Interaktive Steuerung mit einem Bereichsschieberegler

Verwende einen Bereichsschieberegler, um die Skalierung eines Elements auf der Seite zu steuern.

Lösung:

HTML:

```html
<input type="range" id="sizeSlider" min="1" max="3" step="0.1">
<div id="scaleElement" style="width: 100px; height: 100px; background-color:
orange;"></div>
```

JavaScript:

```javascript
document.getElementById("sizeSlider").addEventListener("input", (e) => {
  gsap.to("#scaleElement", {scale: e.target.value});
});
```

Diese Übungen sind darauf ausgelegt, dein Verständnis dafür zu verbessern, wie man Benutzereingaben mit GSAP-Animationen integriert und damit ansprechende und interaktive Weberlebnisse schafft. Durch das Üben dieser Szenarien wirst du wertvolle Erfahrungen sammeln, wie man Webinhalte kreativ und dynamisch auf Benutzeraktionen reagieren lässt. Denke daran, der Schlüssel zu erfolgreichen interaktiven Animationen besteht darin, sie intuitiv wirken zu lassen und nahtlos in die allgemeine Benutzererfahrung zu integrieren. Experimentiere weiterhin mit verschiedenen Arten von Benutzerinteraktionen und GSAP-Animationen, um neue Wege zu entdecken, dein Publikum zu fesseln und einzubinden.

Zusammenfassung von Kapitel 6

Mit dem Abschluss von Kapitel 6, „Interaktive Webanimationen mit GSAP", nehmen wir uns einen Moment Zeit, um über die bereichernde Reise durch die faszinierende Welt der interaktiven Animationen nachzudenken. Dieses Kapitel war der Erkundung gewidmet, wie GSAP genutzt werden kann, um Animationen zu erstellen, die nicht nur die Fantasie anregen, sondern sich auch mit Benutzerinteraktionen auseinandersetzen und darauf reagieren. Interaktive Animationen sind ein Eckpfeiler des modernen Webdesigns, der die Lücke zwischen statischen Inhalten und dynamischen Benutzererlebnissen schließt.

Die Akzeptanz der Benutzerinteraktion in Animationen

Das Kapitel begann mit der Betonung der Bedeutung der Benutzerinteraktion in Webanimationen. In einer Ära, in der digitale Erlebnisse zunehmend nutzerzentriert sind, sind Animationen, die auf Benutzereingaben wie Klicks, Scrollen, Bewegungen und Gesten reagieren, von entscheidender Bedeutung geworden. Sie bieten eine Plattform für Benutzer, um auf immersivere und interaktivere Weise mit Webinhalten zu interagieren. Dieses Engagement ist der Schlüssel dazu, Websites nicht nur informativ, sondern auch angenehm und einprägsam zu machen.

Erkundung verschiedener Formen der Interaktivität

Im Laufe des Kapitels haben wir uns mit verschiedenen Formen der Interaktivität befasst:

1. **Hover-Effekte**: Wir haben gesehen, wie einfache Hover-Animationen verwendet werden können, um Benutzern unmittelbares visuelles Feedback zu geben und dabei Benutzerfreundlichkeit und ästhetische Anziehungskraft zu verbessern.

2. **Klick-Interaktionen**: Wir haben Animationen erkundet, die durch Klick-Events ausgelöst werden, und demonstriert, wie Benutzeraktionen dynamische visuelle Veränderungen oder narrative Entwicklungen in Webinhalten initiieren können.

3. **Scroll-basierte Animationen**: Unter Verwendung des ScrollTrigger-Plugins von GSAP haben wir gelernt, wie man Animationen erstellt, die ausgelöst und gesteuert werden, während Benutzer durch eine Seite scrollen, wodurch dem Scroll-Erlebnis eine Ebene von Tiefe und Erzählung hinzugefügt wird.

4. **Formular- und Eingabeantwort**: Wir haben auch analysiert, wie Animationen auf Formularübermittlungen und andere Arten von Eingaben reagieren können, wodurch Benutzern Echtzeit-Feedback gegeben wird und Formulare ansprechender und weniger monoton werden.

Fortgeschrittene interaktive Szenarien

Das Kapitel vertiefte sich noch weiter in fortgeschrittenere Szenarien, wie die Integration von Gesten und komplexen Event-Handlern, und zeigte die Vielseitigkeit von GSAP im Umgang mit einer breiten Palette von Benutzerinteraktionen. Diese fortgeschrittenen Beispiele dienten als Beweis für die Kraft von GSAP bei der Erstellung anspruchsvoller, reaktionsfähiger und hochgradig interaktiver Animationen.

Ausgleich von Interaktion und Leistung

Ein wichtiges Thema in diesem Kapitel war das Gleichgewicht zwischen der Erstellung überzeugender interaktiver Animationen und der Aufrechterhaltung optimaler Leistung. Wir diskutierten bewährte Praktiken, um sicherzustellen, dass Animationen nicht nur visuell beeindruckend sind, sondern auch effizient auf verschiedenen Geräten und Plattformen funktionieren.

Praktische Übungen und reale Anwendungen

Die praktischen Übungen boten wertvolle praktische Erfahrungen, verstärkten die gelernten Konzepte und förderten das Experimentieren. Diese Übungen wurden entwickelt, um dich herauszufordern und zu inspirieren, kreativ darüber nachzudenken, wie du Interaktivität in deine Webprojekte einbauen kannst.

Fazit

Zusammenfassend hat dich Kapitel 6 mit dem Wissen und den Fähigkeiten ausgestattet, die notwendig sind, um interaktive Webanimationen zu erstellen, die Benutzer auf bedeutungsvolle Weise fesseln, einbinden und auf sie reagieren. Während du auf deiner Reise mit GSAP voranschreitest, denke daran, dass die effektivsten interaktiven Animationen diejenigen sind, die sich nahtlos in das nutzerzentrierte Design integrieren. Sie sollten nicht nur die Augen beeindrucken, sondern auch intuitive und reaktionsfähige Erlebnisse bieten, die die Gesamtqualität der Webinhalte verbessern. Erkunde weiterhin die unendlichen Möglichkeiten interaktiver Animationen mit GSAP und schaffe weiterhin Weberlebnisse, die wirklich bei den Benutzern Anklang finden.

Quiz zu Teil III

Herzlichen Glückwunsch zum Abschluss von Teil III: „Verbesserung und Optimierung von Animationen"! Dieses Quiz ist darauf ausgelegt, Ihr Wissen über die fortgeschrittenen Konzepte aus den Kapiteln 5 und 6 zu festigen. Es ist eine hervorragende Möglichkeit, Ihr Verständnis von Leistungsoptimierung und interaktiven Animationen in GSAP zu testen. Versuchen Sie, diese Fragen zu beantworten, bevor Sie die Lösungen überprüfen, um Ihr Verständnis des Materials zu bewerten.

Frage 1:

Welche sind einige wichtige Strategien zur Optimierung der Leistung von GSAP-Animationen?

Frage 2:

Erklären Sie, wie das ScrollTrigger-Plugin von GSAP verwendet werden kann, um Webanimationen zu verbessern.

Frage 3:

Beschreiben Sie ein Szenario, in dem Sie Leistungsprobleme bei einer GSAP-Animation beheben müssten, und wie Sie dabei vorgehen würden.

Frage 4:

Wie können GSAP-Animationen für verschiedene Bildschirmgrößen und Geräte responsiv gestaltet werden?

Frage 5:

Geben Sie ein Beispiel für eine interaktive Animation, die auf Benutzerklicks mit GSAP reagiert.

Frage 6:

Diskutieren Sie die Bedeutung der Optimierung großer Hintergrundanimationen für die Leistung in GSAP.

Frage 7:

Wie können Sie Benutzereingaben wie Formularübermittlungen oder Tastaturereignisse in Ihre GSAP-Animationen integrieren?

Frage 8:

Welche Überlegungen gibt es, um sicherzustellen, dass interaktive Animationen auf mobilen Geräten gut funktionieren?

Frage 9:

Erklären Sie, wie Sie GSAP verwenden können, um eine Animation zu erstellen, die sich je nach Mausposition auf dem Bildschirm verändert.

Frage 10:

Beschreiben Sie, wie Sie GSAP verwenden würden, um einen Hover-Effekt zu erstellen, der ein Element skaliert und seine Farbe ändert.

Quiz-Lösungen

Antwort 1:

Zu den wichtigsten Strategien gehören die Minimierung von Layout-Neuberechnungen und Neuzeichnungen durch Animieren von Eigenschaften wie **transform** und **opacity**, die Nutzung von Hardware-Beschleunigung, die Reduzierung der Anzahl gleichzeitiger Animationen und die Verwendung der Leistungstools von GSAP zur Überwachung.

Antwort 2:

ScrollTrigger kann verwendet werden, um Animationen basierend auf der Scroll-Position auszulösen, was dynamisches Storytelling und erhöhte Benutzerinteraktion ermöglicht, während Inhalte in die Ansicht hinein- und herausanimiert werden.

Antwort 3:

In einem Szenario, in dem Animationen Ruckeln oder eine langsame Seitenleistung verursachen, gehen Sie die Fehlerbehebung an, indem Sie Neuzeichnungen und Neuberechnungen analysieren, die Komplexität der Animationen reduzieren und Assets wie Bilder oder SVGs optimieren.

Antwort 4:

GSAP-Animationen können responsiv gestaltet werden, indem relative Einheiten (wie vw, vh, %) verwendet werden, Media Queries zur Anpassung von Animationen je nach Bildschirmgröße eingesetzt werden und dynamische Berechnungen basierend auf den Viewport-Dimensionen vorgenommen werden.

Antwort 5:

Ein Beispiel könnte sein, eine Box über den Bildschirm zu animieren, wenn auf einen Button geklickt wird: **document.getElementById("button").addEventListener("click", () => gsap.to("#box", {x: 100}));**.

Antwort 6:

Die Optimierung großer Hintergrundanimationen ist wichtig für die Leistung, besonders auf leistungsschwächeren Geräten. Dies kann erreicht werden, indem die Dateigröße von Bildern reduziert wird, effiziente Animationseigenschaften verwendet werden und weniger ressourcenintensive alternative Designs in Betracht gezogen werden.

Antwort 7:

Integrieren Sie Benutzereingaben, indem Sie Event-Listener an Formularelemente oder Eingaben anhängen und GSAP-Animationen als Reaktion auslösen, wie z. B. das Animieren einer Bestätigungsnachricht beim Absenden eines Formulars.

Antwort 8:

Stellen Sie auf mobilen Geräten sicher, dass Animationen optimiert sind, indem Sie die Komplexität reduzieren, einfachere Animationen verwenden, auf verschiedenen Geräten testen und alternative Interaktionen für Touchscreens in Betracht ziehen.

Antwort 9:

Verwenden Sie **document.addEventListener("mousemove", (e) => gsap.to("#element", {x: e.clientX, y: e.clientY}));**, um eine Animation zu erstellen, die der Mausposition folgt.

Antwort 10:

Um einen Hover-Effekt mit GSAP zu erstellen, verwenden Sie Event-Listener für **mouseenter** und **mouseleave** auf dem Element und animieren Sie die Skalierungs- und Farbeigenschaften: **element.addEventListener("mouseenter", () => gsap.to(element, {scale: 1.2, backgroundColor: "rot"}));**.

Gut gemacht beim Abschluss dieses Quiz! Es ist darauf ausgelegt, die fortgeschrittenen Konzepte zu vertiefen, die Sie bei der Verbesserung und Optimierung von Animationen mit GSAP gelernt haben. Ihre wachsende Beherrschung dieser Fähigkeiten ist entscheidend für die Erstellung hochwertiger, interaktiver und leistungsoptimierter Webanimationen. Machen Sie weiter so und erkunden Sie weiterhin die umfangreichen Möglichkeiten von GSAP!

Teil IV: Praktische Anwendung und Projekte

Kapitel 7: Reale Projekte mit GSAP

Willkommen zu Teil IV: "Praktische Anwendung und Projekte", und insbesondere zu Kapitel 7, "Reale Projekte mit GSAP". Dieses Kapitel markiert eine spannende Phase in deiner Reise mit GSAP, in der du die Fähigkeiten und Kenntnisse, die du erworben hast, auf reale Projektszenarien anwenden wirst. Hier werden wir erkunden, wie man GSAP in reale Webprojekte integriert und Animationen erstellt, die nicht nur die visuelle Attraktivität verbessern, sondern auch zur Funktionalität und Benutzererfahrung beitragen.

In diesem Kapitel lernst du, wie man ein Webanimationsprojekt vom Konzept bis zur Fertigstellung angeht. Wir werden die Projektplanung, Designüberlegungen, Implementierungsstrategien und die letzten Feinschliffe behandeln, die ein Projekt zum Leben erwecken. Darüber hinaus werden wir tiefer in die Komplexität von GSAP eintauchen, fortgeschrittene Techniken untersuchen und kreative Wege erkunden, um seine Fähigkeiten zu nutzen. Indem du dein Verständnis von GSAP erweiterst, wirst du in der Lage sein, noch beeindruckendere und immersivere Web-Erlebnisse zu schaffen, die dein Publikum fesseln.

Die Bedeutung von Benutzertests und Feedback wird in diesem Kapitel ebenfalls betont. Du wirst entdecken, wie man Benutzereinblicke sammelt, Designs iteriert und Animationen kontinuierlich basierend auf Benutzerpräferenzen und -verhalten verbessert. Durch die Einbeziehung benutzerzentrierter Designprinzipien stellst du sicher, dass deine Webprojekte nicht nur visuell ansprechend aussehen, sondern auch eine reibungslose und angenehme Benutzererfahrung bieten.

Darüber hinaus werden wir die Bedeutung der Leistungsoptimierung bei Webanimationen diskutieren. Du lernst, wie man Animationen auf Geschwindigkeit und Effizienz optimiert und reibungslose und reaktionsschnelle Benutzerinteraktionen gewährleistet. Wir werden Techniken wie Lazy Loading, Code-Minifizierung und Caching erkunden, um die Leistung deiner Webprojekte zu verbessern und eine außergewöhnliche Benutzererfahrung zu bieten.

Zusammenfassend befasst sich dieses Kapitel eingehend mit der praktischen Anwendung von GSAP in realen Webprojekten. Durch eine umfassende Erkundung von Projektplanung, Designüberlegungen, fortgeschrittenen Techniken, Benutzertests und Leistungsoptimierung wirst du die notwendigen Fähigkeiten und Kenntnisse erlangen, um wirkungsvolle, ansprechende und leistungsstarke Web-Erlebnisse zu schaffen. Also tauche ein und bringe deine Webanimationsfähigkeiten auf die nächste Stufe!

7.1 Aufbau eines Webanimationsprojekts

Ein Webanimationsprojekt zu starten kann ein unglaublich aufregender und lohnender Prozess sein. Es ist eine perfekte Gelegenheit, deiner Kreativität freien Lauf zu lassen und endlose Möglichkeiten zu erkunden, um deine Ideen durch die Kraft der Animation zum Leben zu erwecken.

Die Anfangsphase beim Aufbau eines Webanimationsprojekts mit GSAP ist der Punkt, an dem die Magie beginnt. Es ist der Moment, in dem du das Fundament für dein Projekt legst und deine Vision sorgfältig mit Präzision und Liebe zum Detail planst und umsetzt.

Dies ist der Moment, deine Vorstellungskraft zu entfesseln und mit verschiedenen Animationstechniken zu experimentieren, um eine fesselnde und immersive Benutzererfahrung zu schaffen. Also lass uns diese aufregende Reise antreten und dein Webanimationsprojekt zu einem Meisterwerk machen!

7.1.1 Konzeptualisierung des Projekts

Das Ziel verstehen

Wenn du dich auf ein Projekt einlässt, ist es von größter Bedeutung, ein umfassendes Verständnis der Ziele zu haben, die du erreichen möchtest. Es ist unerlässlich, ausreichend Zeit aufzuwenden, um genau zu umreißen, was du mit deiner Animation erreichen möchtest. Versuchst du, den narrativen Aspekt zu verstärken?

Oder ist dein Ziel vielleicht, Benutzerinteraktionen auf reibungslose und mühelose Weise zu erleichtern? Ein weiteres plausibles Ziel könnte sein, visuelles Feedback bereitzustellen, das die allgemeine Benutzererfahrung verbessert. Schließlich könnte es auch lohnenswert sein, die Einbeziehung ästhetischen Werts in dein Projekt durch Animation in Betracht zu ziehen.

Beispiel: Animierte Landing Page

Ziel: Eine animierte Landing Page erstellen, die Benutzer in ein neues Produkt einführt.

7.1.2 Planung und Storyboarding

Storyboarding

Um die Animation besser zu verstehen und zu kommunizieren, wird empfohlen, zu visualisieren, wie sich die Animation entwickeln wird. Eine effektive Möglichkeit, dies zu tun, ist die Erstellung eines Storyboards. Ein Storyboard ist ein visuelles Werkzeug, das bei der Planung der Animationssequenz hilft und zeigt, wie sie mit Benutzeraktionen oder anderen Seitenelementen interagiert.

Durch die Verwendung eines Storyboards kannst du die Schlüsselmomente und Übergänge in der Animation skizzieren und so eine reibungslose und ansprechende Benutzererfahrung gewährleisten. Darüber hinaus ermöglicht es dir, potenzielle Probleme oder Verbesserungsbereiche zu identifizieren, bevor du mit der tatsächlichen Implementierung der

Animation beginnst. Daher kann die Erstellung eines Storyboards erheblich zum Erfolg deines Animationsprojekts beitragen.

Implementierung mit GSAP

1. Einrichtung der Umgebung

Bevor du mit dem Schreiben von Code beginnst, ist es wichtig sicherzustellen, dass die Projektumgebung korrekt eingerichtet ist. Dies beinhaltet die Installation der notwendigen Software und die Konfiguration deiner Entwicklungswerkzeuge. Sobald deine Umgebung bereit ist, kannst du damit fortfahren, die GSAP-Bibliothek in dein Projekt einzubinden.

Die GSAP-Bibliothek ist ein leistungsstarkes Werkzeug, das eine breite Palette von Animationsfähigkeiten bietet und die Erstellung ansprechender und dynamischer Web-Erlebnisse erleichtert. Durch die Integration der GSAP-Bibliothek in dein Projekt erhältst du Zugriff auf eine Vielzahl vordefinierter Animationen, Easing-Funktionen und Timeline-Steuerungen, die es dir ermöglichen, deine Designs mit geschmeidigen und visuell ansprechenden Effekten zum Leben zu erwecken.

Nimm dir also die Zeit, die Umgebung deines Projekts korrekt einzurichten, und vergiss nicht, die GSAP-Bibliothek einzubinden, um verbesserte Animationsmöglichkeiten zu erhalten.

HTML-Konfiguration:

```
<script src="<https://cdn.jsdelivr.net/npm/gsap@3/dist/gsap.min.js>"></script>
```

2. Grundlegende Struktur und Stile

Um eine visuell ansprechende und funktionale Landing Page zu erstellen, beginne damit, die HTML-Struktur sorgfältig zu gestalten. Überlege dir die Schlüsselelemente, die du einbeziehen möchtest, wie die Kopfzeile, das Navigationsmenü, die Inhaltsbereiche und die Fußzeile. Implementiere diese Elemente unter Verwendung geeigneter HTML-Tags und -Attribute.

Verbessere dann das Design deiner Landing Page, indem du grundlegende CSS-Stile anwendest. Verwende CSS-Eigenschaften wie Farbe, Schriftgröße, Rand und Abstand, um das Erscheinungsbild verschiedener Elemente anzupassen. Experimentiere mit verschiedenen Hintergrundfarben, Schriftstilen und Textausrichtungen, um die beste Kombination zu finden, die deinen Inhalt ergänzt.

Denke daran, die Benutzererfahrung zu berücksichtigen, während du deine Landing Page erstellst. Stelle sicher, dass die Seite responsiv und mit verschiedenen Geräten und Bildschirmgrößen kompatibel ist. Teste deine Seite in verschiedenen Browsern, um eine konsistente Leistung zu gewährleisten.

Indem du diesen Schritten folgst, kannst du eine gut strukturierte Landing Page mit einem visuell ansprechenden Design erstellen, das deine Botschaft effektiv an deine Zielgruppe kommuniziert.

HTML:

```html
<div id="landingPage">
  <h1 id="headline">Welcome to Our Product</h1>
  <p id="description">Innovative solutions for modern needs.</p>
  <button id="learnMore">Learn More</button>
</div>
```

CSS:

```css
#landingPage {
  text-align: center;
  padding: 50px;
}
#headline, #description {
  opacity: 0; /* Set initial state for animation */
}
```

3. Die Animation mit GSAP erstellen

Um eine ansprechende und visuell beeindruckende Einführung zu schaffen, während der Benutzer die Landing Page betritt, kannst du in Erwägung ziehen, verschiedene Animationstechniken einzubinden. Durch das Hinzufügen subtiler Bewegungen und Übergänge zu den verschiedenen Elementen auf der Seite kannst du die Aufmerksamkeit des Benutzers effektiv einfangen und halten.

Dies wird nicht nur die Erfahrung ansprechender machen, sondern auch einen bleibenden Eindruck in ihrem Gedächtnis hinterlassen. Eine animierte Landing Page kann eine kraftvolle Wirkung hinterlassen und Benutzer dazu ermutigen, deine Website weiter zu erkunden, mehr über deine Angebote zu erfahren und sich möglicherweise in treue Kunden zu verwandeln.

JavaScript:

```javascript
gsap.to("#headline", {duration: 1, opacity: 1, y: -20});
gsap.to("#description", {duration: 1, delay: 0.5, opacity: 1, y: -20});
gsap.from("#learnMore", {duration: 1, delay: 1, opacity: 0, scale: 0.5});
```

In diesem Beispiel erscheinen die Überschrift und die Beschreibung mit einer leichten Hebung und Einblendung, gefolgt vom Button "Learn More", der in die Ansicht skaliert.

7.2 Projekt: Interaktive Produktpräsentation

Ziel: Eine interaktive Produktpräsentation für die Einführung eines neuen Produkts eines fiktiven Technologieunternehmens entwickeln. Die Präsentation wird Animationen beinhalten, die auf Benutzerinteraktionen reagieren und verschiedene Produktmerkmale hervorheben.

7.2.1 Projektaufschlüsselung

1. Projektkonzept

- Eine Landing Page, die ein neues Smartphone präsentiert.

- Animationen, um Merkmale hervorzuheben, während der Benutzer scrollt.

- Interaktive Elemente, die auf Benutzerinteraktion reagieren, wie Hover und Klick.

2. Werkzeuge und Ressourcen

- GSAP für Animationen.

- ScrollTrigger-Plugin für scroll-basierte Animationen.

- Grundlegendes HTML/CSS für die Struktur und Stile der Webseite.

- Bilder oder SVG-Grafiken für das Smartphone und die Merkmale.

3. Implementierungsschritte

- **Schritt 1: Webseitenstruktur**

  - Ein grundlegendes HTML-Layout mit einer Kopfzeile, Abschnitten für jedes Produktmerkmal und einer Fußzeile erstellen.

- **Schritt 2: Grundlegende Stile**

  - CSS verwenden, um das Layout zu gestalten, mit Fokus auf ein modernes und sauberes Design, das geeignet ist, um ein Technologieprodukt zu präsentieren.

- **Schritt 3: GSAP-Animationen hinzufügen**

  - GSAP-Animationen für die Kopfzeile und die Merkmalabschnitte implementieren. Diese könnten das seitliche Einfahren des Produktbildes, das Einblenden der Textelemente und das Animieren der Merkmal-Icons an ihre Position beinhalten.

- **Schritt 4: ScrollTrigger-Integration**

  - ScrollTrigger verwenden, um Animationen auszulösen, während der Benutzer durch verschiedene Abschnitte der Produktmerkmale scrollt.

- **Schritt 5: Interaktive Elemente**

  - Interaktive Hover-Effekte auf den Merkmal-Icons oder -Buttons erstellen, die dem Benutzer visuelles Feedback geben.

7.2.2 Beispiel-Code-Snippets

HTML (Vereinfachtes Layout)

```html
<div id="header">New Smartphone X</div>
<section id="feature1">Innovative Camera</section>
<section id="feature2">Long-lasting Battery</section>
<section id="feature3">Crystal Clear Display</section>
```

CSS (Basic Styling)

```css
section {
  opacity: 0; /* Set up for GSAP animation */
  transform: translateY(50px);
}
```

JavaScript (GSAP mit ScrollTrigger)

```javascript
gsap.registerPlugin(ScrollTrigger);

gsap.to("#header", {duration: 1, opacity: 1, y: -20});

gsap.utils.toArray('section').forEach(section => {
  ScrollTrigger.create({
    trigger: section,
    start: "top 80%",
    onEnter: () => gsap.to(section, {opacity: 1, y: 0, duration: 1})
  });
});
```

Im Folgenden wird eine vollständige HTML-Seite gezeigt, die die Logik und Struktur für das Projekt „Interaktive Produktpräsentation" unter Verwendung von GSAP und ScrollTrigger umfasst. Dieses Beispiel bietet eine grundlegende Struktur, auf der du aufbauen oder die du entsprechend deiner spezifischen Projektanforderungen anpassen kannst.

7.2.3 HTML-Seite der Interaktiven Produktpräsentation

```html
<!DOCTYPE html>
<html lang="en">
<head>
    <meta charset="UTF-8">
    <meta name="viewport" content="width=device-width, initial-scale=1.0">
    <title>Interactive Product Showcase</title>
    <style>
        body { font-family: Arial, sans-serif; margin: 0; padding: 0; }
        #header {
            text-align: center;
            padding: 50px;
            background-color: #f0f0f0;
            font-size: 2em;
        }
        section {
```

```css
        opacity: 0;
        transform: translateY(50px);
        padding: 100px;
        text-align: center;
        font-size: 1.5em;
        background-color: #ffffff;
        border-bottom: 1px solid #ddd;
      }
    .feature { transition: transform 0.3s ease; }
    .feature:hover { transform: scale(1.1); }
  </style>
</head>
<body>

<div id="header">New Smartphone X</div>
<section id="feature1" class="feature">Innovative Camera</section>
<section id="feature2" class="feature">Long-lasting Battery</section>
<section id="feature3" class="feature">Crystal Clear Display</section>

<!-- GSAP Library -->
<script src="<https://cdn.jsdelivr.net/npm/gsap@3/dist/gsap.min.js>"></script>
<!-- ScrollTrigger Plugin -->
<script
src="<https://cdn.jsdelivr.net/npm/gsap@3/dist/ScrollTrigger.min.js>"></script>

<script>
    // Register the ScrollTrigger plugin
    gsap.registerPlugin(ScrollTrigger);

    // Animate the header
    gsap.to("#header", {duration: 1, opacity: 1, y: -20});

    // Animate each section on scroll
    gsap.utils.toArray('.feature').forEach(section => {
        ScrollTrigger.create({
            trigger: section,
            start: "top 80%",
            onEnter: () => gsap.to(section, {opacity: 1, y: 0, duration: 1})
        });
    });
</script>

</body>
</html>
```

Code-Erklärung

- **HTML-Struktur**: Die Seite enthält eine Kopfzeile und drei Abschnitte, die verschiedene
  Produktmerkmale darstellen. Jeder Abschnitt ist so gestaltet, dass er mit **opacity: 0**

beginnt und leicht nach unten verschoben wird (**transform: translateY(50px)**), um sich auf die Animation vorzubereiten.

- **Stil**: Es wird grundlegendes CSS angewendet, um ein sauberes Aussehen zu erhalten, und es wird ein Hover-Effekt zu jedem Merkmalabschnitt für die Interaktivität hinzugefügt.

- **GSAP und ScrollTrigger**: Die GSAP-Bibliothek und das ScrollTrigger-Plugin werden eingebunden. Das Skript am Ende der Seite initialisiert die Animationen. Die Kopfzeile wird beim Laden der Seite animiert, während die Merkmalabschnitte animiert werden, wenn sie in den Anzeigebereich gelangen, gemäß der ScrollTrigger-Konfiguration.

Anpassung und Erweiterung

Diese Grundstruktur dient als Ausgangspunkt für dein Projekt. Du hast die Flexibilität, dieses Projekt auf verschiedene Weise anzupassen und zu erweitern. Zum Beispiel kannst du detailliertere Stile hinzufügen, um es visuell ansprechend zu gestalten. Erwäge die Einbindung von Bildern oder SVGs des Produkts, um ein besseres Verständnis seiner Merkmale zu vermitteln.

Darüber hinaus kannst du die Option erkunden, komplexere Animationen oder interaktive Elemente einzubeziehen, um die Benutzererfahrung noch weiter zu verbessern. Durch die Integration dieser Verbesserungen kannst du eine immersivere und ansprechendere Benutzeroberfläche erstellen, die einen bleibenden Eindruck bei deinen Benutzern hinterlässt.

7.3 Integration von GSAP mit Frameworks

In diesem Abschnitt von Kapitel 7 werden wir uns mit einem entscheidenden und grundlegenden Aspekt der modernen Webentwicklung befassen. Dieser Aspekt dreht sich um die nahtlose Integration von GSAP, einer leistungsstarken eigenständigen Bibliothek für Animationen, mit verschiedenen beliebten Web-Frameworks. Durch die Integration von GSAP in Frameworks wie React, Vue.js und Angular können Entwickler eine Welt voller Möglichkeiten und immensem Potenzial erschließen.

Es ist von größter Bedeutung, dass Entwickler ein solides und umfassendes Verständnis davon haben, wie GSAP effektiv in diese Frameworks integriert werden kann. Diese Integration ermöglicht es Entwicklern, die kombinierten Stärken und Fähigkeiten sowohl von GSAP als auch von den Frameworks zu nutzen, was zur Erstellung dynamischer, ansprechender und hochinteraktiver Webanwendungen führt. Diese Anwendungen haben die Fähigkeit, Benutzer zu fesseln und einen bleibenden Eindruck zu hinterlassen, indem sie ihnen außergewöhnliche Web-Erlebnisse bieten, die visuell ansprechend und wirklich bemerkenswert sind.

Verständnis der Framework-Integration

Jedes Web-Framework hat seine eigene charakteristische Architektur und seinen eigenen Satz von Lebenszyklusmethoden. Es ist entscheidend, ein tiefes Wissen über diese Frameworks zu haben, um GSAP (GreenSock Animation Platform) nahtlos in sie zu integrieren.

Dies beinhaltet nicht nur zu wissen, wie man Animationen auslöst, sondern auch sicherzustellen, dass sie in perfekter Harmonie mit dem Rendering-Prozess des Frameworks und verschiedenen Lebenszyklusereignissen stehen. Durch sorgfältiges Synchronisieren der Animationen mit dem Lebenszyklus des Frameworks können Entwickler dynamische und interaktive Web-Erlebnisse schaffen, die sowohl visuell beeindruckend als auch funktional robust sind.

7.3.1 Beispiel: GSAP mit React

Ziel: Eine React-Komponente animieren, wenn sie im DOM gemountet wird.

In React haben Komponenten Lebenszyklusmethoden wie **componentDidMount**, die ein ausgezeichneter Ort sind, um GSAP-Animationen zu initiieren, wenn die Komponente zum ersten Mal gerendert wird.

Einer der Vorteile der Verwendung von GSAP mit React ist, dass es eine nahtlose Integration bietet, um beeindruckende Animationen zu erstellen. Indem du die Leistung von GSAP nutzt, kannst du deine React-Komponenten mit fließenden Übergängen und auffälligen Effekten zum Leben erwecken.

Wenn eine React-Komponente im DOM gemountet wird, wird die Methode **componentDidMount** aufgerufen. Dies ist die perfekte Gelegenheit, um GSAP-Animationen auszulösen und diesen zusätzlichen Hauch von Interaktivität zu deiner Anwendung hinzuzufügen. Ob du eine Komponente einblenden, in die Ansicht gleiten lassen oder komplexe Animationen erstellen möchtest, GSAP und React arbeiten harmonisch zusammen, um dies zu verwirklichen.

Durch die Kombination der deklarativen Natur von React mit den leistungsstarken Animationsfähigkeiten von GSAP kannst du dynamische und ansprechende Benutzeroberflächen erstellen, die einen bleibenden Eindruck hinterlassen. Verpasse also nicht die Gelegenheit, deine React-Anwendungen mit GSAP zu verbessern und deine Animationen auf die nächste Stufe zu heben.

Denke daran, wenn es darum geht, React-Komponenten zu animieren, ist GSAP die bevorzugte Wahl für Entwickler, die beeindruckende visuelle Effekte und fließende Übergänge erreichen möchten. Also, warum warten? Beginne noch heute damit, die Welt von GSAP mit React zu erkunden und erschließe ein neues Reich kreativer Möglichkeiten.

React-Komponente mit GSAP-Animation:

```javascript
import React, { useEffect } from 'react';
import gsap from 'gsap';

function AnimatedComponent() {
```

```jsx
    useEffect(() => {
        gsap.to(".myComponent", {opacity: 1, y: -20, duration: 1});
    }, []);

    return (
        <div className="myComponent" style={{opacity: 0}}>
            This component fades in!
        </div>
    );
}
```

Hier wird **useEffect** verwendet, um die Lebenszyklusereignisse der Komponente zu behandeln und die GSAP-Animation auszulösen, wenn die Komponente gemountet wird.

Anwendungsfall in einem HTML-Projekt:

```html
index.html:
<!DOCTYPE html>
<html>
<head>
  <title>GSAP React Animation</title>
  <script                 src="<https://unpkg.com/react@18/umd/react.development.js>"
crossorigin></script>
  <script          src="<https://unpkg.com/react-dom@18/umd/react-dom.development.js>"
crossorigin></script>
  <script
src="<https://cdnjs.cloudflare.com/ajax/libs/gsap/3.10.3/gsap.min.js>"></script>
</head>
<body>
  <div id="root"></div>
  <script src="app.js"></script>
</body>
</html>
app.js:
import React from 'react';
import ReactDOM from 'react-dom/client';
import gsap from 'gsap';

function AnimatedComponent() {
  useEffect(() => {
    gsap.to(".myComponent", { opacity: 1, y: -20, duration: 1 });
  }, []);

  return (
    <div className="myComponent" style={{ opacity: 0 }}>
      This component fades in!
    </div>
  );
}

const root = ReactDOM.createRoot(document.getElementById('root'));
```

```
root.render(<AnimatedComponent />);
```

Erklärung:

1. HTML-Struktur:

    o   Es wird ein einfaches **div** mit der ID "root" als Container für die React-Komponente erstellt.

2. React-Konfiguration:

    o   React und ReactDOM werden für das Rendering der Komponente importiert.

    o   GSAP wird für die Handhabung von Animationen importiert.

3. Animierte Komponente:

    o   **useEffect(() => { ... }, [])**: Führt den Animationscode einmal aus, wenn die Komponente gemountet wird.

        ▪   **gsap.to(".myComponent", { opacity: 1, y: -20, duration: 1 })**: Animiert das Element mit der Klasse "myComponent":

            ▪   **opacity: 1**: Lässt es von unsichtbar zu vollständig sichtbar erscheinen.

            ▪   **y: -20**: Bewegt es 20 Pixel nach oben und erzeugt einen Sprungeffekt beim Eintreten.

            ▪   **duration: 1**: Legt die Dauer der Animation auf 1 Sekunde fest.

    o   Die Komponente rendert ein **div** mit der Klasse "myComponent" und einer anfänglichen Deckkraft von 0.

4. Rendering:

    o   **ReactDOM.createRoot(document.getElementById('root'))**: Erstellt eine Root zum Rendern der React-Komponente.

    o   **root.render(<AnimatedComponent />)**: Rendert die **AnimatedComponent** in der Root und löst die Animation aus.

Wichtige Punkte:

*   Integration mit React: GSAP integriert sich nahtlos mit React, um dynamische und ansprechende Animationen innerhalb der Komponenten zu erstellen.

*   useEffect Hook: Der **useEffect** Hook ermöglicht die Steuerung des Zeitpunkts der Animation und stellt sicher, dass sie nur einmal ausgeführt wird, wenn die Komponente gemountet wird.

- Sanfte Übergang und Sprung: Die Animation kombiniert ein allmähliches Erscheinen mit einer vertikalen Bewegung für einen visuell ansprechenden Eintrittseffekt.

- GSAP-Handhabung: GSAP übernimmt die Logik der Animation und sorgt für sanfte Übergänge und konsistente Leistung in allen Browsern.

- React-Komponentenstruktur: Die Animation ist in einer wiederverwendbaren React-Komponente gekapselt, was die Wartung und Organisation des Codes fördert.

7.3.2 Beispiel: GSAP in Vue.js

Ziel: Das Ziel dieses Beispiels ist es, zu demonstrieren, wie man eine Eintrittsanimation für eine Vue-Komponente mit GSAP erstellt.

Vue.js ist ein leistungsstarkes Framework, das ein reaktives System und Lifecycle-Hooks bereitstellt. Diese Funktionen ermöglichen es Entwicklern, auf einfache Weise interaktive und dynamische Webanwendungen zu erstellen. Einer der großen Vorteile von Vue.js ist seine Fähigkeit, sich nahtlos mit externen Bibliotheken wie GSAP zu integrieren.

GSAP, oder GreenSock Animation Platform, ist eine beliebte JavaScript-Animationsbibliothek, die eine breite Palette von Animationsfähigkeiten bietet. Durch die Kombination der Leistungsfähigkeit von Vue.js mit GSAP können Entwickler beeindruckende Animationen für ihre Vue-Komponenten erstellen.

In diesem Beispiel konzentrieren wir uns darauf, GSAP zu verwenden, um Elemente innerhalb einer Vue-Komponente zu animieren. Wir nutzen den **mounted** Hook, der von Vue.js bereitgestellt wird und aufgerufen wird, nachdem die Komponente im DOM gerendert wurde. Dieser Hook ist der perfekte Ort, um GSAP-Animationen zu initialisieren.

Durch die Integration von GSAP in den **mounted** Hook können wir auf einfache Weise Animationen auf Elemente innerhalb unserer Vue-Komponente anwenden. Ob Einblenden, Gleiten oder jede andere Art von Animation – GSAP bietet eine einfache und intuitive API zur Erstellung sanfter und dynamischer Effekte.

Um zu beginnen, stelle sicher, dass Vue.js und GSAP in deinem Projekt installiert sind. Sobald du sie eingerichtet hast, kannst du GSAP importieren und innerhalb deiner Vue-Komponente verwenden. Du kannst die Logik deiner Animation innerhalb einer Methode oder einer separaten Animations-Hilfsdatei definieren.

Zusammenfassend lässt sich sagen, dass Entwickler durch die Kombination der Leistungsfähigkeit von Vue.js und GSAP in der Lage sind, fesselnde und visuell ansprechende Animationen für ihre Vue-Komponenten zu erstellen. Mit dem reaktiven System und den Lifecycle-Hooks von Vue.js sowie den Animationsfähigkeiten von GSAP sind die Möglichkeiten endlos.

Vue-Komponente:

```
<template>
```

```
<div class="animatedElement">
  Animated Vue Component
</div>
</template>

<script>
import { gsap } from "gsap";

export default {
  name: "AnimatedElement",
  mounted() {
    gsap.to(".animatedElement", {opacity: 1, x: 100, duration: 1});
  }
}
</script>
```

In diesem Beispiel wird die GSAP-Animation im Lifecycle-Hook **mounted** der Vue-Komponente ausgelöst.

Anwendungsfall in einem HTML-Projekt:

```
index.html:
<!DOCTYPE html>
<html>
<head>
  <title>GSAP Vue Animation</title>
  <script src="<https://unpkg.com/vue@3>"></script>
  <script
src="<https://cdnjs.cloudflare.com/ajax/libs/gsap/3.10.3/gsap.min.js>"></script>
</head>
<body>
  <div id="app"></div>
  <script src="app.js"></script>
</body>
</html>
app.js:
import { createApp } from 'vue';
import { gsap } from "gsap";

// Register the Vue component globally
const app = createApp({
  name: "AnimatedElement",
  mounted() {
    gsap.to(".animatedElement", { opacity: 1, x: 100, duration: 1 });
  }
});

app.mount('#app');
```

Erklärung:

1. HTML-Struktur:

   o Es wird ein einfaches **div** mit der ID "app" als Container für die Vue-Anwendung erstellt.

2. Vue-Konfiguration:

   o Vue wird für die Erstellung und das Rendering von Vue-Komponenten importiert.

   o GSAP wird für die Handhabung von Animationen importiert.

3. AnimatedElement-Komponente:

   o **template**: Definiert die visuelle Struktur der Komponente und rendert ein **div** mit der Klasse "animatedElement" und dem Text "Animierte Vue-Komponente".

   o **mounted()**: Dieser Lifecycle-Hook wird ausgeführt, wenn die Komponente im DOM gemountet wird, was ihn ideal zum Initiieren von Animationen macht.

     ▪ **gsap.to(".animatedElement", { opacity: 1, x: 100, duration: 1 })**: Animiert das Element mit der Klasse "animatedElement":

       ▪ **opacity: 1**: Lässt es von unsichtbar zu vollständig sichtbar erscheinen.

       ▪ **x: 100**: Bewegt es 100 Pixel nach rechts und erzeugt eine horizontale Bewegung.

       ▪ **duration: 1**: Legt die Dauer der Animation auf 1 Sekunde fest.

4. Rendering:

   o **app.mount('#app')**: Mountet die Vue-Anwendungsinstanz in das **div** mit der ID "app", rendert die Komponente und löst die Animation aus.

Wichtige Punkte:

- Integration mit Vue: GSAP lässt sich nahtlos mit Vue integrieren, um dynamische und ansprechende Animationen innerhalb der Komponenten zu erstellen.

- Mounted Lifecycle-Hook: Der **mounted()** Hook stellt sicher, dass die Animation erst ausgeführt wird, nachdem die Komponente vollständig im DOM gerendert wurde.

- Sanfter Übergang und Bewegung: Die Animation kombiniert ein allmähliches Erscheinen mit einer horizontalen Bewegung für einen visuell ansprechenden Eintrittseffekt.

- GSAP-Handhabung: GSAP übernimmt die Logik der Animation und sorgt für sanfte Übergänge und konsistente Leistung in allen Browsern.

- Komponentenstruktur: Die Animation ist in einer wiederverwendbaren Vue-Komponente gekapselt, was die Organisation und Wartung des Codes fördert.

7.3.3 Beispiel: GSAP mit Angular

Ziel: Demonstrieren, wie man eine Animation mit GSAP auslöst, wenn eine Angular-Komponente geladen wird.

In Angular sind Komponenten mit Lifecycle-Hooks wie **ngOnInit** ausgestattet. Diese Hooks sind perfekt geeignet, um Animationen mit GSAP auszuführen, sobald die Ansicht der Komponente vollständig initialisiert ist. Durch die Nutzung der Leistungsfähigkeit von GSAP kannst du deine Angular-Anwendung mit beeindruckenden Animationen zum Leben erwecken, die deine Benutzer einbeziehen und fesseln.

Angular-Komponente:

```
import { Component, OnInit } from '@angular/core';
import { gsap } from 'gsap';

@Component({
  selector: 'app-animated',
  template: '<div class="animatedBox">Animate me</div>',
  styleUrls: ['./animated.component.css']
})
export class AnimatedComponent implements OnInit {

  ngOnInit(): void {
    gsap.to(".animatedBox", {opacity: 1, x: 50, duration: 1});
  }
}
```

Die Animation beginnt, sobald die Angular-Komponente initialisiert wird, dank des Lifecycle-Hooks **ngOnInit**.

Anwendungsfall in einem HTML-Projekt:

```
index.html:
<!DOCTYPE html>
<html>
<head>
  <title>GSAP Angular Animation</title>
  <script
src="<https://cdnjs.cloudflare.com/ajax/libs/angular.js/1.8.2/angular.min.js>"></scr
ipt>
  <script
src="<https://cdnjs.cloudflare.com/ajax/libs/gsap/3.10.3/gsap.min.js>"></script>
</head>
```

```html
<body ng-app="myApp">
  <div ng-controller="AppController">
    <app-animated></app-animated>
  </div>
  <script src="app.js"></script>
</body>
</html>
```

```javascript
app.js:
angular.module('myApp', [])
  .controller('AppController', function($scope) {})
  .component('appAnimated', {
    template: '<div class="animatedBox">Animate me</div>',
    controller: AnimatedComponent
  });

function AnimatedComponent() {
  this.ngOnInit = function() {
    gsap.to(".animatedBox", { opacity: 1, x: 50, duration: 1 });
  };
}
```

Erklärung:

1. HTML-Struktur:

   o AngularJS wird für das Rendering und die Komponentenbindung eingebunden.

   o GSAP wird für die Handhabung von Animationen eingebunden.

   o Die Komponente **app-animated** wird innerhalb der Ansicht eines Controllers verwendet.

2. Angular-Konfiguration:

   o **module('myApp', [])**: Erstellt ein Angular-Modul namens "myApp".

   o **component('appAnimated', ...)**: Registriert die Komponente "appAnimated".

3. Animierte Komponente:

   o **template**: Definiert die visuelle Struktur der Komponente und rendert ein **div** mit der Klasse "animatedBox" und dem Text "Animiere mich".

   o **ngOnInit()**: Dieser Lifecycle-Hook wird ausgeführt, wenn die Komponente initialisiert wird, und löst die Animation aus.

     ▪ **gsap.to(".animatedBox", { opacity: 1, x: 50, duration: 1 })**: Animiert das Element mit der Klasse "animatedBox":

- **opacity: 1**: Lässt es von unsichtbar zu vollständig sichtbar erscheinen.

- **x: 50**: Bewegt es 50 Pixel nach rechts und erzeugt einen Gleiteffekt.

- **duration: 1**: Legt die Dauer der Animation auf 1 Sekunde fest.

Wichtige Punkte:

- Integration mit Angular: GSAP kann mit Angular integriert werden, um dynamische und ansprechende Animationen innerhalb der Komponenten zu erstellen.

- ngOnInit Lifecycle-Hook: Der **ngOnInit()** Hook stellt sicher, dass die Animation ausgeführt wird, wenn die Komponente initialisiert und für die Interaktion bereit ist.

- Einblenden und Gleiten: Die Animation kombiniert ein allmähliches Erscheinen mit einer horizontalen Bewegung für einen visuell ansprechenden Eintrittseffekt.

- GSAP-Handhabung: GSAP übernimmt die Logik der Animation und sorgt für sanfte Übergänge und konsistente Leistung in allen Browsern.

- Komponentenstruktur: Die Animation ist in einer wiederverwendbaren Angular-Komponente gekapselt, was die Organisation und Wartung des Codes fördert.

Zusammenfassend

Die Integration von GSAP mit verschiedenen Web-Frameworks verbessert die Fähigkeiten und Interaktivität Ihrer Webanwendungen erheblich. Sie ermöglicht es Ihnen, die Stärken und Funktionen dieser Frameworks nahtlos mit dem leistungsstarken Animations-Toolkit von GSAP zu kombinieren.

Bei der Integration von GSAP ist es entscheidend, die spezifischen Lifecycle-Methoden und reaktiven Eigenschaften des Frameworks zu berücksichtigen und optimal zu nutzen. Dieser Ansatz gewährleistet, dass Ihre Animationen flüssig und effizient sind und sich harmonisch in die allgemeine Benutzererfahrung einfügen.

Durch die Übernahme dieser Integrationsstrategie können Sie Webanwendungen erstellen, die nicht nur visuell ansprechend, sondern auch hochgradig robust, zuverlässig und perfekt auf moderne Webentwicklungspraktiken abgestimmt sind. Diese Integration ermöglicht es Ihnen, wirklich immersive und ansprechende Web-Erlebnisse zu bieten, die Ihre Benutzer fesseln und einen bleibenden Eindruck hinterlassen.

Praktische Übungen für Kapitel 7

Hervorragende Arbeit beim Abschließen von Kapitel 7! Um dein Verständnis über die Anwendung von GSAP in realen Projekten und die Integration mit verschiedenen Frameworks zu vertiefen, findest du hier einige praktische Übungen. Diese Aufgaben werden dir helfen, GSAP in unterschiedlichen Kontexten und mit verschiedenen Technologien anzuwenden. Versuche, sie selbstständig zu lösen, und überprüfe dann die bereitgestellten Lösungen, um zusätzliche Erkenntnisse zu gewinnen.

Übung 1: GSAP-Animation in einer React-Komponente

Erstelle eine React-Komponente, die ihren Eintritt mit einem Ausblend- und Aufwärtsgleiteffekt unter Verwendung von GSAP animiert.

Lösung:

```
// React Component with GSAP
import React, { useEffect } from 'react';
import gsap from 'gsap';

function FadeInComponent() {
    useEffect(() => {
        gsap.from(".fadeInComponent", {opacity: 0, y: 30, duration: 1});
    }, []);

    return (
        <div className="fadeInComponent">
            This is a fade-in component.
        </div>
    );
}

export default FadeInComponent;
```

Übung 2: Interaktive Hover-Animation in Vue.js

Erstelle eine Vue.js-Komponente, bei der das Hovern über ein Element eine Animation in einem anderen Element mit GSAP auslöst.

Lösung:

```
<template>
  <div>
    <div              class="hoverArea"              @mouseenter="triggerAnimation"
@mouseleave="reverseAnimation">Hover Over Me</div>
    <div class="animatedElement">I animate on hover!</div>
  </div>
</template>
```

```
<script>
import { gsap } from "gsap";

export default {
  methods: {
    triggerAnimation() {
      gsap.to(".animatedElement", {scale: 1.5, duration: 0.5});
    },
    reverseAnimation() {
      gsap.to(".animatedElement", {scale: 1, duration: 0.5});
    }
  }
}
</script>
```

Übung 3: Komponenten-Eintrittsanimation in Angular

Erstelle in einem Angular-Projekt eine Komponente, die von links hereinschiebt, wenn sie zum ersten Mal angezeigt wird.

Lösung:

```
import { Component, OnInit } from '@angular/core';
import { gsap } from 'gsap';

@Component({
  selector: 'app-slide-in',
  template: '<div class="slideInBox">Slide in animation</div>',
})
export class SlideInComponent implements OnInit {

  ngOnInit(): void {
    gsap.from(".slideInBox", {x: -200, duration: 1});
  }
}
```

Diese Übungen sind darauf ausgelegt, dir zu helfen, praktische Erfahrung bei der Integration von GSAP-Animationen mit verschiedenen Web-Frameworks zu sammeln und deine Fähigkeit zu verbessern, dynamische und interaktive Webanwendungen zu erstellen. Indem du an diesen Szenarien arbeitest, wirst du dein Verständnis darüber vertiefen, wie GSAP in Verbindung mit Technologien wie React, Vue.js und Angular eingesetzt werden kann. Übe weiter und experimentiere mit diesen Integrationen, um neue und kreative Wege zu entdecken, deine Webprojekte mit ansprechenden Animationen zum Leben zu erwecken.

Zusammenfassung von Kapitel 7

Mit dem Abschluss von Kapitel 7, "Reale Projekte mit GSAP", lass uns einen Moment innehalten, um über die Reise nachzudenken, die wir in diesem Kapitel unternommen haben. Dieses Kapitel war der Überbrückung der Lücke zwischen theoretischem Wissen über GSAP und seiner praktischen Anwendung in realen Webentwicklungsszenarien gewidmet. Indem wir uns in verschiedene Projekte und Integrationstechniken vertieft haben, war es unser Ziel, dich mit den Fähigkeiten und dem Selbstvertrauen auszustatten, die notwendig sind, um GSAP-Animationen in eine breite Palette von Webanwendungen zu integrieren.

Die praktische Anwendung von GSAP annehmen

Dieses Kapitel markierte einen Übergang vom Erlernen der Fähigkeiten von GSAP hin zu seiner praktischen Anwendung in realen Kontexten. Wir haben erkundet, wie das robuste Animations-Toolkit von GSAP genutzt werden kann, um Benutzererfahrungen zu verbessern, Informationen dynamisch zu vermitteln und eine Ebene der Interaktivität und Raffinesse zu Webprojekten hinzuzufügen.

Projektbasierter Lernansatz

Das Herzstück dieses Kapitels konzentrierte sich auf einen projektbasierten Lernansatz. Wir begannen unsere Reise durch verschiedene Projekttypen, von denen jeder darauf ausgelegt war zu zeigen, wie GSAP-Animationen in verschiedenen Webentwicklungsszenarien angewendet werden können.

1. **Aufbau eines Webanimationsprojekts**: Wir begannen damit, ein Webanimationsprojekt von Grund auf zu konzipieren und aufzubauen. Dieser Prozess umfasste die Planung, das Storyboarding und die Implementierung von Animationen, die mit den Projektzielen übereinstimmen. Der Fokus lag darauf, Animationen zu erstellen, die nicht nur visuell ansprechend sind, sondern auch einen funktionalen Zweck in der Webanwendung erfüllen.

2. **Interaktive Produktpräsentation**: Wir tauchten ein in die Erstellung einer interaktiven Produktpräsentation und demonstrierten, wie Animationen genutzt werden können, um Produktmerkmale hervorzuheben und Benutzer anzusprechen. Dieses Projekt veranschaulichte, wie GSAP verwendet werden kann, um überzeugende Erzählungen zu erstellen und Benutzerinteraktionen auf E-Commerce-Websites und Produktlandingpages zu leiten.

3. **Integration von GSAP mit Frameworks**: Vielleicht einer der wichtigsten Aspekte dieses Kapitels war die Erkundung, wie GSAP mit verschiedenen Web-Frameworks wie React, Vue.js und Angular integriert werden kann. Wir haben Beispiele und Übungen bereitgestellt, die demonstrierten, wie GSAP-Animationen nahtlos in diese Frameworks eingebunden werden können und die Fähigkeiten dieser beliebten Werkzeuge im Arsenal des Webentwicklers erweitern.

Praktische Übungen und reale Anwendung

Die praktischen Übungen, die am Ende jedes Abschnitts bereitgestellt wurden, waren darauf ausgelegt, die behandelten Konzepte zu verstärken und dir praktische Erfahrung bei der Implementierung von GSAP-Animationen in verschiedenen Szenarien und Frameworks zu vermitteln. Diese Übungen waren entscheidend, um theoretisches Wissen in praktische Fähigkeiten umzusetzen.

Fazit

Zusammenfassend hat Kapitel 7 einen umfassenden Leitfaden für die Implementierung von GSAP in realen Projekten bereitgestellt und seine Vielseitigkeit und Leistungsfähigkeit als Animationswerkzeug hervorgehoben. Während du voranschreitest, denke daran, dass der Schlüssel zu erfolgreicher Webanimation darin liegt, wie gut sie sich in die allgemeine Benutzererfahrung integriert und diese verbessert. Die Fähigkeiten, die du in diesem Kapitel erworben hast, werden als solide Grundlage für deine zukünftigen Projekte dienen und es dir ermöglichen, ansprechende, interaktive und visuell beeindruckende Webanwendungen zu erstellen. Experimentiere weiterhin mit GSAP, erkunde sein enormes Potenzial und nutze es, um deine kreativen Visionen in der sich ständig wandelnden Landschaft der Webentwicklung zum Leben zu erwecken.

Kapitel 8: Grundlagen der Animationstheorie

Willkommen zu Kapitel 8, „Grundlagen der Animationstheorie". In diesem Kapitel werden wir die faszinierende Welt der Animationsprinzipien erkunden. Diese Prinzipien dienen als Skelett jeder fesselnden Animation, sei es in traditioneller oder digitaler Form. Durch das Verständnis dieser Prinzipien können Animatoren dynamischere, realistischere und ansprechendere Erlebnisse in der Webanimation schaffen.

In diesem Kapitel werden wir untersuchen, wie das technische Wissen über GSAP durch künstlerischen Ausdruck, der in der Animationstheorie verwurzelt ist, erweitert werden kann. Wir werden die grundlegenden Prinzipien diskutieren, die Animationen zum Leben erwecken, und Ihnen zeigen, wie Sie diese Konzepte auf Ihre Webanimationen anwenden können.

Am Ende dieses Kapitels werden Sie nicht nur ein tieferes Verständnis der Prinzipien haben, die Animationen lebendig wirken lassen, sondern auch das Wissen und die Fähigkeiten besitzen, diese Konzepte in Ihre eigenen GSAP-Projekte einfließen zu lassen und sie noch fesselnder und wirkungsvoller zu gestalten.

8.1 Die 12 Prinzipien der Animation

Die 12 Prinzipien der Animation, eingeführt von den Disney-Animatoren Ollie Johnston und Frank Thomas in ihrem einflussreichen Buch von 1981 „The Illusion of Life: Disney Animation", haben einen tiefgreifenden Einfluss auf die Welt der Animation gehabt. Diese Prinzipien, die als Grundlage der Animationsarbeit dienen, bieten Animatoren unschätzbare Orientierung in ihrem Bestreben, Charaktere und Szenen mit Authentizität und Emotion zum Leben zu erwecken.

Durch die Einhaltung dieser Prinzipien können Animatoren ihrer Arbeit ein Gefühl von Realismus und Flüssigkeit verleihen, was eine fesselndere und ansprechendere Erzählung ermöglicht. Im Laufe der Jahre sind diese Prinzipien von Animatoren auf der ganzen Welt weithin anerkannt und akzeptiert worden, was ihren Status als grundlegendes Werkzeug im Bereich der Animation gefestigt hat und als Zeugnis für das bleibende Vermächtnis der bahnbrechenden Arbeit von Johnston und Thomas dient.

Verständnis und Anwendung der 12 Prinzipien

8.1.1. Squash und Stretch

Konzept: Das Prinzip von Squash und Stretch ist eine grundlegende Technik in der Animation, die sich bewegenden Charakteren und Objekten ein Gefühl von Gewicht und Volumen verleiht. Durch die Anwendung von Squash und Stretch können Animatoren Bewegungen übertreiben, was zu einer flüssigeren und realistischeren Animation führt. Diese Technik ermöglicht die Schaffung dynamischer und ausdrucksstarker Charaktere, die die Aufmerksamkeit des Publikums fesseln und Emotionen effektiv vermitteln.

Anwendung in der Webanimation:

```
gsap.to(".ball", {duration: 0.5, scaleX: 1.2, scaleY: 0.8, repeat: -1, yoyo: true});
```

Hier wird ein Ballelement animiert, um gequetscht und gestreckt zu werden, wodurch der Sprungeffekt simuliert wird.

8.1.2. Antizipation

Konzept: Antizipation ist ein entscheidendes Element bei der Schaffung fesselnder Szenen. Durch den effektiven Einsatz von Antizipation kann das Publikum auf die kommende Aktion vorbereitet und eingebunden werden, wodurch der allgemeine Realismus der Szene verbessert wird. Diese Technik beinhaltet die Einbeziehung einer subtilen, kleineren Bewegung, die der Hauptbewegung vorausgeht, Vorfreude erzeugt und ein Gefühl der Erwartung und Spannung bei den Zuschauern schafft.

Anwendung in der Webanimation:

```
gsap.to(".jumper", {duration: 0.2, scaleY: 0.8, onComplete: () => gsap.to(".jumper",
{duration: 0.6, y: -100})});
```

Dies erzeugt eine kleine Stauchung nach unten vor einem Sprung und fügt Antizipation hinzu.

8.1.3. Inszenierung

Konzept: Dieses Prinzip bezieht sich darauf, dem Publikum eine Idee klar und eindeutig zu präsentieren und sicherzustellen, dass der Fokus auf dem liegt, was wichtig ist. Es ist wesentlich, die Botschaft effektiv zu kommunizieren und jegliche Verwirrung oder Mehrdeutigkeit zu vermeiden.

Anwendung in der Webanimation: Im Kontext der Webanimation ist es entscheidend, sich auf Schlüsselelemente zu konzentrieren und Animationstechniken zu verwenden, um die Aufmerksamkeit des Betrachters zu lenken. Durch strategische Einbindung von Animationen können Designer den Blick des Benutzers auf bestimmte Bereiche der Webseite lenken, wesentliche Informationen hervorheben und die allgemeine Benutzererfahrung verbessern.

Animation kann verwendet werden, um visuelle Hinweise, Übergänge und interaktive Elemente zu erstellen, die das Engagement erhöhen und Informationen auf ansprechendere und einprägsamere Weise vermitteln. Durch die Nutzung der Kraft der Animation können Webdesigner Benutzer fesseln, komplexe Ideen effektiv kommunizieren und letztendlich ein immersives und interaktives Browsing-Erlebnis schaffen.

8.1.4. Direkte Aktion und Pose-zu-Pose

Konzept: Das Konzept der „direkten Aktion" in der Animation bezieht sich auf den Prozess, jedes Einzelbild einer Szene in sequenzieller Reihenfolge von Anfang bis Ende zu zeichnen. Andererseits beinhaltet das Konzept „Pose-zu-Pose" die Erstellung von Schlüsselbildern, die wichtige Posen oder Momente in der Animation darstellen, und dann das Ausfüllen der Zwischenbilder, um die Sequenz zu vervollständigen.

Anwendung in der Webanimation: Im Kontext der Webanimation wird die Technik der Verwendung von Schlüsselbildern besonders nützlich. Durch die Definition der entscheidenden Punkte oder Posen in der Animation mithilfe von Schlüsselbildern können Animatoren eine sanfte und kontrollierte Bewegung zwischen diesen Schlüsselposen gewährleisten.

Durch Interpolation, also den Prozess der Erzeugung von Bildern zwischen den Schlüsselbildern, wird die Animation flüssiger und visuell ansprechender für das Publikum. Diese Technik ermöglicht größere Kreativität und Flexibilität bei der Gestaltung ansprechender Webanimationen.

8.1.5. Nachziehen und Überlappende Aktionen

Konzept: Diese Prinzipien befassen sich mit der Idee, dass Teile des Körpers oder Objekts sich weiter bewegen, nachdem der Charakter die Aktion ausgeführt hat. Überlappende Aktion bezieht sich darauf, dass sich Körperteile mit unterschiedlichen Geschwindigkeiten bewegen.

Ein wichtiger Aspekt, der bei der Diskussion dieser Prinzipien zu berücksichtigen ist, ist das Konzept des Nachziehens und Überlappens von Aktionen. Nachziehen bezieht sich auf die Idee, dass bestimmte Teile des Körpers oder Objekts sich weiter bewegen können, selbst nachdem die Hauptaktion abgeschlossen ist. Zum Beispiel, wenn ein Charakter einen Baseball schlägt, bewegt sich nicht nur der Ball mit dem Schlag nach vorne, sondern auch die Arme und der Körper des Charakters können sich leicht in die gleiche Richtung weiterbewegen, bevor sie anhalten.

Diese Art von Bewegung fügt der Animation ein Gefühl von Realismus und Flüssigkeit hinzu, da sie nachahmt, wie sich Objekte in der realen Welt verhalten. Sie hilft auch dabei, eine dynamischere und interessantere Animation für den Betrachter zu schaffen.

Darüber hinaus ist überlappende Aktion ein weiterer wichtiger Aspekt dieser Prinzipien. Sie bezieht sich auf die Idee, dass sich verschiedene Körperteile während einer bestimmten Aktion mit unterschiedlichen Geschwindigkeiten bewegen können. Zum Beispiel, wenn ein Charakter rennt, können sich seine Arme schneller bewegen als seine Beine, wodurch ein Gefühl von Bewegung und Energie entsteht.

Durch das Verständnis und die Anwendung dieser Prinzipien des Nachziehens und Überlappens von Aktionen können Animatoren überzeugendere und ansprechendere Animationen erstellen, die die Essenz realistischer Bewegung einfangen.

Anwendung in der Webanimation:

```
gsap.from(".arm", {duration: 1, rotation: -30, transformOrigin: "top left"});
```

In dieser Animation bewegt sich ein Arm (**.arm**) nach der Hauptaktion noch leicht weiter und simuliert damit das Nachziehen.

8.1.6. Langsamer Einstieg und langsames Aussteigen

Konzept: Dieses Prinzip, allgemein bekannt als „langsamer Einstieg und langsames Aussteigen", ist ein grundlegender Aspekt bei der Erstellung realistischer Bewegungen in Animationen. Durch die Einbeziehung zusätzlicher Einzelbilder zu Beginn und am Ende einer Aktion wird die Bewegung eines Objekts auf organischere Weise dargestellt.

Diese Technik erfasst effektiv das Gefühl der allmählichen Beschleunigung und Verlangsamung, was zu einem höheren Gefühl von Realismus für die gesamte Animation führt. Es ist wichtig zu beachten, dass die Umsetzung dieses Prinzips erheblich zur Gesamtqualität und Glaubwürdigkeit der animierten Sequenz beiträgt.

Anwendung in der Webanimation:

```
gsap.to(".movingElement", {duration: 2, x: 300, ease: "power1.inOut"});
```

Diese Animation beginnt und endet langsam, beschleunigt aber in der Mitte.

8.1.7. Bögen

Konzept: Das Konzept der natürlichen Bewegung basiert auf der Idee, dass Bewegung oft einem gekrümmten Pfad folgt. Durch die Einbeziehung von Bogenbahnen in Animationen können wir ihren Gesamtrealismus verbessern und ein realistischeres Erlebnis für den Betrachter schaffen. Dieses Prinzip betont die Bedeutung des Hinzufügens von Bögen zur Animation, da es hilft, die organischen und fließenden Bewegungen nachzuahmen, die in der Natur beobachtet werden.

Die Einbeziehung natürlicher Bewegung in Animationen verbessert nicht nur den Realismus, sondern fügt dem visuellen Erlebnis auch Tiefe und Dimension hinzu. Durch sorgfältige Betrachtung des Flusses und der Flugbahn sich bewegender Objekte können Animatoren fesselnde Bilder erstellen, die den Betrachter auf einer tieferen Ebene einbeziehen. Diese Liebe zum Detail in der Animation bringt die virtuelle Welt näher an die Realität heran und lässt den Betrachter sich stärker in den animierten Inhalt eintauchen und mit ihm verbunden fühlen.

Darüber hinaus erstreckt sich das Konzept der natürlichen Bewegung über Animationen hinaus. Es kann auf verschiedene Formen visueller Medien angewendet werden, wie Videospiele, Filme und sogar Benutzeroberflächen. Durch die Annahme der Prinzipien natürlicher Bewegung können Designer und Entwickler intuitivere und benutzerfreundlichere Erlebnisse schaffen, die bei der Zielgruppe Resonanz finden.

Das Konzept der natürlichen Bewegung in der Animation ist ein mächtiges Werkzeug, das die Qualität und den Realismus visueller Inhalte steigern kann. Durch die Einbeziehung von Bogenbahnen und die Nachahmung organischer Bewegungen können Animatoren immersive und realistische Erlebnisse schaffen, die den Betrachter fesseln und anziehen. Dieses Prinzip der natürlichen Bewegung kann nicht nur auf Animationen angewendet werden, sondern auch auf andere Formen visueller Medien, was letztendlich das gesamte Benutzererlebnis verbessert.

Anwendung in der Webanimation:

```
gsap.to(".ball", {duration: 1, x: 100, y: -50, ease: "power1.inOut"});
```

Hier bewegt sich ein Ball auf einem bogenförmigen Pfad und simuliert eine natürliche Flugbahn.

8.1.8. Sekundäre Aktion

Konzept: Sekundäre Aktionen sind zusätzliche Bewegungen, die zusammen mit der Hauptaktion auftreten und den Aktionen des Charakters oder Objekts ein größeres Gefühl von Tiefe und Realismus verleihen.

Bedeutung in der Webanimation: Im Kontext der Webanimation kann die Einbeziehung subtiler Animationen zu sekundären Elementen die Gesamtszene erheblich verbessern, indem sie die Hauptaktion ergänzen. Diese sekundären Animationen dienen dazu, dem Webdesign visuelles Interesse und Tiefe zu verleihen, ohne den Fokus des Benutzers abzulenken.

Bei der Erweiterung des Konzepts sekundärer Aktionen ist es wichtig zu beachten, dass diese zusätzlichen Bewegungen eine bedeutende Rolle bei der Schaffung eines immersiveren Erlebnisses für die Benutzer spielen. Durch das Hinzufügen sekundärer Aktionen werden Animationen dynamischer und realistischer, fesseln die Aufmerksamkeit des Publikums und halten sie engagiert.

Darüber hinaus ermöglicht die Einbeziehung sekundärer Aktionen in die Webanimation einen umfassenderen narrativen Ansatz. Durch sorgfältige Choreografie der Bewegungen sekundärer Elemente können Webdesigner effektiv eine Erzählung vermitteln oder Emotionen ausdrücken, wodurch das Benutzererlebnis wirkungsvoller und einprägsamer wird.

Im Wesentlichen sind sekundäre Aktionen nicht nur Verzierungen der Hauptaktion, sondern integrale Komponenten, die zur Gesamtwirksamkeit der Webanimation beitragen. Durch die

Aufmerksamkeit auf diese sekundären Bewegungen können Webdesigner die Qualität ihrer Designs steigern und immersive und visuell fesselnde Erlebnisse für die Benutzer schaffen.

8.1.9. Timing

Konzept: Das Konzept des Timings ist im Bereich der Animation von großer Bedeutung, da es einen direkten Einfluss auf die Gesamtwahrnehmung und Wirksamkeit der Animation hat. Es beinhaltet die sorgfältige Anordnung der Einzelbilder, um ein Gefühl von Flüssigkeit zu erzeugen und das Tempo zu bestimmen, in dem sich die Animation entfaltet.

Bedeutung des Timings in der Animation: Die Bedeutung des Timings kann nicht unterschätzt werden, wenn es um Webanimation geht. Es verleiht Ihnen die Fähigkeit, die Dauer und Verzögerungen Ihrer GSAP-Animationen zu manipulieren und gibt Ihnen eine präzise Kontrolle über das Timing und den Rhythmus der Bewegung.

Diese akribische Aufmerksamkeit für das Timing ermöglicht ein reibungsloses und fesselndes Benutzererlebnis und hebt die Qualität und Professionalität Ihrer Webanimationen. Dies wiederum verbessert das Engagement und die visuelle Attraktivität Ihrer Animationen und hinterlässt einen bleibenden Eindruck bei Ihrem Publikum.

8.1.10. Übertreibung

Konzept: Übertreibung ist eine mächtige Technik, die in der Animation verwendet wird, um die Wirkung von Bewegungen zu verstärken. Indem die Grenzen des Realismus ausgereizt werden, können Animatoren dynamischere und visuell ansprechendere Animationen erstellen.

Diese Technik ist besonders effektiv für die Vermittlung übertriebener Emotionen oder komischer Momente und fügt der Erzählung Tiefe und Interesse hinzu. Darüber hinaus ermöglicht die Übertreibung den Animatoren, wichtige Handlungen oder Ausdrücke zu betonen, die Aufmerksamkeit des Publikums zu fesseln und die Animation einprägsamer zu machen.

Insgesamt kann der strategische Einsatz von Übertreibung in der Animation die Gesamtqualität und Wirkung der animierten Arbeit erheblich verbessern und einen bleibenden Eindruck bei den Zuschauern hinterlassen.

Anwendung in der Webanimation:

```
gsap.to(".character", {duration: 0.5, scaleX: 1.2, scaleY: 0.8, repeat: 1, yoyo: true});
```

Bewegungen oder Reaktionen übertreiben, um Emotionen deutlicher zu betonen oder zu vermitteln.

8.1.11. Solide Zeichnung

Konzept: Dieses Prinzip befasst sich mit der Erstellung von Animationen, die sich dreidimensional und realistisch anfühlen, selbst wenn sie gezeichnet sind. Es geht darum, die

Grundlagen von Anatomie, Gewicht, Balance, Licht und Schatten zu verstehen. Durch die Beherrschung dieser Prinzipien können Animatoren ihre Kreationen zum Leben erwecken und das Publikum mit der Illusion von Tiefe und Realismus fesseln.

Anwendung in der Webanimation: Im Kontext der Webanimation spielt dieses Prinzip eine entscheidende Rolle bei der Verbesserung der Benutzererfahrung. Durch sorgfältige Berücksichtigung der visuellen Komposition und der Art und Weise, wie Elemente dargestellt werden, können Webdesigner Animationen erstellen, die nicht nur Benutzer anziehen, sondern auch ein Gefühl von Tiefe und Realismus erzeugen.

Dies kann durch Techniken wie Schichtung, Schattierung und Perspektive erreicht werden. Durch die Nutzung dieser Techniken können Webanimatoren die Benutzeroberfläche dynamischer und visuell ansprechender gestalten, was zu einer immersiveren und angenehmeren Navigationserfahrung für die Benutzer führt.

8.1.12. Anziehungskraft

Konzept: Anziehungskraft in der Animation ist vergleichbar mit dem Charisma eines Live-Schauspielers. Sie beinhaltet die Schaffung von Charakteren und Animationen, die das Publikum fesseln und auf einer tieferen Ebene mit ihm verbinden. Anziehungskraft ist das, was die Animation einprägsam macht und einen bleibenden Eindruck hinterlässt.

Anwendung in der Webanimation: Im Kontext der Webanimation ist es entscheidend, Animationen zu erstellen, die Persönlichkeit und Charakter ausstrahlen.

Jedes Element, selbst scheinbar banale Objekte, kann durch sorgfältiges Design und durchdachte Animationstechniken in etwas Ansprechendes und Fesselndes verwandelt werden. Indem Webdesigner den Animationen einzigartige Eigenschaften und Merkmale verleihen, können sie immersive Erlebnisse schaffen, die bei den Benutzern Resonanz finden und eine nachhaltige Wirkung haben.

Zusammenfassend

Die 12 Prinzipien der Animation bieten einen grundlegenden Rahmen, der für die Erstellung fesselnder und realistischer Animationen unerlässlich ist. Durch die Einbeziehung dieser Prinzipien in Ihre Webanimationen mit GSAP haben Sie die Möglichkeit, Ihre Arbeit auf ein völlig neues Niveau zu heben und sie von einer einfachen Bewegung in eine Form des Geschichtenerzählens zu verwandeln, die Emotionen hervorruft.

Diese Prinzipien haben die Probe der Zeit bestanden und sind im Bereich der Animation universell anwendbar und dienen sowohl Animatoren als auch Designern als Quelle der Orientierung und Inspiration. Durch konsequentes Üben und Umsetzen dieser Prinzipien werden Sie eine signifikante Verbesserung in der Dynamik, Ausdruckskraft und dem Engagement Ihrer Animationen erleben.

Dies wird es Ihnen ermöglichen, die wahre Essenz dessen zu erfassen, was Animation zu einem so kraftvollen Medium macht, um Geschichten zu vermitteln und die Kommunikation zwischen Individuen zu erleichtern.

8.2 Anwendung der Animationsprinzipien im Webdesign

In diesem Abschnitt von Kapitel 8 werden wir untersuchen, wie die grundlegenden Prinzipien der Animation im Kontext des Webdesigns angewendet werden können. Während diese Prinzipien ursprünglich für die traditionelle Animation formuliert wurden, ist ihre Anwendung im Webdesign ebenso wirkungsvoll. Sie können digitalen Schnittstellen Leben einhauchen, die Benutzererfahrung verbessern und Markengeschichten effektiver kommunizieren. Lassen Sie uns eintauchen, wie diese Animationsprinzipien in das Gewebe des Webdesigns eingewoben werden können, indem wir GSAP verwenden, um Animationen zu erstellen, die nicht nur visuell ansprechend, sondern auch funktional bereichernd sind.

Einbeziehung der Animationsprinzipien für eine verbesserte Benutzererfahrung (UX)

Die Kunst des Webdesigns dreht sich nicht nur um Ästhetik; es geht darum, ein Erlebnis zu schaffen, das intuitiv, ansprechend und einprägsam ist. Durch die Anwendung der Animationsprinzipien können wir die Benutzerfreundlichkeit und Attraktivität von Websites verbessern. Zum Beispiel kann die Animation des Navigationsmenüs es interaktiver und ansprechender für die Benutzer machen. Darüber hinaus kann die Verwendung subtiler Animationen, um Benutzer durch die Website zu führen, ihr Verständnis des Inhalts verbessern und das Gesamterlebnis angenehmer machen.

Darüber hinaus kann Animation verwendet werden, um wichtige Informationen oder Handlungsaufforderungen auf einer Webseite hervorzuheben. Durch das Animieren von Schlüsselelementen wie Schaltflächen oder Überschriften können wir die Aufmerksamkeit auf sie lenken und die Chancen erhöhen, dass Benutzer die gewünschten Aktionen durchführen. Dies kann besonders nützlich auf E-Commerce-Websites sein, wo das Ziel darin besteht, Benutzer zu einem Kauf zu ermutigen.

Außerdem kann Animation verwendet werden, um visuelles Feedback zu erstellen und ein Gefühl der Reaktionsfähigkeit auf Benutzerinteraktionen zu vermitteln. Wenn ein Benutzer beispielsweise mit der Maus über eine Schaltfläche fährt, kann das Animieren der Schaltfläche, sodass sie die Farbe oder Größe ändert, ihm sofortiges Feedback geben, dass seine Aktion erkannt wurde. Dies kann dazu beitragen, Verwirrung und Frustration zu reduzieren, was letztendlich zu einer positiveren Benutzererfahrung führt.

Die Einbeziehung der Animationsprinzipien in das Webdesign kann die gesamte Benutzererfahrung erheblich verbessern. Durch die Verwendung von Animationstechniken können wir Websites ansprechender, intuitiver und einprägsamer machen. Mit der Kraft von GSAP haben Designer die Werkzeuge, um Animationen zu erstellen, die nicht nur visuell fesseln, sondern auch die Funktionalität von Webschnittstellen bereichern.

8.2.1 Beispiel: Vorwegnahme und Nachfolgebewegung

Ziel: Erstellen einer Schaltfläche mit einer Animation, die Vorwegnahme und Nachfolgebewegung verwendet, um ein natürlicheres Gefühl zu vermitteln.

HTML:

```html
<button id="animatedButton">Click Me</button>
```

JavaScript (mit GSAP):

```javascript
document.getElementById("animatedButton").addEventListener("mouseenter", () => {
  gsap.to("#animatedButton", {scale: 1.1, duration: 0.2, ease: "power1.out"});
});

document.getElementById("animatedButton").addEventListener("mouseleave", () => {
  gsap.to("#animatedButton", {scale: 1, duration: 0.2, ease: "power1.out"});
});
```

In diesem Beispiel vergrößert sich die Schaltfläche leicht beim Darüberfahren mit dem Cursor (Vorwegnahme) und kehrt in einer fließenden Bewegung zu ihrer ursprünglichen Größe zurück (Nachfolgebewegung), wodurch das interaktive Erlebnis verbessert wird.

In die Seite integrierter HTML-Code:

```html
<!DOCTYPE html>
<html>
<head>
  <title>GSAP Button Hover Animation</title>
  <script
src="<https://cdnjs.cloudflare.com/ajax/libs/gsap/3.10.3/gsap.min.js>"></script>
</head>
<body>
  <button id="animatedButton">Click Me</button>

  <script>
    const button = document.getElementById("animatedButton");

    button.addEventListener("mouseenter", () => {
      gsap.to("#animatedButton", { scale: 1.1, duration: 0.2, ease: "power1.out" });
    });

    button.addEventListener("mouseleave", () => {
      gsap.to("#animatedButton", { scale: 1, duration: 0.2, ease: "power1.out" });
    });
  </script>
</body>
</html>
```

Erklärung:

1. HTML-Struktur:

    o   Es wird ein Button mit der ID "animatedButton" erstellt.

2. Event Listener:

    o   **button.addEventListener("mouseenter", ...)**: Fügt dem Button einen Event Listener für das "mouseenter"-Ereignis hinzu.

        ▪   **gsap.to("#animatedButton", { scale: 1.1, duration: 0.2, ease: "power1.out" })**: Animiert den Button:

            ▪   **scale: 1.1**: Skaliert ihn auf 110% seiner ursprünglichen Größe.

            ▪   **duration: 0.2**: Legt die Dauer der Animation auf 0,2 Sekunden fest.

            ▪   **ease: "power1.out"**: Verwendet die Easing-Funktion "power1.out" für eine leicht übertriebene Anfangsbewegung.

    o   **button.addEventListener("mouseleave", ...)**: Fügt dem Button einen Event Listener für das "mouseleave"-Ereignis hinzu.

        ▪   **gsap.to("#animatedButton", { scale: 1, duration: 0.2, ease: "power1.out" })**: Animiert den Button zurück zu seiner ursprünglichen Größe.

Wichtige Punkte:

*   Interaktiver Hover-Effekt: Der Button skaliert sanft, wenn der Benutzer mit dem Mauszeiger darüberfährt, wodurch ein visuell ansprechender und fesselnder Fffekt entsteht.

*   Subtiles Easing: Die Easing-Funktion "power1.out" verleiht der Anfangsbewegung eine leichte Betonung und lässt die Animation dynamischer wirken.

*   GSAP-Handhabung: GSAP übernimmt die Animationslogik und gewährleistet flüssige Übergänge und konsistente Leistung in allen Browsern.

*   Visuelles Feedback: Die Animation bietet dem Benutzer ein klares visuelles Feedback auf seine Hover-Aktion und verbessert so das Benutzererlebnis.

Beispiel 8.2.2: Timing und Easing

Ziel: Die Prinzipien von Timing und Easing anwenden, um den Übergang eines modalen Popups zu animieren.

HTML:

```html
<div id="modal" class="hidden">
  <!-- Modal Content -->
</div>
```

JavaScript (mit GSAP):

```javascript
function showModal() {
  gsap.to("#modal", {autoAlpha: 1, y: 0, duration: 0.5, ease: "expo.out"});
}
```

Dieser Code-Ausschnitt animiert das Erscheinen eines modalen Popups mit einer Easing-Funktion, die einen natürlicheren und auffälligeren Effekt erzeugt.

In die Seite integrierter HTML-Code:

```html
<!DOCTYPE html>
<html>
<head>
  <title>GSAP Modal Animation</title>
  <script
src="<https://cdnjs.cloudflare.com/ajax/libs/gsap/3.10.3/gsap.min.js>"></script>
  <style>
    #modal {
      opacity: 0;
      visibility: hidden;
      transform: translateY(-100%);
      transition: all 0.5s ease-out;
      position: absolute;
      /* Additional styling like top, left, padding, and background */
    }

    .modal-overlay {
      /* Optional modal overlay styles */
      background-color: rgba(0, 0, 0, 0.5);
      position: fixed;
      top: 0;
      left: 0;
      width: 100%;
      height: 100%;
      z-index: 10; /* Ensure overlay above other elements */
      display: none;
    }
  </style>
</head>
<body>

  <button onclick="showModal()">Show Modal</button>
```

```html
<div id="modal" class="hidden">
  <h2>This is the modal</h2>
  <p>Content goes here...</p>
</div>

<div class="modal-overlay"></div>

<script>
  function showModal() {
    gsap.to("#modal", { autoAlpha: 1, y: 0, duration: 0.5, ease: "expo.out" });
    // Optionally show modal overlay
    document.querySelector('.modal-overlay').style.display = 'block';
  }

  // Optionally close modal on overlay click
  document.querySelector('.modal-overlay').addEventListener('click', () => {
    gsap.to("#modal", { autoAlpha: 0, y: "-100%", duration: 0.5, ease: "expo.out"
});
    document.querySelector('.modal-overlay').style.display = 'none';
  });
</script>

</body>
</html>
```

Erklärung:

- Modal-Inhalt: Das Modal bleibt innerhalb des **div** mit der ID "modal" verborgen.

- CSS-Styling: Es sind Stile für das Modal und eine optionale Modal-Überlagerung enthalten.

- Funktion **showModal**: Löst die GSAP-Animation aus und zeigt die (optionale) Modal-Überlagerung an.

- Optionales Schließen der Modal-Überlagerung: Durch Klicken auf die Überlagerung werden das Modal und die Überlagerung mithilfe von GSAP ausgeblendet.

Wichtige Punkte:

- Sanftes Einblenden des Modals: GSAP animiert die Deckkraft und Position des Modals für einen visuell ansprechenden Effekt.

- Optionale Überlagerung: Bietet einen Hintergrund und Schließfunktionalität beim Klicken.

- Wartbarkeit: Getrenntes CSS und JavaScript für bessere Organisation.

- Anpassbar: Passen Sie die Stile an und fügen Sie nach Bedarf Funktionen hinzu.

8.2.3 Beispiel: Bögen und Übertreibung

Ziel: Ein Benachrichtigungssymbol animieren, um Aufmerksamkeit zu erregen, indem Bögen und Übertreibung verwendet werden.

JavaScript (mit GSAP):

```javascript
gsap.to("#notificationIcon", {rotation: 10, yoyo: true, repeat: -1, duration: 0.6,
ease: "sine.inOut"});
```

Hier schwingt das Benachrichtigungssymbol sanft hin und her und erzeugt eine übertriebene, aber ansprechende Bewegung, die auf natürliche Weise die Aufmerksamkeit auf sich zieht.

Verwendung in einem HTML-Projekt:

```html
<!DOCTYPE html>
<html>
<head>
  <title>GSAP Modal Animation</title>
  <script
src="<https://cdnjs.cloudflare.com/ajax/libs/gsap/3.10.3/gsap.min.js>"></script>
  <style>
    #modal {
      opacity: 0;
      visibility: hidden;
      transform: translateY(-100%);
      transition: all 0.5s ease-out;
      position: absolute;
      top: 20px;
      left: 20px;
      background: white;
      padding: 20px;
      box-shadow: 0 0 10px rgba(0,0,0,0.3);
    }
  </style>
</head>
<body>

  <button onclick="showModal()">Show Modal</button>

  <div id="modal">
    <h2>This is the modal</h2>
    <p>Content goes here...</p>
  </div>

  <script>
    function showModal() {
      gsap.to("#modal", { autoAlpha: 1, y: 0, duration: 0.5, ease: "expo.out" });
    }
  </script>
```

```
</body>
</html>
```

Erklärung:

1. HTML-Struktur:

   o Button: Ein Button mit dem Text "Modal anzeigen" wird erstellt. Beim Klicken auf diesen Button wird die Funktion **showModal()** ausgelöst.

   o Modal: Ein **div** mit der ID "modal" repräsentiert das Modal selbst. Es enthält zunächst eine Überschrift und etwas Platzhalter-Inhalt.

2. CSS-Stile:

   o #modal:

   - **opacity: 0**: Das Modal ist zunächst unsichtbar.

   - **visibility: hidden**: Es ist auch für Screenreader verborgen und wird das Layout nicht beeinflussen.

   - **transform: translateY(-100%)**: Es wird 100% über seiner vorgesehenen Position platziert und somit effektiv außer Sichtweite verborgen.

   - **transition: all 0.5s ease-out**: Ein CSS-Übergang wird für alle Eigenschaften festgelegt, wodurch eine sanfte visuelle Änderung entsteht, wenn seine Eigenschaften geändert werden.

   - **position: absolute**: Das Modal wird absolut positioniert, was eine flexible Platzierung innerhalb der Seite ermöglicht.

   - **top: 20px; left: 20px**: Es wird 20 Pixel von den oberen und linken Rändern des Ansichtsfensters positioniert.

   - **background: white; padding: 20px; box-shadow: 0 0 10px rgba(0,0,0,0.3)**: Diese Stile bieten einen weißen Hintergrund, Innenabstand und einen subtilen Schatten für visuelle Attraktivität.

3. JavaScript:

   o Funktion showModal():

   - **gsap.to("#modal", { autoAlpha: 1, y: 0, duration: 0.5, ease: "expo.out" })**: Diese GSAP-Animation animiert das Modal:

     - **autoAlpha: 1**: Blendet es vollständig sichtbar ein.

     - **y: 0**: Bewegt es nach oben zu seiner vorgesehenen Position (0 Pixel Versatz).

- **duration: 0.5**: Legt die Dauer der Animation auf 0,5 Sekunden fest.

- **ease: "expo.out"**: Verwendet die Easing-Funktion "expo.out" für eine natürliche, abbremsende Bewegung.

Zusammenfassend:

Die Anwendung von Animationsprinzipien im Webdesign mit GSAP ist ein wesentlicher Aspekt bei der Erstellung ansprechender und fesselnder Websites. Durch die Integration dieser Prinzipien können wir über einfache visuelle Effekte hinausgehen und die Benutzererfahrung wirklich aufwerten. Durchdachte und zielgerichtete Animationen fesseln nicht nur die Aufmerksamkeit des Benutzers, sondern leiten ihn auch durch die Website und vermitteln Informationen auf effektive Weise.

Darüber hinaus sind diese Animationsprinzipien nicht nur ein vorübergehender Trend. Mit der kontinuierlichen Weiterentwicklung der Webtechnologien wird es noch wichtiger, diese zeitlosen Prinzipien in unsere Designs zu integrieren. Dadurch stellen wir sicher, dass unsere digitalen Erlebnisse nicht nur funktional, sondern auch emotional eindrucksvoll und einprägsam sind. Es ist wichtig zu bedenken, dass der Erfolg von Animation im Webdesign darin liegt, das richtige Gleichgewicht zwischen Subtilität und Zweck zu finden. Ihre Animationen sollten immer eine klare Funktion haben und dazu dienen, die gesamte Benutzererfahrung zu verbessern, anstatt ihr zu schaden.

Praktische Übungen für Kapitel 8

Gut gemacht, dass Sie Kapitel 8 abgeschlossen haben! Diese praktischen Übungen sind darauf ausgelegt, die Animationsprinzipien anzuwenden, die wir im Kontext des Webdesigns besprochen haben. Jede Aufgabe konzentriert sich auf ein bestimmtes Prinzip und hilft Ihnen zu verstehen, wie Sie diese Techniken in Ihre Webanimationen mit GSAP integrieren können. Nachdem Sie diese Übungen ausprobiert haben, überprüfen Sie die Lösungen, um Ihr Lernen zu vertiefen.

Übung 1: Streckungs- und Stauchungs-Button

Erstellen Sie einen Button, der das Prinzip der Streckung und Stauchung verwendet, wenn darauf geklickt wird, wodurch er ein elastisches und lebendiges Gefühl erhält.

Lösung:

HTML:

```
<button id="stretchButton">Click Me</button>
```

JavaScript (mit GSAP):

```javascript
document.getElementById("stretchButton").addEventListener("click", () => {
  gsap.to("#stretchButton", {duration: 0.2, scaleX: 1.2, scaleY: 0.8, yoyo: true,
repeat: 1});
});
```

Übung 2: Vorwegnahme und Nachfolgebewegung in der Navigation

Animieren Sie eine Navigationsleiste, in der jedes Element mit einem Effekt der Vorwegnahme und Nachfolgebewegung hineingleitet.

Lösung:

HTML:

```html
<nav>
  <ul id="navList">
    <li>Home</li>
    <li>About</li>
    <li>Services</li>
    <li>Contact</li>
  </ul>
</nav>
```

JavaScript (mit GSAP):

```javascript
gsap.from("#navList li", {
  duration: 0.5,
  opacity: 0,
  x: -100,
  stagger: 0.1,
  ease: "back.out(1.7)"
});
```

Übung 3: Verzögerungs- und Beschleunigungseffekt beim Hover

Implementieren Sie einen Hover-Effekt für ein Bild, bei dem es am Anfang und am Ende der Animation langsam vergrößert und verkleinert wird.

Lösung: HTML:

```html
<img id="hoverImage" src="image.jpg" alt="Hoverable Image">
```

JavaScript (mit GSAP):

```javascript
const hoverImage = document.getElementById("hoverImage");
hoverImage.addEventListener("mouseenter", () => {
  gsap.to("#hoverImage", {duration: 0.8, scale: 1.1, ease: "power1.out"});
});
hoverImage.addEventListener("mouseleave", () => {
```

```
  gsap.to("#hoverImage", {duration: 0.8, scale: 1, ease: "power1.out"});
});
```

Übung 4: Bogenförmige Bewegung im Galerieübergang

Erstellen Sie eine Galerie, in der sich die Bilder während des Übergangs auf einem bogenförmigen Pfad bewegen.

Lösung: JavaScript (mit GSAP):

```
gsap.to(".galleryImage", {
  duration: 1,
  x: 100,
  y: -50,
  rotation: 10,
  ease: "power1.inOut",
  stagger: 0.2
});
```

Diese Übungen sind eine praktische Möglichkeit, die Animationsprinzipien zu vertiefen, die Sie in diesem Kapitel gelernt haben. Durch die Integration dieser Prinzipien in Ihre Webprojekte können Sie Animationen erstellen, die nicht nur visuell ansprechend sind, sondern auch solide in der Animationstheorie verankert sind. Denken Sie daran, die Schönheit der Webanimation liegt in den subtilen Details und der durchdachten Anwendung dieser zeitlosen Prinzipien. Üben und experimentieren Sie weiter mit diesen Techniken, um Ihre Webanimationen auf ein neues Niveau an Raffinesse und Engagement zu bringen.

Zusammenfassung von Kapitel 8

Zum Abschluss von Kapitel 8, „Grundlagen der Animationstheorie", lassen Sie uns einen Moment innehalten, um über die reichhaltige und lehrreiche Reise nachzudenken, die wir unternommen haben. In diesem Kapitel ging es darum, die grundlegenden Prinzipien zu verstehen, die das Rückgrat der Animation bilden – Prinzipien, die unseren digitalen Kreationen Leben, Emotion und Klarheit verleihen. Indem wir uns mit diesen fundamentalen Konzepten befasst haben, war es unser Ziel, die Kluft zwischen technischem Können und künstlerischem Ausdruck im Bereich der Webanimation zu überbrücken.

Die Essenz der Animationsprinzipien

Die Reise begann mit einer Erkundung der 12 Animationsprinzipien, die von den Disney-Animatoren Ollie Johnston und Frank Thomas entwickelt wurden. Diese Prinzipien, obwohl in der traditionellen Animation verwurzelt, sind zeitlos und überschreiten verschiedene Medien, einschließlich der digitalen Animation. Wir haben jedes Prinzip untersucht, von Streckung und Stauchung bis Vorwegnahme, von Verzögerung und Beschleunigung bis zu Bögen, und dabei ihre Bedeutung verstanden und wie sie angewendet werden können, um ansprechendere und realistischere Animationen zu schaffen.

Anwendung der Prinzipien in einem digitalen Kontext

Dieses Kapitel drehte sich nicht nur um theoretisches Verständnis; es legte großen Wert auf die Anwendung. Wir haben erkundet, wie diese Prinzipien mithilfe von GSAP in Webanimationen integriert werden können, um Benutzeroberflächen und Benutzererfahrungen im Web zu verbessern. Durch praktische Beispiele und Übungen haben wir gezeigt, wie jedes Prinzip in verschiedenen Szenarien angewendet werden kann, von interaktiven Buttons bis zu dynamischen Navigationsmenüs, von subtilen Scroll-Effekten bis zu komplexen Bewegungspfaden.

Streckung und Stauchung für Vitalität

Wir haben gesehen, wie Streckung und Stauchung verwendet werden können, um Elementen Elastizität und Leben zu verleihen und Animationen organischer und weniger mechanisch wirken zu lassen.

Vorwegnahme und Nachfolgebewegung für natürliche Bewegung

Vorwegnahme und Nachfolgebewegung erwiesen sich als Schlüssel zur Schaffung natürlicher und intuitiver Bewegung und fügten den Webinteraktionen eine Ebene des Realismus hinzu.

Bögen und Timing für Flüssigkeit

Die Prinzipien von Bögen und Timing wurden diskutiert, um die Bedeutung einer sanften und flüssigen Bewegung zu betonen und Animationen kontinuierlicher und angenehmer für das Auge erscheinen zu lassen.

Sekundäraktion und Übertreibung für Betonung

Wir haben untersucht, wie Sekundäraktion den Animationen Komplexität und Tiefe verleiht, während Übertreibung sich als Werkzeug erwies, um Betonung und Charakter hinzuzufügen.

Integration von Theorie und Praxis

Die praktischen Übungen boten die Gelegenheit, die Theorie in die Praxis umzusetzen und ermöglichten ein tieferes Verständnis und eine größere Wertschätzung dafür, wie subtile Änderungen in der Animation die Benutzererfahrung erheblich beeinflussen können.

Fazit

Zusammenfassend ging es in Kapitel 8 darum, Ihre Animationsfähigkeiten zu verbessern, indem Sie sie in der grundlegenden Theorie verankern. Während Sie sich als Animator und Designer weiterentwickeln, denken Sie daran, dass diese Prinzipien nicht nur Regeln sind, sondern Werkzeuge für kreativen Ausdruck. Sie dienen als Leitfaden, um Ihnen zu helfen, Animationen zu erstellen, die nicht nur gut aussehen, sondern sich auch richtig anfühlen und die Geschichte oder Botschaft verbessern, die Sie vermitteln möchten. Die wahre Handwerkskunst in der

Animation liegt in der Fähigkeit, diese Prinzipien nahtlos in Ihre Arbeit zu integrieren und Erlebnisse zu schaffen, die nicht nur funktional, sondern auch emotional berührend und einprägsam sind. Erforschen Sie weiter, experimentieren Sie weiter und nutzen Sie diese Prinzipien als Kompass, um Ihre kreative Reise in der Welt der Webanimation zu leiten.

Quiz zu Teil IV

Ausgezeichnete Arbeit beim Abschluss von Teil IV: „Praktische Anwendung und Projekte"! Dieses Quiz wird dein Verständnis der Schlüsselkonzepte und Anwendungen aus den Kapiteln 7 und 8 auf die Probe stellen. Versuche, diese Fragen so gut wie möglich zu beantworten, bevor du die Lösungen überprüfst. Dies ist eine fantastische Möglichkeit, das Gelernte zu festigen und sicherzustellen, dass du für deine zukünftigen Projekte gut vorbereitet bist.

Frage 1:

Beschreibe den Prozess der Konzeption und Implementierung eines Web-Animationsprojekts mit GSAP.

Frage 2:

Gib ein Beispiel dafür, wie das Prinzip der „Antizipation" im Webdesign mit GSAP angewendet werden kann.

Frage 3:

Erkläre die Bedeutung der Integration von Animationsprinzipien im Webdesign und wie sie die Benutzererfahrung beeinflusst.

Frage 4:

Wie kann GSAP mit einem Web-Framework wie React oder Vue.js integriert werden, um Animationen zu erstellen?

Frage 5:

Gib ein Beispiel dafür, wie das Prinzip „Follow Through and Overlapping Action" verwendet werden kann, um eine Web-Animation zu verbessern.

Frage 6:

Erläutere, wie das Prinzip „Slow In and Slow Out" in einer Web-Animation implementiert werden kann und welchen Effekt es auf die wahrgenommene Bewegung hat.

Frage 7:

Beschreibe ein Szenario, in dem „Übertreibung" effektiv in einer Web-Animation eingesetzt werden kann, um eine Botschaft oder Emotion zu vermitteln.

Frage 8:

Wie kann das Prinzip der „Bögen" angewendet werden, um Elemente auf einer Webseite zu animieren?

Frage 9:

Gib ein Beispiel dafür, wie „Sekundäraktion" in einer Web-Animation verwendet werden kann, um der Hauptaktion Tiefe zu verleihen.

Frage 10:

Erkläre, wie Animationsprinzipien genutzt werden können, um das Storytelling oder Branding in einem Webdesign-Projekt zu verbessern.

Quiz-Lösungen

Antwort 1:

Der Prozess umfasst die Konzeption der Animationsziele, die Erstellung eines Storyboards der Sequenz, die Einrichtung der Umgebung und anschließend die Verwendung von GSAP zur Implementierung der Animationen, wobei sichergestellt wird, dass sie mit den Projektzielen übereinstimmen.

Antwort 2:

Im Webdesign kann „Antizipation" angewendet werden, indem ein Button so animiert wird, dass er sich vor dem Klick leicht verkleinert, bevor eine größere Aktion ausgeführt wird, wodurch der Benutzer auf die nachfolgende Aktion vorbereitet wird.

Antwort 3:

Die Integration von Animationsprinzipien im Webdesign verbessert die Benutzererfahrung, indem Animationen natürlicher, ansprechender und intuitiver gestaltet werden, wodurch die Benutzerfreundlichkeit und die allgemeine Interaktionsqualität verbessert werden.

Antwort 4:

GSAP kann in Frameworks wie React oder Vue.js integriert werden, indem Animationen innerhalb der Lebenszyklus-Methoden ausgelöst werden (z. B. **componentDidMount** in React oder **mounted** in Vue.js) oder in Hooks wie **useEffect**.

Antwort 5:

„Follow Through and Overlapping Action" kann in einem Dropdown-Menü verwendet werden, bei dem die Hauptaktion des Ausklappens von einem leichten Sprungeffekt der Menüelemente gefolgt wird, wodurch eine dynamischere Interaktion entsteht.

Antwort 6:

„Slow In and Slow Out" kann implementiert werden, indem Animationen so geglättet werden, dass sie langsam beginnen und enden, wobei GSAP-Easing-Funktionen wie **power1.inOut** verwendet werden, wodurch der Realismus und die Flüssigkeit der Bewegung verbessert werden.

Antwort 7:

„Übertreibung" kann in Fehlermeldungen oder Erfolgsmeldungen verwendet werden, bei denen ein Symbol übertrieben aufpoppen oder zittern könnte, um Aufmerksamkeit zu erregen und die Wichtigkeit der Nachricht zu vermitteln.

Antwort 8:

Das Prinzip der „Bögen" kann angewendet werden, indem Elemente wie Symbole oder Buttons so animiert werden, dass sie sich entlang eines gekrümmten Pfades bewegen, anstatt einer geraden Linie, um natürliche Bewegung nachzuahmen.

Antwort 9:

In einer Ladeanimation kann die Hauptrotation eines Ladezeichens von kleineren Elementen oder Schatten begleitet werden, die sich leicht verzögert oder schneller bewegen, wodurch der Hauptaktion Tiefe und Interesse hinzugefügt wird.

Antwort 10:

Animationsprinzipien können das Storytelling verbessern, indem Emotion und Betonung zu Schlüsselelementen hinzugefügt werden, der Fokus des Benutzers geleitet wird und eine fesselnde Erzählung geschaffen wird, die mit der Markenidentität und -botschaft übereinstimmt.

Gut gemacht beim Abschluss dieses Quiz! Es ist ein entscheidender Schritt, um dein Verständnis der praktischen Anwendungen von GSAP und der grundlegenden Animationstheorie zu festigen. Diese Konzepte sind der Schlüssel zur Erstellung hochwertiger, ansprechender und wirkungsvoller Web-Animationen. Erkunde weiter und wende diese Prinzipien in deinen Projekten an!

Fazit

Schlussfolgerung zu „Grundlagen der Webanimation mit GSAP"

Während wir den Vorhang über dieser aufschlussreichen Reise durch „Grundlagen der Webanimation mit GSAP" schließen, ist es an der Zeit, innezuhalten, das erworbene Wissen zu feiern und mit Begeisterung auf den spannenden Weg zu blicken, der uns in der Welt der Webanimation erwartet. In diesem Buch ging es nicht nur darum, ein neues Werkzeug zu erlernen oder eine Reihe von Techniken zu beherrschen; es ging darum, eine neue Denkweise anzunehmen, in der Kreativität und Code zusammenkommen, um dynamische, interaktive und ansprechende Erlebnisse im Web zu schaffen.

Die Macht von GSAP

Auf diesen Seiten hast du das immense Potenzial von GSAP kennengelernt, einem Werkzeug, das sich in der digitalen Landschaft durch seine Leistungsfähigkeit, Vielseitigkeit und Benutzerfreundlichkeit auszeichnet. GSAP hat es uns ermöglicht, statische Webelemente in lebendige Entitäten zu verwandeln, die auf bedeutsame Weise mit den Nutzern interagieren. Von einfachen Übergängen bis hin zu komplexen Sequenzen hat GSAP uns befähigt, unsere kreativen Visionen zum Leben zu erwecken.

Eine Reise des Wachstums und der Entdeckung

Dieses Buch hat dich auf eine umfassende Reise mitgenommen – von den Grundlagen bis zu den komplexesten Aspekten der Webanimation. Du hast gelernt, wie man mit Präzision und Kontrolle animiert, wie man GSAP mit verschiedenen Web-Frameworks integriert und wie man jahrhundertealte Animationsprinzipien anwendet, um deine digitalen Kreationen zu verbessern. Du hast dich mit Projekten aus der realen Welt befasst, das Gelernte in praktischen Szenarien angewendet und so die Kluft zwischen Theorie und Anwendung überbrückt.

Jenseits der technischen Fähigkeiten

Mehr als nur technische Fähigkeiten zu erwerben, hast du dich auf eine Reise künstlerischer Entdeckung begeben. Das Verständnis der Animationsprinzipien hat dir eine tiefere Wertschätzung für diese Kunstform gegeben und es dir ermöglicht, Animationen zu erstellen, die Geschichten erzählen, Emotionen hervorrufen und unvergessliche Erlebnisse schaffen. Dieses Buch zielte nicht nur darauf ab, dich im Umgang mit GSAP kompetent zu machen, sondern auch dir die Denkweise eines Animators zu vermitteln, bei der jede Codezeile zu einer größeren Erzählung beiträgt.

Die Community und das kontinuierliche Lernen

Denke daran, dass das Ende dieses Buches nur der Anfang deines Abenteuers in der Webanimation ist. Die GSAP-Community ist eine reichhaltige Quelle für Inspiration und Unterstützung. Der Austausch mit anderen Animatoren, das Teilen deiner Arbeit und das Lernen von anderen sind von unschätzbarem Wert für das kontinuierliche Wachstum in diesem Bereich. Die Welt der Webanimation entwickelt sich ständig weiter, und Teil dieser Community zu sein, wird dich an der Spitze der neuesten Trends und Techniken halten.

Der Blick in die Zukunft

Während du voranschreitest, ausgestattet mit dem Wissen und den Fähigkeiten aus diesem Buch, sind die Möglichkeiten grenzenlos. Das Web ist deine Leinwand, und GSAP ist dein Pinsel. Ob du interaktive Websites erstellst, digitale Kunst schaffst oder Benutzeroberflächen verbesserst – deine neuen Fähigkeiten werden es dir ermöglichen, die Grenzen des Möglichen zu verschieben.

Begegne den Herausforderungen und der Kreativität

Es werden Herausforderungen vor dir liegen, aber denke daran, dass jede Herausforderung eine Gelegenheit zum Lernen und Wachsen ist. Scheue dich nicht, zu experimentieren, neue Ideen auszuprobieren und die Grenzen deiner Kreativität zu erweitern. Jede Animation, die du erstellst, ist ein Spiegelbild deiner einzigartigen Perspektive und Kreativität.

Eine Abschiedsbotschaft

Während du deine Reise in der Webanimation fortsetzt, halte die Prinzipien, die du in diesem Buch gelernt hast, nah an deinem Herzen. Lass dich von ihnen bei deiner Arbeit leiten, aber lass auch Raum für Experimentieren und Innovation. Das Feld der Webanimation ist dynamisch und ändert sich ständig, und so sollte auch dein Ansatz dazu sein.

Denke daran, dass es bei Animation nicht nur darum geht, Dinge in Bewegung zu setzen; es geht darum, sie zum Leben zu erwecken. Es geht darum, Erlebnisse zu schaffen, die bei den Nutzern Resonanz finden, Geschichten zu erzählen, die fesseln und begeistern, und Interfaces zu gestalten, die nicht nur funktional, sondern auch bezaubernd sind.

Deine Wirkung auf die digitale Welt

Als Webanimator hast du die Macht, einen bedeutenden Einfluss darauf zu nehmen, wie Menschen mit der digitalen Welt interagieren. Deine Animationen können komplexe Informationen verständlich machen, alltägliche Interaktionen in bezaubernde Erlebnisse verwandeln und bleibende Eindrücke bei den Nutzern hinterlassen. Nimm diese Macht mit Verantwortung und Kreativität an.

Letzte Worte der Ermutigung

Während du dieses Buch schließt, nimm dir einen Moment Zeit, um zu würdigen, wie weit du gekommen bist. Die Reise des Lernens endet niemals wirklich, und mit jedem Schritt wirst du fähiger, deine Visionen zum Leben zu erwecken. Lerne weiter, erschaffe weiter und inspiriere weiter. Die digitale Leinwand wartet auf dein nächstes Meisterwerk, und die Welt ist gespannt darauf zu sehen, was du mit deinen neuen Fähigkeiten in GSAP erschaffen wirst.

Danke, dass du dich für diese Reise mit „Grundlagen der Webanimation mit GSAP" entschieden hast. Möge dein Weg voller Kreativität, Innovation und unendlicher Möglichkeiten sein. Viel Freude beim Animieren!

Wo weitermachen?

Wenn du dieses Buch abgeschlossen hast und nach weiterem Wissen in der Programmierung suchst, möchten wir dir andere Bücher unseres Unternehmens empfehlen, die für dich nützlich sein könnten. Diese Bücher decken eine breite Palette von Themen ab und sind darauf ausgelegt, dir zu helfen, deine Programmierfähigkeiten weiter auszubauen.

- **"ChatGPT API Bible: Mastering Python Programming for Conversational AI"**: Bietet eine praxisnahe und schrittweise Anleitung zur Nutzung von ChatGPT, von der Integration der API bis zur Feinabstimmung des Modells für spezifische Aufgaben oder Branchen.

- **"Natural Language Processing with Python: Building your Own Customer Service ChatBot"**: Dieses Buch bietet eine tiefgehende Erkundung des natürlichen Sprachverstehens (NLP). Es vereinfacht komplexe Konzepte erfolgreich durch ansprechende Erklärungen und intuitive Beispiele.

- **"Data Analysis with Python"**: Python ist eine mächtige Sprache für Datenanalyse, und dieses Buch hilft dir, ihr gesamtes Potenzial auszuschöpfen. Es behandelt Themen wie Datenreinigung, Datenmanipulation und Datenvisualisierung und bietet praktische Übungen, um das Gelernte anzuwenden.

- **"Machine Learning with Python"**: Machine Learning ist eines der spannendsten Felder der Informatik, und dieses Buch hilft dir, deine eigenen Modelle für Machine Learning mit Python zu erstellen. Es behandelt Themen wie lineare Regression, logistische Regression und Entscheidungsbäume.

- **"Mastering ChatGPT and Prompt Engineering"**: In diesem Buch nehmen wir dich mit auf eine umfassende Reise durch die Welt der Prompt-Engineering, von den Grundlagen der KI-Sprachmodelle bis hin zu fortgeschrittenen Strategien und Anwendungen in der realen Welt.

Alle diese Bücher sind darauf ausgelegt, dir zu helfen, deine Programmierfähigkeiten weiter auszubauen und dein Verständnis der Programmiersprache Python zu vertiefen. Wir glauben, dass Programmieren eine Fähigkeit ist, die man im Laufe der Zeit lernen und entwickeln kann, und wir sind bestrebt, Ressourcen bereitzustellen, die dir helfen, deine Ziele zu erreichen.

Wir möchten auch diese Gelegenheit nutzen, um dir für die Wahl unseres Unternehmens als deinen Begleiter auf deiner Programmierreise zu danken. Wir hoffen, dass du dieses Buch für Anfänger in Python als wertvolle Ressource empfunden hast und freuen uns darauf, dir in Zukunft weiterhin hochwertige Programmierressourcen zur Verfügung zu stellen. Wenn du Kommentare oder Vorschläge für zukünftige Bücher oder Ressourcen hast, zögere nicht, uns zu kontaktieren. Wir würden uns freuen, von dir zu hören!

Erfahre mehr über uns

Bei Cuantum Technologies sind wir darauf spezialisiert, Webanwendungen zu entwickeln, die kreative Erlebnisse bieten und reale Probleme lösen. Unsere Entwickler haben Erfahrung in einer breiten Palette von Programmiersprachen und Frameworks, einschließlich Python, Django, React, Three.js und Vue.js, unter anderem. Wir erforschen ständig neue Technologien und Techniken, um an der Spitze der Branche zu bleiben, und sind stolz auf unsere Fähigkeit, Lösungen zu schaffen, die die Bedürfnisse unserer Kunden erfüllen.

Wenn du mehr über Cuantum Technologies und die von uns angebotenen Dienstleistungen erfahren möchtest, besuche bitte unsere Website unter books.cuantum.tech. Wir beantworten gerne alle Fragen, die du haben könntest, und besprechen, wie wir dir bei deinen Softwareentwicklungsbedürfnissen helfen können.

www.cuantum.tech